Droemer
Knaur®

D1721638

HOTELS FÜR
KENNER UND LIEBHABER

Klein, aber fein

Italien

mit Sizilien und Sardinien

Aus dem Englischen übersetzt
von Maria Paukert und Almut Carstens

Droemer Knaur

Herausgeber *Chris Gill*
Assistenten *Amanda Crook*
Tester *Nicola Davies*
Korrektur *Edward Hunt*
Design *Mel Petersen*

3. aktualisierte Auflage

ISBN 3-426-26454-4

Inhalt

Einleitung

Dieser Hotelführer für Italien - der für 1994 vollständig überarbeitet wurde - ist Teil einer Reihe, die auch Frankreich, Spanien, die Britischen Inseln, Deutschland, Österreich und die Schweiz behandelt.

Hotels für Kenner und Liebhaber unterscheidet sich von anderen auf dem Markt befindlichen Büchern zum selben Thema. Der wichtigste Unterschied kommt schon im Titel zum Ausdruck: Wir wollen nur solche Hotels und Gasthäuser vorstellen, die wirklich etwas Besonderes sind und einen persönlichen Service bieten, hauptsächlich durch den Besitzer. (In Italien scheinen selbst Familienbetriebe unweigerlich zu wachsen, und das Zehn-Zimmer-Hotel ist eine Seltenheit, aber die meisten von uns empfohlenen Häuser haben weniger als 30 Zimmer.)

Auch in sonstiger Hinsicht hebt sich diese Reihe hervor. Unsere Beiträge enthalten in erster Linie Worte und kein einziges Symbol. Sie wurden von Leuten verfaßt, die etwas zu sagen haben, nicht von Bürokraten, die es seit langem verlernt haben, das Empfehlenswerte vom Mittelmäßigen zu unterscheiden. Jeder Beitrag soll einen echten Eindruck davon vermitteln, wie der Gast sich in dem jeweiligen Hotel wirklich fühlt. Unser Herausgeber-Team ist klein und sehr erfahren in der Beurteilung und Schilderung von Hotels, bei der auch Details nicht zu kurz kommen. Obwohl wir großen Wert auf Einheitlichkeit legen, haben wir Kommentare von Lesern mit einbezogen, über die wir uns auch künftig freuen würden (siehe Seite 11).

All dies wird sich erst dann als positiv erweisen, wenn Sie diesen Führer in der Praxis benutzen. Seine weiteren Vorteile liegen dagegen auf der Hand: rund 125 der reizvollsten Hotels sind mit Farbphotos bebildert, die Beiträge sind geographisch klar geordnet, und jedes Haus ist durch eine bestimmte Kategorie (zum Beispiel "Landgasthof") gekennzeichnet.

Unser Idealhotel liegt in hübscher, ruhiger Umgebung; das Gebäude selbst ist schön, historisch bedeutend oder hat zumindest ein spezielles Ambiente. Die Zimmer sind geräumig, aber nicht erdrückend riesig. Ausstattung und Möbel harmonieren miteinander, sind bequem und in bestem Zustand und schließen auch antike Stücke ein, die jedoch durchaus benutzt und nicht nur bewundert werden können. Eigentümer und Personal sind engagiert und aufmerksam und haben mit unaufdringlicher Freundlichkeit das Wohlbefinden der Gäste im Auge. Das Essen, ob einfach oder raffiniert, ist frisch, interessant und mit Sorgfalt zubereitet. Einrichtungen wie Sauna oder Hosenbügler spielen in diesem Führer eine untergeordnete Rolle, werden jedoch im allgemeinen erwähnt.

Leser, die unsere Bände über Frankreich, Großbritannien und Spanien kennen, wundern sich vielleicht über die Gliederung dieses Führers. Wir haben das Land in relativ wenige große Gebiete aufgeteilt und die halbseitigen Beiträge durch kurze Viertelseiten-Beiträge ersetzt, so daß wir die Gesamtzahl der vorgestellten Hotels auf fast 350 erhöhen konnten. Wie Sie die einzelnen Beiträge finden, wird später beschrieben.

Einleitung

Kleine Hotels in Italien

Während diese Ausgabe unseres Führers in Druck geht, also im Frühherbst des Jahren 1994, zeigen sich Italiens Reize als Urlaubsziel wieder deutlicher, als es eine Zeitlang der Fall war - was in erster Linie der Schwäche der Landeswährung zu verdanken ist. Bei einem Wechselkurs von ca. 10 DM für 1000 Lire sind die Preise in Italien relativ günstig, verglichen mit manchen seiner Nachbarstaaten sogar sehr günstig.

Das heißt natürlich nicht, daß Italien so billig ist wie osteuropäische Länder oder einige exotischere Ferienziele. Von unseren eigenen Reisen im Jahr 1993 wissen wir jedoch, daß die angenehmen Überraschungen die unangenehmen überwiegen.

Allerdings waren auf diesen Seiten immer schon einige unstrittig teure Hotels zu finden, und zwar einfach deswegen, weil sie unvergeßliche Erfahrungen bieten, für die der anspruchsvolle Tourist vielleicht wirklich bereit ist, viel zu bezahlen, auch wenn er über keine endlosen Finanzreserven verfügt. Wir achten aber sehr genau auf das Preis-Leistungs-Verhältnis, und die Mehrheit der hier empfohlenen Quartiere wird unserer Meinung nach für die meisten Reisenden erschwinglich sein. Zum Glück haben viele Häuser in Italien ihre Preise für 1994 nicht erhöht; manche konnten sie sogar reduzieren.

Wie bereits erwähnt, sind italienische Hotels nicht eben berühmt für ihre Kleinheit. Bei jedem Hotelier, der etwas auf sich hält, gibt es offensichtlich die Tendenz, seinen Erfolg damit zu demonstrieren, daß er sein Haus auf 40 oder 50 Zimmer erweitert. Es existieren jedoch eine Menge Ausnahmen, deren Anzahl, wie wir mit Befriedigung feststellen, anscheinend wächst.

Insbesondere in der Toskana, einem Schwerpunkt des Tourismus, ist eine steigende Anzahl individueller, zwanglos geführter Landhotels zu verzeichnen. Einige sind Teil der *agriturismo*-Initiative, die sich zum Ziel gesetzt hat, die Erschließung ländlicher Unterkünfte für Reisende zu fördern, die meist zu noch in Betrieb befindlichen Bauernhöfen gehören und Übernachtung und Frühstück anbieten. Andere wiederum sind eleganter und hotelartiger und verfügen über Restaurants und sonstige Einrichtungen. Jedesmal wenn wir nach Italien fahren, machen wir neue, interessante Entdeckungen.

Sie mit in unseren Führer aufzunehmen, bedeutet, ältere Beiträge wegzulassen. Dieses Jahr hat eine größere Anzahl von Häusern geschlossen als üblich. Vielleicht spiegelt sich darin die schwierige ökonomische Situation wider, zu der die gegenwärtige politische Unsicherheit geführt hat. Andere Hotels wurden von Lesern sehr schlecht beurteilt. Manche sind jedoch auch von überlegenen Konkurrenten verdrängt worden, aber trotzdem noch erinnernswert. Diese Kategorie erwähnen wir auch in unseren zehn regionalen Überblicken, die man sich als Ergänzung zu den ausführlichen Empfehlungen durchaus anschauen sollte. Besonders freuen wir uns über Kommentare zu den von uns beschriebenen Hotels.

Einleitung

Wie man einen Beitrag findet

Die Beiträge sind in diesem Führer geographisch geordnet. Das Land ist zunächst in drei große Gebiete gegliedert; wir beginnen mit Norditalien, dann folgen Mittel- und Süditalien. Die Gebiete sind wiederum in Regionen aufgeteilt, von denen manche den Verwaltungseinheiten des Landes entsprechen (»Toskana« und »Emilia-Romagna« zum Beispiel), andere mehrere davon einschließen (etwa »Latium und Abruzzen«) und einige noch umfassender sind (zum Beispiel »Der Nordwesten«).

Jeder Abschnitt über eine Region ist wie folgt aufgebaut:

- Zunächst kommt eine Einführung in das Gebiet - ein Überblick über das Hotelangebot mit kurzen Anmerkungen zu Häusern, die uns keinen längeren Beitrag wert waren (etwa Hotels in Städten, die ansonsten hier gar nicht erwähnt werden).

- Als nächstes folgen die ausführlichen Hotelbeschreibungen für die Region, alphabetisch nach Städten geordnet. Dies sind im allgemeinen die Häuser, die wir am reizvollsten fanden.

- Danach kommen die Kurzbeiträge für die Region - jeweils vier auf einer Seite -, ebenfalls alphabetisch nach Städten geordnet. Sie behandeln die Hotels, die uns nicht ganz so attraktiv erschienen, sollten aber nicht außer acht gelassen werden - es sind alles Häuser, in denen wir gern übernachten würden, viele davon sogar Kandidaten für eine »Beförderung« in späteren Ausgaben.

Wollen Sie ein Hotel in einer bestimmten Region finden, blättern Sie das Buch einfach durch, bis Sie in der Kopfzeile ihren Namen sehen - oder benutzen Sie die Karten im Anschluß an diese Einleitung, wo auf die entsprechenden Seiten verwiesen wird. Auf den Karten sind nicht nur die Ortsnamen angegeben, unter denen die Hotels verzeichnet sind, sondern auch die Seitenzahlen.

Um ein bestimmtes Hotel oder ein Hotel in einer bestimmten Ortschaft ausfindig zu machen, verwenden Sie entweder das Hotel- oder das Ortsnamenregister am Ende des Buches.

Einleitung

Wie man einen Beitrag richtig liest
Über jedem Beitrag finden Sie einen farbigen Balken mit dem
Namen der Stadt oder Ortschaft, in der das betreffende Hotel
liegt, sowie einer Kategorie, die Aufschluß über seinen Charakter
gibt. Der Begriff »Villa« bezeichnet in diesem Zusammenhang
Häuser mit Garten, die, ob nun in der Stadt oder am Meer
angesiedelt, das Flair eines Landhauses haben.

Die Kästen
Standardinformationen über das Hotel sind am Ende jedes Bei-
trags in einem Kasten zusammengefaßt, und zwar bei den längeren Beiträgen ausführlicher als bei den kurzen.

Unter **Tel.** ist die Rufnummer, beginnend mit dem nationalen
Ortskennzeichen, angegeben. Bei Anrufen aus dem Ausland fällt
die 0 am Anfang dieser Ortsvorwahl weg. Bei der **Fax**-Nummer
haben wir in einigen Fällen, um Platz zu sparen, die Vorwahl
weggelassen.

Unter **Lage** werden die Umgebung des Hotels, Parkmöglichkeiten und Hinweise, wie man es erreicht, genannt.

Unter **Mahlzeiten** werden die im Hotel erhältlichen
Mahlzeiten aufgelistet.

Die **Preise** beziehen sich hier - anders als in den Großbritan-
nien- und Irland-Führern - grundsätzlich auf **ein Zimmer**.
Normalerweise werden Mindest- und Höchstpreise genannt,
die sich nach den unterschiedlichen Gegebenheiten richten - so
zahlen Sie etwa den niedrigsten Preis für das billigste Einzelzimmer außerhalb der Saison, den höchsten für das teuerste
Doppelzimmer in der Hochsaison. Ist das Frühstück eingeschlossen, erwähnen wir das; falls nicht, geben wir, sofern möglich, den Frühstückspreis pro Person an.
Im Anschluß an den Zimmerpreis nennen wir den Preis für
Halbpension (HP) und/oder Vollpension (VP) oder der einzelnen Mahlzeiten. Er bezieht sich jeweils auf **eine Person**. Danach
folgt, falls der Platz es erlaubt, eine Übersicht der Ermäßigungen
für längere Aufenthalte oder Kinder.
Die Preise schließen Steuern und Bedienung ein und gelten,
soweit möglich, für 1994. Da wir die aktuellen Tarife aber von
vielen Hotels nicht erhielten, kann es schon aufgrund der Infla-
tion vorkommen, daß sie höher sind als die hier angegebenen.
Allerdings können die Besitzer von Hotels und Gasthäusern die
Preise von einem Jahr zum nächsten auch um mehr als die
Inflationsrate erhöhen. Das ist in diesem Jahr für Italien besonders zu befürchten, da sich die dortige Preisbindung vor kurzem
gelockert hat. Erkundigen Sie sich immer, bevor Sie buchen.

Einleitung

Unter **Zimmer** nennen wir deren Anzahl und Ausstattung, wozu aber nur feste Bestandteile und keine Extras wie Blumen, Toilettenartikel oder Gratis-Getränke gehören.

Unter **Anlage** werden Gemeinschaftsräume sowie Freizeit- und Sporteinrichtungen aufgelistet, sofern sie Teil des Hotels oder ihm unmittelbar angeschlossen sind. In der Nähe gelegene Einrichtungen (etwa ein Golfplatz) werden nicht genannt, manchmal jedoch unter dem Punkt **Umgebung** berücksichtigt. Hier finden Sie auch eine Auswahl interessanter Sehenswürdigkeiten oder Beschäftigungsmöglichkeiten.

Für **Kreditkarten** haben wir folgende Abkürzungen verwendet:

AE	American Express
DC	Diners Club
MC	Master Card (Access/Eurocard)
V	Visa (Barclaycard/Bank Americard/Carte Bleue usw.)

Als letzten Punkt nennen wir normalerweise den Namen des (der) Besitzer(in); wird das Hotel von einem Manager geleitet, ist dessen (deren) Name angegeben.

Leserkommentare

Bitte teilen Sie uns Ihre positiven oder auch negativen Erfahrungen mit kleinen Hotels und Gasthöfen mit, auch wenn sie in diesem Führer nicht berücksichtigt sind. Für Häuser in Großbritannien und Irland, Frankreich, Spanien, Österreich und der Schweiz, Deutschland interessieren wir uns ebenfalls. Wir gehen davon aus, daß Sie damit einverstanden sind, daß Ihre Beiträge unentgeltlich entweder wörtlich oder in überarbeiteter Form veröffentlicht werden.

Leser, deren Berichte sich als besonders hilfreich erweisen, können eventuell in unser Reporterverzeichnis aufgenommen werden. Das bedeutet, daß sie im Winter ein Freiexemplar der Neuausgabe erhalten, dem im Herbst ein Rundschreiben vorausgeht, auf das im Frühjahr ein weiteres folgt. Dafür hoffen wir, weitere Berichte von ihnen zu bekommen.

Sollten diese regelmäßig und zuverlässig eingehen, folgt möglicherweise eine Einladung, für uns als Reisender tätig zu werden. Sie müßten uns dann Ihre Reisepläne mitteilen; wir schlagen die zu inspizierenden Hotels vor und beteiligen uns an den Übernachtungskosten.

Senden Sie ihre Berichte an:

Chris Gill,
Editor, *Charming Small Hotel Guides,*
The Old Forge,
Norton St. Philip,
Bath, BA3 6LW,
England.

Anmerkungen
Bitte handeln Sie jedes Hotel einzeln ab, und geben Sie dazu jeweils Ihren Namen und Ihre Adresse an.

Wir würden es sehr begrüßen, wenn Sie Ihre Berichte mit der Maschine schreiben und nach folgenden Punkten gliedern könnten:
Name des Hotels
Stadt oder Ortschaft, in der es liegt, bzw. nächstgelegener Ort
Vollständige Adresse einschließlich Postleitzahl
Ankunftstag und Dauer des Aufenthalts
Das Gebäude und seine Lage
Gemeinschaftsräume
Zimmer und Badezimmer
Einrichtung (Stühle, Betten, Heizung, Licht, Warmwasser)
Zustand und Management des Hotels
Atmosphäre, Empfang und Service
Essen
Preis-Leistungs-Verhältnis

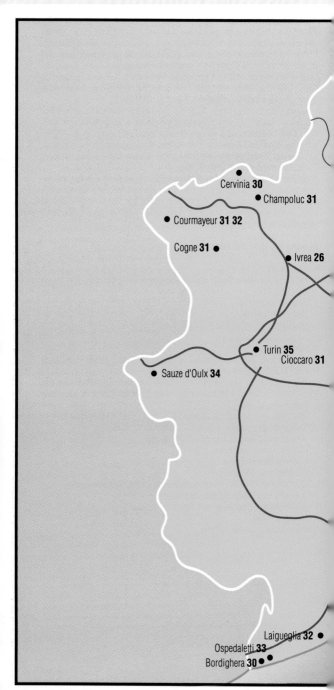

Cervinia **30**

Champoluc **31**

Courmayeur **31 32**

Cogne **31**

Ivrea **26**

Turin **35**
Cioccaro **31**

Sauze d'Oulx **34**

Laigueglia **32**
Ospedaletti **33**
Bordighera **30**

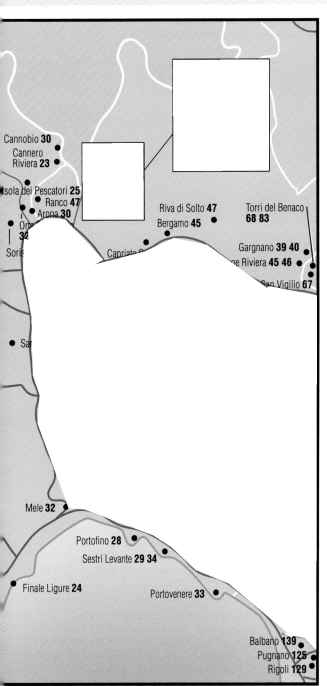

Cannobio **30**
Cannero Riviera **23**
Isola dei Pescatori **25**
Ranco **47**
Arona **30**
Orta
32
Soris

Riva di Solto **47**
Bergamo **45**

Capriate S.

Torri del Benaco **68 83**

Gargnano **39 40**
ne Riviera **45 46**
San Vigilio **67**

Sar

Mele **32**

Portofino **28**
Sestri Levante **29 34**

Finale Ligure **24**

Portovenere **33**

Balbano **139**
Pugnano **125**
Rigoli **129**

13

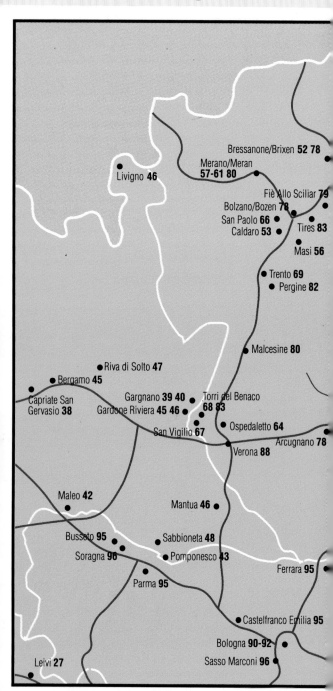

Bressanone/Brixen **52 78**

Merano/Meran
57-61 80

Livigno **46**

Fiè Allo Sciliar **79**

Bolzano/Bozen **78**

San Paolo **66**

Caldaro **53**

Tires **83**

Masi **56**

Trento **69**

Pergine **82**

Malcesine **80**

Riva di Solto **47**

Bergamo **45**

Capriate San
Gervasio **38**

Gargnano **39 40**

Torri del Benaco
68 83

Gardone Riviera **45 46**

Ospedaletto **64**

San Vigilio **67**

Arcugnano **78**

Verona **88**

Maleo **42**

Mantua **46**

Busseto **95**

Sabbioneta **48**

Soragna **96**

Pomponesco **43**

Ferrara **95**

Parma **95**

Castelfranco Emilia **95**

Bologna **90-92**

Leivi **27**

Sasso Marconi **96**

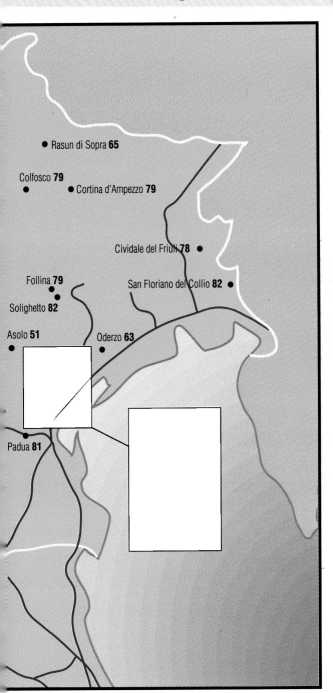

● Rasun di Sopra **65**

Colfosco **79**
●   ● Cortina d'Ampezzo **79**

Cividale del Friuli **78** ●

Follina **79**
●   San Floriano del Collio **82** ● ●

Solighetto **82**
●

Asolo **51**
●   Oderzo **63**
●

Padua **81**
●

Orientierungskarte

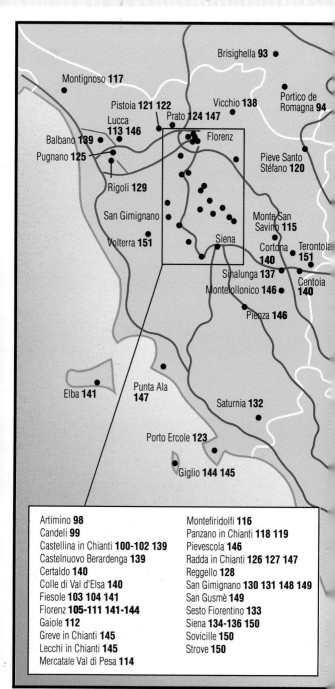

Brisighella **93**

Montignoso **117**

Vicchio **138**

Portico de Romagna **94**

Pistoia **121 122**

Prato **124 147**

Lucca **113 146**

Florenz

Balbano **139**

Pugnano **125**

Pieve Santo Stéfano **120**

Rigoli **129**

San Gimignano

Monte San Savino **115**

Volterra **151**

Siena

Cortona **140**

Terontola **151**

Sinalunga **137**

Centoia **140**

Montefollonico **146**

Pienza **146**

Elba **141**

Punta Ala **147**

Saturnia **132**

Porto Ercole **123**

Giglio **144 145**

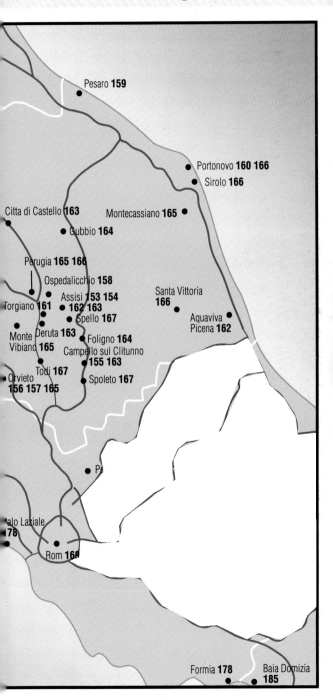

Pesaro **159**

Portonovo **160 166**
Sirolo **166**

Citta di Castello **163**
Montecassiano **165**

Gubbio **164**

Perugia **165 166**

Ospedalicchio **158**
Santa Vittoria **166**

Torgiano **161**
Assisi **153 154**
162 163
Spello **167**
Aquaviva **162**
Picena

Monte Deruta **163**
Vibiano **165**
Foligno **164**
Campello sul Clitunno **155 163**

Todi **167**
Orvieto
156 157 165
Spoleto **167**

Pe

alo Laziale
178

Rom **169**

Formia **178**
Baia Domizia **185**

Orientierungskarte

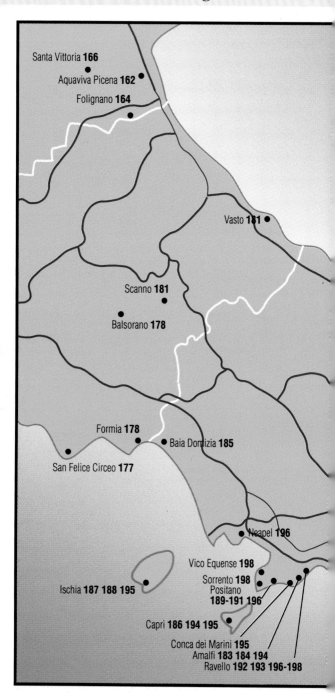

Santa Vittoria **166**

Aquaviva Picena **162**

Folignano **164**

Vasto **181**

Scanno **181**

Balsorano **178**

Formia **178**

Baia Domizia **185**

San Felice Circeo **177**

Neapel **196**

Vico Equense **198**

Sorrento **198**
Positano
189-191 196

Ischia **187 188 195**

Capri **186 194 195**

Conca dei Marini **195**
Amalfi **183 184 194**
Ravello **192 193 196-198**

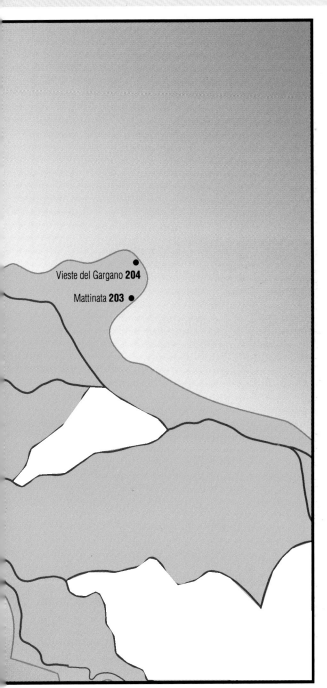

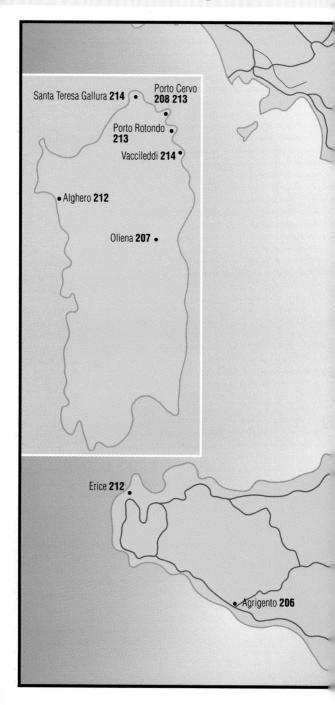

Santa Teresa Gallura **214**

Porto Cervo **208 213**

Porto Rotondo **213**

Vaccileddi **214**

Alghero **212**

Oliena **207**

Erice **212**

Agrigento **206**

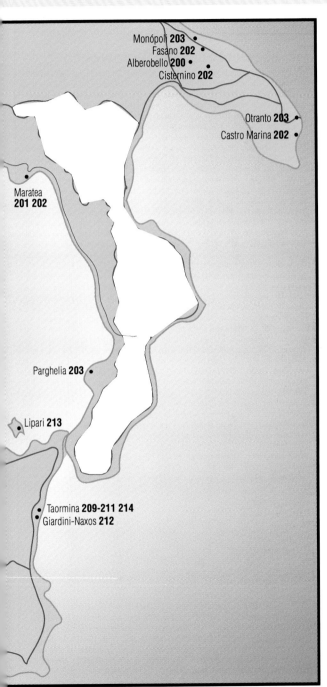

Monópoli **203**
Fasano **202**
Alberobello **200**
Cisternino **202**

Otranto **203**
Castro Marina **202**

Maratea
201 202

Parghelia **203**

Lipari **213**

Taormina **209-211 214**
Giardini-Naxos **212**

Der Nordwesten

Die Hotels im Nordwesten

Nordwestitalien umfaßt drei ganz unterschiedliche Regionen: das Land »am Fuße der Berge«, Piemont, das gebirgige Valle d'Aosta und das küstennahe Ligurien.

Piemont hat zweifellos seinen Reiz, der sich vielen ausländischen Besuchern aber gar nicht erschließt, weil sie es meist allzu eilig haben, die berühmten Sehenswürdigkeiten Italiens weiter östlich und südlich zu erreichen.

Für den Reisenden wie für den Einheimischen wird diese Region von der in ihrem Herzen gelegenen Stadt beherrscht - Turin. Wir haben im Zentrum keine Häuser gefunden, die für diesen Führer geeignet wären. Das bedeutet allerdings nicht, daß Turin keine komfortablen Unterkünfte hätte: es herrscht gewiß kein Mangel an eleganten, großen, unpersönlichen Hotels in der Stadtmitte. Das attraktivste (und nicht einmal teuerste) unter ihnen ist das Jolly Hotel Ligure (Tel. (011) 55641, Fax 535438). Von den bescheideneren Häusern sind das Genio (Tel. (011) 650 5771, Fax 8264) und das Victoria (Tel. (011) 561 1909, Fax 1806) gepflegt und modern, mittelgroß und zentral gelegen - ersteres besonders gut vom Bahnhof aus erreichbar. Nur etwas weiter entfernt liegt das preiswertere Piedmontese (Tel. (011) 669 8101, Fax 0571) - ideal für Reisende mit schmalem Geldbeutel, die nicht in den Vororten übernachten möchten. In der näheren Umgebung von Turin können wir das Salzea (Tel. (011) 6497809, Fax 0366) in Trofarello und das Panoramica (Tel. (0125) 669966) in Loranze empfehlen.

Nördlich von Turin gelangt man in das hauptsächlich französischsprachige Valle d'Aosta, ein Tal, umgeben von steilen Hängen und den höchsten Alpengipfeln, das vor allem für seine Gebirgslandschaft und Wintersporteinrichtungen bekannt ist. Courmayeur am Fuße des Mont Blanc und in der Nähe des Straßentunnels ist im Winter ein beliebter Skiort, aber auch im Sommer einen Besuch wert. Komfortabel wohnen Sie im Del Viale (Tel. (0165) 846712, Fax 844513), im Bouton d'Or (Tel. (0165) 846 729, Fax 842152), beide in Courmayeur, oder im La Brenva (Tel. (0165) 89285, Fax 89301, 14 Zimmer) in Entrèves am Eingang (oder Ausgang) des Mont-Blanc-Tunnels. Das Lo Scoiattolo (Tel. (0125) 366313), ein Hotel im Châlet-Stil in Gressoney-La-Trinité, ist ebenso einen Versuch wert wie das Les Neiges d'Antan (Tel. (0166) 948775, Fax 948852) in Cervinia.

Die dritte Region ist Ligurien, ein schmaler, gebirgiger Küstenstrich an der italienischen Riviera, für den wir auf den nächsten Seiten mehrere Empfehlungen abgeben, die wir durch folgende Vorschläge ergänzen: das La Meridiana in Garlenda (Tel. (0182) 580271, Fax 580150), das Claudio in Bergeggi bei Savona (Tel. und Fax (019) 859750) und am Golf von La Spezia das Porto Roca in Monterosso (Tel. (0187) 817502, Fax 817692) und das Nido in der Nähe von Lerici (Tel. (0187) 967286, Fax 964225). Falls Sie Genua besuchen wollen, wählen Sie als Ausgangspunkt am besten einen Ort an der Riviera.

Diese Seite dient als Einführung in die Landschaft und Hotellerie Nordwestitaliens und enthält kurze Empfehlungen annehmbarer Unterkünfte, über die wir aus verschiedenen Gründen keinen gesonderten Beitrag verfaßt haben. Die ausführlichen Beiträge für diese Region - über die Hotels, die uns am besten gefielen - beginnen auf der nächsten Seite. Beachten Sie aber auch unsere Kurzbeiträge ab Seite 30: hier handelt es sich ebenfalls um Häuser, in denen wir uns gern aufgehalten haben.

Der Nordwesten

Hotel am See, Cannero Riviera

Cannero

Cannero ist einer der ruhigsten Urlaubsorte am Lago Maggiore, und seine schönsten Hotels liegen direkt am See. Nur der Landungssteg der Fähre und eine ruhige Sackgasse trennen das Cannero vom Wasser.

Früher war das Gebäude ein Kloster, aber heute erinnern nur noch eine alte Steinsäule, einige überwölbte Gänge und ein stiller Innenhof an die Vergangenheit des modernen Hauses. Man legt großen Wert auf Komfort und eine entspannte, freundliche Atmosphäre, die nicht zuletzt Signora Gallinotto zu verdanken ist. Das Erdgeschoß wird von großen Fenstern und Terrassen beherrscht. Vom Restaurant mit Terrasse im Freien blickt man auf den See.

Die hellen, gepflegten Zimmer sind mit ordentlichen Bädern ausgestattet. Von den nach vorn gelegenen Zimmern hat man eine herrliche Aussicht auf den See und die Berge. Die Zimmer auf der Rückseite des Gebäudes sind ruhiger und öffnen sich gegen den Swimmingpool. Hier kann man tagsüber in Ruhe baden oder sich unter gelben und weißen Sonnenschirmen entspannen.

Umgebung Borromäische Inseln - Tagesausflüge mit dem Boot; Ascona (21 km), Locarno (25 km) und andere Ferienorte am Lago Maggiore.

Lungo Lago 3-2, Cannero Riviera 28051, Novara
Tel. (0323) 788 046 **Fax** 788048
Lage im Ort mit Seeblick; Garten, 2 Parkplätze
Mahlzeiten Frühstück, Mittag- und Abendessen
Preise Zimmer L70.000-L140.000, HP L90.000
Zimmer 30 Doppel-, 6 Einzelzimmer, alle mit Bad oder Dusche, Zentralheizung, Telefon
Anlage Salon, Pianobar, Speiseraum, Terrasse am See, Tennis, Swimmingpool, Solarium, Boot, Windsurfen, 2 Fahrräder
Kreditkarten AE, DC, MC, V
Kinder willkommen; separater Speiseraum, Babysitter auf Anfrage
Behinderte 8 Zimmer zugänglich; Fahrstuhl
Tiere erlaubt, wenn gut erzogen, außer im großen Salon
Geschlossen Nov. bis Mitte März
Besitzer Sga Gallinotto und Söhne

Der Nordwesten

Villa am Meer, Finale Ligure

Punta Est

Die italienische Riviera westlich von Genua ist über weite Strecken eine Enttäuschung: die meisten Badeorte sind langweilig, die meisten Hotels nur durchschnittlich. Eine Ausnahme bilden sowohl das Punta Est als auch Finale Ligure. Das rosa Hotel, eine prachtvolle, umgebaute Villa aus dem 18. Jhd., erhebt sich mit Blick aufs Meer hoch und stolz über dem Verkehrsgewirr der Küstenstraße. Signor Podesta, ein gelernter Bildhauer, hat sich seit seiner Eröffnung Ende der 60er Jahre hier sehr erfolgreich als Architekt betätigt. Es gelang ihm, durch Bewahrung von Originalelementen und stilvolle Ergänzungen die Atmosphäre eines Privathauses zu erhalten. Die Innenräume wirken mit ihren dunklen, antiken Holzmöbeln, den schönen Steinbögen, Kaminen und Fliesenböden kühl und elegant. Bei der herrlichen Umgebung spielt sich das Leben die meiste Zeit des Jahres jedoch auf den Terrassen, am Pool und im Garten mit seinen Pinien, Topfpflanzen und wunderhübschen Ausblicken ab.

Das Frühstück wird (auf Staffordshire-Porzellan) in einer Art Gewächshaus serviert - einem reizenden, sonnigen, von viel Grün belebten Fleckchen. Die übrigen Mahlzeiten nimmt man in einem im Anbau befindlichen Speiseraum ein, wo Balken und Steinbögen ein fast mittelalterliches Flair schaffen. Die Gäste können zwischen internationalen und ligurischen Spezialitäten wählen, zu denen auch Barsch, zubereitet mit aromatischen einheimischen Kräutern, gehört. Zum Strand läuft man nur wenige Minuten hügelabwärts.

Umgebung Finale Borgo (3 km), Alassio (26 km).

Via Aurelia 1, Finale Ligure 17024, Savona **Tel.** (019) 600612 **Fax** 600611
Lage östlich der Altstadt; Privatgarten, Privatparkplatz
Mahlzeiten Frühstück, Mittag- und Abendessen
Preise Zimmer L150.000-L300.000 Mahlzeiten L40.000-L70.000
Zimmer 30 Doppel-, 4 Einzelzimmer, 5 Suiten; alle mit Bad und Dusche, Zentralheizung, Telefon; 25 mit Minibar und TV
Anlage Salon, Bar, Fernsehzimmer, Konferenzraum, Pianobar, Swimmingpool, Tennisplatz, Solarium

Kreditkarten AE, V
Kinder werden aufgenommen, vorausgesetzt, sie sind unter Aufsicht
Behinderte Zugang schwierig
Tiere nicht erlaubt
Geschlossen Okt. bis Ostern
Besitzer Familie Podesta

Der Nordwesten

Gasthaus am See, Isola dei Pescatori

Verbano

Die Isola dei Pescatori besitzt zwar nicht den *palazzo* oder die Gärten der benachbarten Isola Bella (im Unterschied zu den anderen Inseln gehörte sie nie der reichen Familie Borromeo), hat aber ihren eigenen Reiz. Die Cafés und die etwas schäbigen, buntgestrichenen Fischerhäuser am Ufer erinnern ein bißchen an ein allerdings nicht mehr ganz unberührtes griechisches Eiland.

Vom Garten und den Terrassen des Verbano, eines großen, rostbraunen Gebäudes, das an einem Ende der Insel gelegen ist, blickt man auf die Isola Bella. Das Haus gibt nicht vor, ein Luxushotel zu sein, hat aber viel Atmosphäre und Lokalkolorit, und die Gastgeber sind freundlich. Die 12 Zimmer, von denen 11 über einen Balkon verfügen, bieten eine herrliche Aussicht und tragen Blumennamen. Die meisten sind hübsch und passend mit altmodischen bemalten Möbeln ausgestattet; die abgewohneteren wurden offensichtlich neu hergerichtet.

Hauptattraktion ist jedoch das Restaurant, dessen Spezialität hausgemachte Paste sind. Wenn das Wetter für Mahlzeiten auf der Terrasse zu unfreundlich ist, kann man dennoch durch die großen Fenster des Speiseraums den Ausblick genießen. "Hervorragendes Essen, freundliche Bewirtung", meint ein Besucher.
Umgebung Isola Bella (5 Minuten mit dem Boot), Stresa, Pallanza, Baveno.

Via Ugo Ara 2, Isola dei Pescatori, Stresa 28049, Novara
Tel. (0323) 30408 **Fax** 33129
Lage auf winziger Insel; Uferterrasse, regelmäßiger Fährverkehr mit Stresa, wo es reichlich Parkplätze gibt
Mahlzeiten Frühstück, Mittag- und Abendessen
Preise Zimmer L 140.000 inkl. Frühstück, HP L 110.000, VP 140.000
Zimmer 12 Doppelzimmer, 8 mit Bad, 4 mit Dusche, alle mit Zentralheizung
Anlage Speiseraum, Salon, Bar, Terrasse

Kreditkarten AE, DC, MC, V
Kinder werden aufgenommen
Behinderte keine speziellen Einrichtungen
Tiere erlaubt
Geschlossen nie
Besitzer Familie Zacchera

Der Nordwesten

Umgebautes Kloster, Ivrea

Castello San Giuseppe

Bevor Napoleon das *castello* zu einer Festung machte, war es ein Karmeliter-kloster. Trotz seiner erhabenen Lage auf einem einsamen Hügel mit weitem Blick auf die umliegenden Seen ist die Atmosphäre innerhalb der dicken Mauern eher beschaulich als militärisch streng. Es gibt viel zu entdecken. Die Hotel-bauten umschließen einen friedlichen Garten mit Zierteich, alten Zedern, Arau-karien, Magnolien, sizilianischen Feigen und Olivenbäumen. Die offene Rezeption verfügt über eine Sitzecke mit bequemen Sesseln. Die Gästezimmer in den Obergeschossen sind im traditionellen italienischen Stil rustikal mit schmie-deeisernen Bettgestellen, rotgefliesten Böden und wallenden Gardinen ausgestat-tet, die sich in der von den Bergen her wehenden Brise blähen. Die schönsten Zimmer haben freskengeschmückte Decken. Im Speiseraum mit dem bemalten Deckengewölbe, den hochlehnigen Stühlen und den Kerzen fühlt man sich allein regelrecht verloren. Zum Glück lenkt die Küche mit ihren interessanten regiona-len Spezialitäten davon ab, und es gibt eine gute Auswahl an ordentlichen Weinen. Das Frühstück wird in eher zwangloser Atmosphäre im Obergeschoß serviert.

Ein Besucher aus dem Jahr 1992 lobte das Essen, fand aber Haus und Garten ziemlich vernachlässigt. Wir bitten um weitere Erfahrungsberichte.

Umgebung Lago Sirio (2 km), Ivrea (3 km), Schlösser der Umgebung.

Chiaverano d'Ivrea 10010, Torino
Tel. (0125) 424370 **Fax** 641 278
Lage 3 km nordöstlich von Ivrea bei
Chiaverano; eigenes Grundstück mit
großem Parkplatz
Mahlzeiten Frühstück, Abendessen
Preise Zimmer L115.000-L165.000
inkl. Frühstück, Abendessen
L45.000-L65.000
Zimmer 9 Doppelzimmer, 4 mit Bad,
5 mit Dusche; 7 Einzelzimmer, 2 mit
Bad, 5 mit Dusche; alle Zimmer mit
Zentralheizung, Telefon, TV
Anlage Speisesaal, Frühstücksraum,
Bar, Fernsehzimmer, Bankettsaal

Kreditkarten AE, DC, MC, V
Kinder willkommen
Behinderte keine speziellen
Einrichtungen
Tiere kleine, ruhige erlaubt
Geschlossen nie
Besitzer Pasquale und Renata
Naghiero

Der Nordwesten

Restaurant mit Gästezimmern, Leivi

Cà Peo

Das weitläufige Bauernhaus in den Hügeln östlich von Portofino ist seit vier Generationen im Besitz der Familie Solari. Franco und Melly Solari haben ihren hübschen Speiseraum, durch dessen Flügelfenster sich ein herrlicher Ausblick über Bucht und Hügel bietet, 1973 der Öffentlichkeit zugänglich gemacht. Melly sorgt für die opulenten, aus frischen Produkten der Saison zubereiteten Mahlzeiten, während Franco sich um den mit 350 Sorten bestückten Weinkeller kümmert. Da das Restaurant sehr beliebt ist, sollte man unbedingt einen Tisch vorbestellen.

Neben der heimeligen Atmosphäre bietet das Haus noch andere Attraktionen, darunter die Einbauten aus schwarzem Schiefer (eine regionale Spezialität - Schiefer wird in den umliegenden Hügeln abgebaut). Als Unterkunft dienen moderne Apartments mit Küche und Eßecke, die sich in einem unterhalb des Hauptgebäudes zwischen Olivenbäumen gelegenen Anbau befinden; sie sind komfortabel und luftig und mit neuen Kiefernholzmöbeln und bunten Sofas ausgestattet.

Sie können von hier aus gut Ausflüge zum Golf von Tigullo zwischen Portofino und Sestri Levante machen - vorausgesetzt, Sie scheuen die kurvenreiche Zufahrtsstraße nicht.

Umgebung Wanderungen in Kastanienwäldern, Portofino (30 km), Cinque Terre.

Via dei Caduti 80, Leivi 16040, Genova
Tel. (0185) 319696 **Fax** 319671
Lage 6 km nördlich von Chiavari in den Hügeln, Garten, Parkplatz
Mahlzeiten Frühstück, Mittag- und Abendessen
Preise Zimmer L160.000 inkl. Frühstück
Zimmer 5 Apartments, alle mit Telefon, TV, Küche
Anlage Speiseraum, Salon, Bar, Weinkeller
Kreditkarten V
Kinder werden aufgenommen

Behinderte Zugang schwierig
Tiere nur auf den Zimmern erlaubt
Geschlossen Nov.; Restaurant Mo, Di mittag
Besitzer Franco und Melly Solari

Der Nordwesten

Stadthotel, Portofino

Eden

Die kleine, mondäne und hübsche Hafenstadt Portofino ist so überlaufen, daß man manchmal selbst außerhalb der Saison im Stau steht, und in der Hochsaison wartet man oft stundenlang auf einen Parkplatz. Natürlich beeinträchtigt der Besucherandrang den Reiz des Ortes. Wer jedoch über Nacht bleibt, erlebt ein anderes Portofino, kann abends in Ruhe am Wasser speisen und frühmorgens, bevor die Touristen einfallen, die Fischer beobachten.

Für Unterkünfte ist reichlich gesorgt. Da gibt es das prächtige (und teure) Splendid und ein paar wesentlich kleinere, bescheidenere Häuser. Zu ihnen gehört auch das Eden - ein winziges, nur wenige Minuten von der Strandpromenade in einer engen Gasse gelegenes Haus. Der von einer großen Palme und viel Grün überschattete Garten ist eine ruhige Oase inmitten des Urlaubstrubels. Wenn das Wetter es erlaubt, nimmt man die Mahlzeiten hier auf der Terrasse ein, sonst in dem trattoriaähnlichen Speiseraum auf der Gartenseite. Als weiterer Gemeinschaftsraum dient die Empfangshalle mit Bar, in der die Rezeption unter der Treppe versteckt ist. Die Zimmer sind hell und freundlich, die Bäder blitzsauber.

Da wir von unseren Lesern schon länger nichts mehr über das Eden gehört haben, würden wir uns über Berichte freuen.

Umgebung Leuchtturm; San Fruttuoso (zu erreichen mit dem Boot oder nach zweistündiger Wanderung).

Portofino 16034, Genova
Tel. (0185) 269091 **Fax** 269047
Lage im Ortszentrum; Garten vor dem Haus, nur öffentlicher Parkplatz (L27.000 am Tag)
Mahlzeiten Frühstück, Mittag- und Abendessen
Preise Zimmer L150.000-L220.000 inkl. Frühstück, Mahlzeiten L40.000-L70.000
Zimmer 12 Doppelzimmer, alle mit Bad, Zentralheizung, Telefon, TV; einige mit Klimaanlage
Anlage Speiseraum mit Terrasse im Freien, Bar

Kreditkarten AE, DC, MC, V
Kinder willkommen, wenn gut erzogen
Behinderte keine speziellen Einrichtungen
Tiere erlaubt, außer im Restaurant
Geschlossen nie
Besitzer Osta Ferruccio

Der Nordwesten

Hotel am Meer, Sestri Levante

Helvetia

Die Behauptung, das Helvetia habe die hübscheste und ruhigste Lage in Sestri Levante, ist nicht übertrieben; es steht an einem Ende der zu Recht so genannten Baia del Silenzio. Das Haus hebt sich durch das fleckenlose Weiß seiner Fassade und die weiß-gelben Markisen hervor, die Balkons und Terrasse überschatten.

Lorenzo Pernigotti widmet sich seinen Gästen von ganzem Herzen und stellt auch die Extras - etwa 15 leuchtendgelbe Fahrräder - zur Verfügung, die man von einem Vier-Sterne-Hotel erwartet. Trotzdem ist das Helvetia klein und persönlich; ein zufriedener Gast meinte, er hätte sich wie zur Familie gehörig gefühlt.

Der Salon mit Bar strahlt mit seinen Antiquitäten, Büchern, Zeitungen und Topfpflanzen die Atmosphäre eines privaten Wohnzimmers aus. Vom hübschen, hellen Frühstücksraum bietet sich ein schöner Blick über die Bucht. Die Zimmer sind hell und luftig und liegen entweder zum Meer - 6 davon mit Balkon - oder zum Garten hin. Der Tag beginnt auf der entzückenden Terrasse mit einem ungewöhnlich reichhaltigen Frühstücksbüfett. Hinter der Terrasse zieht sich ein herrlicher Garten hügelan, wo im Schatten von Palmen Tische stehen. Sonnenanbeter können sich hier auf Liegestühlen aalen. Außerdem gibt es auf der anderen Straßenseite einen winzigen Kiesstrand.

Umgebung die schönsten Orte der östlichen Riviera, z.B. Portofino (28 km).

Via Cappuccini 43, Sestri Levante 16039, Genova
Tel. (0185) 41175 **Fax** 47216
Lage an kleinem Strand; Privatgarage, Gratis-Parkplätze in begrenzter Anzahl
Mahlzeiten Frühstück
Preise Zimmer L120.000-L150.000 inkl. Frühstück; 30% Ermäßigung für Kinder unter 6 im elterlichen Zimmer
Zimmer 28 Doppelzimmer, 14 mit Bad, 14 mit Dusche, alle mit Zentralheizung, Telefon, Fön, Radio, Farb-TV, Video, Minibar

Anlage Salon, Fernseh-/Video-Zimmer, Speiseraum, Bar, Terrasse, Solarium, Tischtennis, Fahrräder (kostenlos)
Kreditkarten MC, V
Kinder willkommen; Kinderbetten auf Anfrage
Behinderte keine speziellen Einrichtungen
Tiere Hunde erlaubt, außer im Speiseraum
Geschlossen Nov. bis Feb.
Besitzer Lorenzo Pernigotti

Der Nordwesten

Hotel am See, Arona

Hotel Giardino

Über dieses komfortable Hotel am See erreichen uns unterschiedliche Berichte, aber niemand bestreitet den Reiz seiner Lage - von der großen Terrasse blickt man über die Straße auf den Lago Maggiore - oder die Freundlichkeit des Personals. Der Speiseraum ist nichts Besonderes, die Zimmer jedoch haben durchaus eine individuelle Note.

Via Repubblica 1, 28041 Arona (Novara) **Tel.** (0322) 45994 **Fax** (0322) 249401 **Mahlzeiten** Frühstück, Mittag- und Abendessen **Preise** Zimmer L94.000-L135.000 inkl. Frühstück, VP L125.000 **Zimmer** 56, alle mit Bad oder Dusche, Zentralheizung, Satelliten-TV, Minibar, Telefon **Kreditkarten** AE, DC, MC, V **Geschlossen** nie

---

Villa am Meer, Bordighera

Villa Elisa

Reizvolles altes Haus, zwischen subtropischen Gärten an der ruhigen Landseite des beliebten Familienurlaubsortes gelegen. Die Gemeinschaftsräume sind ruhig und gediegen, die Zimmer geräumig und angenehm altmodisch. Die Preise sind für örtliche Verhältnisse annehmbar.

Via Romana 70, 18012 Bordighera (Imperia) **Tel.** (0184) 261313 **Fax** (0184) 261942 **Mahlzeiten** Frühstück, Mittag- und Abendessen **Preise** Zimmer L105.000-L170.000 **Zimmer** 35, alle mit Bad oder Dusche, Telefon, TV, Minibar **Kreditkarten** AE, MC, V **Geschlossen** Nov. bis Mitte Dez.

Restaurant mit Gästezimmern, Cannobio

Pironi

Wir freuen uns, das Pironi hier wieder vorstellen zu können, nachdem es lange geschlossen war. Es ist ein arkadengeschmücktes mittelalterliches Gebäude im Herzen von Cannobio, eines noch nicht vom Tourismus geschädigten Dorfes am Seeufer. Als wir zuletzt dort waren, erschien uns das Hotel in perfektem Zustand. Berichte über das neue Management wären uns sehr wilkommen.

Via Marconi 35, 28052 Cannobio (Novara) **Tel.** (0323) 70624 **Fax** (0323) 72398 **Mahlzeiten** Frühstück **Preise** Zimmer L75.000-L130.000 inkl. Frühstück **Zimmer** 12, alle mit Bad, Zentralheizung, Telefon, Minibar **Kreditkarten** AE, DC, MC, V **Geschlossen** Nov. bis Feb.

Gebirgschâlet, Cervinia

Hermitage

Gepflegtes Hotel in einem Wintersportort, den man fast als Verschandelung dieser Hochgebirgslandschaft bezeichnen kann. Das Hermitage ist ein niedriges Gebäude an der Straße nach Cielalto mit ebenso vielen Suiten wie Zimmern und geräumigen Sitzecken, in denen Landhausmöbel mit Schnitzereien im Châlet-Stil kombiniert wurden. Swimmingpool im Haus, beheizte Garage.

11021 Cervinia (Aosta) **Tel.** (0166) 948998 **Fax** (0166) 949032 **Mahlzeiten** Frühstück, Mittag- und Abendessen **Preise** HP L150.000-L300.000 **Zimmer** 36, alle mit Bad, Telefon, TV, Minibar **Kreditkarten** AE, MC, V **Geschlossen** Mai, Juni, Mitte Sep. bis Nov.

Der Nordwesten

Gebirgschâlet, Champoluc

Villa Anna Maria

Villa aus den 20er Jahren im Châlet-Stil in ruhiger, waldreicher Hügellandschaft nahe Champoluc - der größten Gemeinde in einem tiefliegenden Tal unterhalb des Monte Rosa. Holztäfelung, einfache, aber behagliche Möbel und rustikale Einrichtung. Die meisten Zimmer verfügen über Bäder.

Via Croues 5, 11020 Champoluc (Aosta) **Tel.** (0125) 307128 **Fax** (0125) 307984 **Mahlzeiten** Frühstück, Mittag- und Abendessen **Preise** Zimmer L70.000-L105.000, Mahlzeiten L35.000-L40.000 **Zimmer** 20, alle mit Zentralheizung, Telefon, TV **Kreditkarten** V **Geschlossen** je nach Wetter Okt. bis Nov. und Mai bis Ende Juni (nur Restaurant)

Umgebautes Kloster, Cioccaro di Penango

Locanda del Sant'Uffizio

Seit Ende der 80er Jahre verfügt dieses etablierte Restaurant auch über Gästezimmer und ist jetzt ein sehr hübsches kleines Hotel. Originalelemente wurden beibehalten, und die Einrichtung ist eine Mischung aus Antik und Elegant-Modern. Unseren Lesern gefiel das gute Essen und die freundliche Aufnahme. Schöner Swimmingpool.

14030 Cioccaro di Penango (Asti) **Tel.** (0141) 917271 **Fax** (0141) 916068 **Mahlzeiten** Frühstück, Mittag- und Abendessen **Preise** HP L240.000 **Zimmer** 31, alle mit Bad oder Dusche, Zentralheizung, Minibar, TV **Kreditkarten** DC, MC, V **Geschlossen** je 3 Wochen im Jan. und Aug.

Gebirgschâlet, Cogne

Bellevue

Solides Hotel, seit seiner Errichtung in den 20er Jahren im Besitz derselben Familie, herrlich gelegen in der grasbewachsenen Ebene eines Tals, über dem der Gran Paradiso und andere Alpengipfel aufragen. Das Haus ist in sehr gepflegtem Zustand, und einige Zimmer sind überdurchschnittlich elegant.

Rue Grand Paradis, 11012 Cogne (Aosta) **Tel.** (0165) 74825 **Fax** (0165) 749192 **Mahlzeiten** Frühstück, Mittag- und Abendessen **Preise** HP L100.000-L190.000 **Zimmer** 44, alle mit Bad oder Dusche, Zentralheizung, Telefon, Fön, Radio **Kreditkarten** MC, V **Geschlossen** Okt. bis Mitte Dez.

Gebirgschâlet, Courmayeur

La Grange

Das im Châlet-Stil erbaute Bauernhaus aus dem 13. Jhd. mit seinen Steinmauern, dem steinernen Dach und dem Schnitzwerk ist heute ein hübsches kleines Hotel. Der rustikale Stil herrscht auch in den freundlichen Innenräumen vor, die mit ländlichen Antiquitäten geschmückt sind. Die Zimmer sind einfach, aber behaglich und gut eingerichtet.

Entrèves, 11013 Courmayeur (Aosta) **Tel.** (0165) 89274 **Fax** (0165) 89316 **Mahlzeiten** Frühstück, Snacks **Preise** Zimmer L100.000-L150.000 **Zimmer** 23, alle mit Bad oder Dusche, Zentralheizung, TV, Minibar, Telefon, Radio **Kreditkarten** AE, DC, MC, V **Geschlossen** März bis Juni, Okt. bis Nov.

Der Nordwesten

Gebirgschâlet, Courmayeur

Palace Bron

Courmayeur ist einer der hübschesten Gebirgsorte Italiens. Das Palace Bron, ein hohes Gebäude im Châlet-Stil, steht oberhalb der Stadt in einem grasbewachsenen Garten mit herrlichem Blick auf den Mont Blanc. Im Inneren ist es überhaupt nicht rustikal: komfortable Sessel, Orientteppiche und Kandelaber. Winziger Swimmingpool im Freien.

Via Plan Gorret 41, 11013 Courmayeur (Aosta) **Tel.** (0165) 842 545 **Fax** (0165) 844015 **Mahlzeiten** Frühstück, Mittag- und Abendessen **Preise** HP L150.000-L240.000 (Mindestaufenthalt 3 Nächte; Ermäßigung für 7 Nächte) **Zimmer** 29, alle mit Bad, Telefon, TV, Radio **Kreditkarten** AE, DC, MC, V **Geschlossen** Mai, Juni, Okt., Nov.

Hotel am Meer, Laigueglia

Splendid

Der Brunnen im Speiseraum und die Deckengewölbe zeugen vom klösterlichen Ursprung dieses hübschen Hotels im Zentrum von Laigueglia. Die Einrichtung ist eine geglückte Mischung aus Alt und Neu. Besonders reizvoll ist der kleine Garten hinter dem Haus mit seinem einladenden Pool, wo auch Getränke serviert werden.

Piazza Badaro 3, 17020 Laigueglia (Savona) **Tel.** (0182) 690325 **Fax** (0182) 690894 **Mahlzeiten** Frühstück, Mittag- und Abendessen **Preise** Zimmer L55.000-L150.000 inkl. Frühstück, HP L75.000-L105.000; 20% Ermäßigung für Kinder unter 7 **Zimmer** 48, alle mit Bad oder Dusche, Zentralheizung, Telefon, TV **Kreditkarten** AE, DC, MC, V **Geschlossen** Okt. bis März

---

Landhotel, Mele

Hotel Fado 78

Gianni Canepa und seine englische Frau Christine haben aus ihrem bescheidenen Landhotel ein freundliches Refugium gemacht. Das mit Fensterläden versehene Haus aus dem 19. Jhd. wurde im Innern modernisiert, und die schlichten, gemütlichen Zimmer befinden sich in einem neuen Anbau. Reizender kleiner Garten, schöne Aussicht, hervorragendes Essen.

Via Fado 82, 16010 Mele (Genova) **Tel.** (010) 631802 **Mahlzeiten** Frühstück, Mittag- und Abendessen, Snacks **Preise** Zimmer L45.000-L75.000, Frühstück L9.000, Mahlzeiten L35.000 **Zimmer** 8, alle mit Bad oder Dusche, Zentralheizung, Telefon, TV **Kreditkarten** keine **Geschlossen** nie

---

Landhotel, Orta San Giulio

La Bussola

Das moderne Haus wurde (im Stil einer traditionellen Villa) so errichtet, daß man von hier einen besonders schönen Ausblick auf den Lago Orta und die Insel San Giulio hat. Der Speiseraum ist schlicht, hell und geräumig; eine kleine Terrasse ist ebenfalls vorhanden. Zum großen Garten gehört ein lauschig gelegener Swimmingpool.

28016 Orta San Giulio (Novara) **Tel.** (0322) 90198 **Fax** (0322) 90 198 **Mahlzeiten** Frühstück, Mittag- und Abendessen **Preise** Zimmer L90.000-L150.000, HP (Juni-Sep. obligatorisch) L100.000-L115.000 **Zimmer** 16, alle mit Bad oder Dusche, Telefon, Zentralheizung, 7 mit Minibar **Kreditkarten** AE, MC, V **Geschlossen** Nov.

Der Nordwesten

Hotel am See, Orta San Giulio

Leon d'Oro

Dieses Hotel, das von außen gefälliger wirkt als von innen, empfehlen wir wegen seiner herrlichen Lage am Ufer des Orta-Sees. Der Speiseraum ist groß und recht langweilig, die Zimmer sind funktional und phantasielos eingerichtet (bemühen Sie sich um eines mit Terrasse). Kein Haus, in dem man den ganzen Urlaub verbringen möchte, aber preiswert.

28016 Orta San Giulio (Novara) **Tel.** (0322) 90254 **Fax** (0322) 90 303 **Mahlzeiten** Frühstück, Mittag- und Abendessen **Preise** Zimmer L80.000-L100.000, Mahlzeiten L30.000-L50.000 **Zimmer** 32, alle mit Bad oder Dusche und Zentralheizung, Telefon **Kreditkarten** AE, MC, V **Geschlossen** Jan.

Hotel am See, Orta San Giulio

Orta

Die liebenswert schäbige Fassade des Orta bildet eine Seite des Hauptplatzes von Orta San Giulio, auf dem sich die Tische seines Cafés drängen. Gleich um die Ecke hat man von der Restaurant-Terrasse oberhalb des Lago Orta eine traumhafte Aussicht. Das Hotel ist angenehm geräumig und altmodisch.

28016 Orta San Giulio (Novara) **Tel.** (0322) 90253 **Fax** (0322) 90 5646 **Mahlzeiten** Frühstück, Mittag- und Abendessen **Preise** Zimmer L73.000-L136.000 inkl. Frühstück **Zimmer** 35, alle mit Bad oder Dusche, Zentralheizung, Telefon, Seeblick; TV auf Anfrage **Kreditkarten** AE, DC, MC, V **Geschlossen** Nov. bis März

Hotel am Meer, Ospedaletti

Delle Rose

Ospedaletti ist berühmt für seine Blumen, und der Garten mit seinen Tausenden blühender Kakteen stellt vielleicht die Hauptattraktion des Hotels Delle Rose dar. Die Lage ist relativ ruhig, die Zimmer (überwiegend mit Bad) sind schlicht, aber ordentlich. Der Speiseraum mit dem Silberbesteck auf den Tischen wirkt eleganter.

Via de Medici 17, 18014 Ospedaletti (Imperia) **Tel.** (0184) 689016 **Mahlzeiten** Frühstück, Mittag- und Abendessen **Preise** Zimmer L80.000-L95.000, HP L90.000 **Zimmer** 14, alle mit Bad, Zentralheizung, Telefon, TV **Kreditkarten** keine **Geschlossen** nie

Stadtgasthof, Portovenere

Albergo Genio

Winziges, schlichtes, von einer Familie geführtes Hotel, das zum Teil in einem mittelalterlichen Turm am Ortseingang des beliebten Tourstenziels Portovenere angesiedelt ist. Die Zimmer sind einfach, jedoch alle mit Bädern ausgestattet und die preiswertesten der Stadt, Turm und Terrassen haben durchaus Atmosphäre.

Piazza Bastrieri 8, 19025 Portovenere (La Spezia) **Tel.** (0187) 900611 **Mahlzeiten** keine **Preise** Zimmer L75.000-L95.000 **Zimmer** 7, alle mit Dusche, Zentralheizung **Kreditkarten** MC, V **Geschlossen** Jan. und halber Feb.

Der Nordwesten

Restaurant mit Gästezimmern, San Giorgio Monferrato

Castello di San Giorgio

Recht prunkvolles, kleines, rosa gestrichenes Herrenhaus, das überwiegend aus dem 16. Jhd. datiert und in einem großen Park liegt. Das elegante Restaurant mit dem Deckengewölbe und den Wandmalereien ist die Hauptattraktion, und Sie müssen hier essen - teuer, wenn es nach Maurizio Grossi geht -, wenn Sie übernachten wollen. Die Zimmer sind relativ einfach.

Via Cavalli d'Olivola 3, 15020 San Giorgio Monferrato (Alessandria) **Tel.** (0142) 806203 **Fax** (0142) 806203 **Mahlzeiten** Frühstück, Mittag- und Abendessen **Preise** Zimmer L110.000-L160.000, Frühstück L15.000, HP L180.000 **Zimmer** 11, alle mit Bad, Zentralheizung, Telefon, Farb-TV, Minibar **Kreditkarten** AE, DC, V **Geschlossen** 10 Tage im Jan., 3 Wochen im Aug.; Restaurant Mo

---

Gebirgschâlet, Sauze d'Oulx

Il Capricorno

Sauze ist ein preiswerter Skiort, der jedoch winters wie sommers ein recht elegantes Publikum aus dem Inland anlockt. Das Capricorno ist ein gemütliches Châlet im traditionellen Stil - rohes Gebälk, handgefertigte Möbel - in einsamer Lage an den bewaldeten Hängen oberhalb des Dorfes.

Case Sparse 21, Les Clotes, 10050 Sauze d'Oulx (Torino) **Tel.** (0122) 850273 **Fax** (0122) 850497 **Mahlzeiten** Frühstück, Mittag- und Abendessen **Preise** Zimmer L150.000-L250.000 inkl. Frühstück, HP L180.000 **Zimmer** 8, alle mit Dusche, Zentralheizung, Telefon, TV **Kreditkarten** DC, V **Geschlossen** Mai bis Mitte Juni, Mitte Sep. bis Nov.

Umgebautes Schloß, Sestri Levante

Grand Hotel dei Castelli

Dieses Hotel haben wir wegen seiner traumhaften Lage auf der bewaldeten Anhöhe von Sestri Levante und trotz seines dekorativ-schäbigen Zustands auch früher schon in unserem Führer aufgenommen. 1992 wurde es nach einjähriger Renovierung wiedereröffnet; das Resultat konnten wir noch nicht in Augenschein nehmen und bitten daher um Berichte.

Via Penisola 26, 16039 Sestri Levante (Genova) **Tel.** (0185) 487220 **Fax** (0185) 44767 **Mahlzeiten** Frühstück, Mittag- und Abendessen **Preise** Zimmer L255.000-L280.000, HP L215.000-L240.000 **Zimmer** 45, alle mit Bad, Zentralheizung, Klimaanlage, Telefon, TV, Minibar, Fön **Kreditkarten** AE, DC, MC, V **Geschlossen** im Winter

---

Hotel am Meer, Sestri Levante

Miramare

Eines von mehreren rosa Häusern aus dem 19. Jhd. mit Fensterläden, die die Baia del Silenzio säumen - innen jedoch kühl und modern. Durch die riesigen Bogenfenster bietet sich ein herrlicher Blick aufs Meer, und die Terrasse ist ein idyllischer Platz zum Frühstücken. Freundliches Personal, aber langweiliges Essen, heißt es in Berichten.

Via Cappellini 9, 16039 Sestri Levante (Genova) **Tel.** (0185) 480 855 **Fax** (0185) 41055 **Mahlzeiten** Frühstück, Mittag- und Abendessen **Preise** Zimmer L190.000-L220.000; Ermäßigung für Kinder **Zimmer** 43, alle mit Bad oder Dusche, Telefon, Farb-TV, Minibar; Apartments mit Wohnzimmer und Kochnische **Kreditkarten** AE, MC, V **Geschlossen** nie

Der Nordwesten

Restaurant mit Gästezimmern, Soriso

Al Sorriso

Eines der wenigen italienischen Restaurants, die von Michelin mit zwei Sternen ausgezeichnet wurden, ein Stück vom Lago Orta entfernt in einem langweiligen Dorf gelegen. Der Speiseraum ist hochelegant, der Service professionell. Die Zimmer sind einfacher (und preiswerter), als Sie vielleicht erwarten.

28018 Soriso (Novara) **Tel.** (0322) 983228 **Fax** (0322) 983328 **Mahlzeiten** Frühstück, Mittag- und Abendessen **Preise** Zimmer L130.000-L190.000 inkl. Frühstück, Mahlzeiten um L100.000-L140.000 **Zimmer** 7, alle mit Bad oder Dusche, Telefon, TV, Minibar **Kreditkarten** MC, V **Geschlossen** 2 Wochen im Jan., 3 Wochen im Aug.; Restaurant Mo und Di mittag

---

Stadthotel, Turin

Conte Biancamano

"Verblichene Pracht" mag ein Klischee sein, das sich allerdings bei diesem Hotel im Stadtzentrum (nahe am Hauptbahnhof von Turin) schwer vermeiden läßt. Heute ist es eher anspruchslos, aber Dimensionen und Stil des Salons sind palastartig, die Zimmer einfacher, doch komfortabel.

Corso Vittorio Emanuele II 73, 10128 Turin **Tel.** (011) 5623281 **Fax** (011) 5623789 **Mahlzeiten** Frühstück, Snacks **Preise** Zimmer L125.000-L170.000 inkl. Frühstück **Zimmer** 27, alle mit Bad oder Dusche, Zentralheizung, Telefon, TV, Radio, Minibar, Fön **Kreditkarten** AE, DC, MC, V **Geschlossen** Aug.

Stadtvilla, Turin

Villa Sassi-El Toulà

Vornehme Villa aus dem 17. Jhd., die in Turin ihresgleichen sucht. Viele Originalelemente wurden beibehalten: Marmorfußböden, reich verzierte Türen und alte Kandelaber. Die Villa Sassi ist allerdings nicht billig, und einige Reisende fanden das Preis-Leistungs-Verhältnis fragwürdig, den Empfang lieblos und das Essen von wechselhafter Qualität.

Traforo del Pino 47, 10132 Turin **Tel.** (011) 890556 **Fax** (011) 890 095 **Mahlzeiten** Frühstück, Mittag- und Abendessen **Preise** Zimmer L200.000-L380.000 **Zimmer** 17, alle mit Telefon, TV, Minibar **Kreditkarten** AE, DC, V **Geschlossen** Aug.; Restaurant So

Lombardei

Die Hotels in der Lombardei

Die Lombardei ist eine riesige Region, die sich von den Hochalpen an der Grenze zur Schweiz fast bis zur Adria und der ligurischen Küste erstreckt. Sie umfaßt den Comer See, Lago Maggiore und Gardasee bilden ihre West- beziehungsweise Ostgrenze, und in ihrem Herzen liegt das Handels- und Industriezentrum Italiens: Mailand.

Von allen großen, mondänen Städten Italiens ist Mailand die mondänste, und nur Rom ist größer. Trotz seines bemerkenswerten historischen Erbes - darunter ein prächtiger Dom, bedeutende Kunstsammlungen und die berühmteste Oper der Welt - sehen Besucher es vor allem als Italiens Wirtschaftskapitale und meiden es daher zumeist. Das hat dazu geführt, daß Mailands Hotels auf Geschäftsreisende ausgerichtet - und so groß und mondän wie die Stadt selbst - sind.

Erstaunlicherweise haben wir jedoch zwei reizende kleine Hotels (siehe Seite 47) in Mailand gefunden. Zentral gelegen, aber für eine echte Empfehlung unsererseits zu groß, sind das Manzoni (Tel. (02) 76005700, Fax 784212), ein ruhiges, komfortables Haus mit annehmbaren Preisen, und (wenn Sie Extravaganz lieben) das Grand Hotel Duomo (Tel. (02) 8833, Fax 86462027), das in einem historischen Gebäude in der Nähe des *duomo* und der berühmten Einkaufspassagen untergebracht ist.

Bei den Seen haben wir uns auf den Comer See und den Gardasee konzentriert. Bellagio ist der Haupturlaubsort am Comer See, dicht gefolgt von Menaggio - versuchen Sie es im Bellavista (Tel. (0344) 32136, Fax 31793) in Menaggio selbst oder im Loveno (Tel. (0344) 32110) in dem 2 km entfernten gleichnamigen Dorf - einem 13-Zimmer-Hotel mit schattigem Garten und Blick auf Seen und Berge. In Como bietet sich eventuell das Loggiato dei Serviti (Tel. (031) 264234, Fax 263546), ein modernes, komfortables Haus nahe dem, an.

Am Südufer des Gardasees ist das meistbesuchte Ferienziel das wunderschön gelegene Sirmione mit seinem wuchtigen Scaliger-Schloß, den römischen Ruinen und den entzückenden Gärten. Es ist gut von der Autobahn Mailand-Venedig zu erreichen und daher tagsüber voll von Ausflüglern, die versuchen, Gardasee, Verona und Venedig an einem Tag zu "besichtigen". Das Golf et Suisse (Tel. (030) 9904188, Fax 916304), ein ruhiges, modernes 30-Zimmer-Hotel, liegt ein Stück außerhalb des Ortes, aber dennoch am See, und hat einen eigenen Strand mit Bootsanlegestelle. Den ausführlich beschriebenen Hotels in Gardone Riviera können wir noch das Montefiori (Tel. (0365) 290235, Fax 21488), eine elegante, einsam auf einem Hügel oberhalb des Gardasees gelegene Villa, hinzufügen - obgleich wir dieses Jahr von Lesern enttäuschte Berichte darüber erhielten.

Diese Seite dient als Einführung in die Landschaft und Hotellerie der Lombardei und enthält kurze Empfehlungen annehmbarer Unterkünfte, über die wir aus verschiedenen Gründen keinen gesonderten Beitrag verfaßt haben. Die ausführlichen Beiträge für diese Region - über die Hotels, die uns am besten gefielen - beginnen auf der nächsten Seite. Beachten Sie aber auch unsere Kurzbeiträge ab Seite 44: hier handelt es sich ebenfalls um Häuser, in denen wir uns gern aufgehalten haben.

Lombardei

Hotel am See, Bellagio

Florence

Bellagio ist die Perle des Comer Sees. Es liegt auf einem Vorgebirge, das den See in zwei Hälften teilt, und von allen Häusern, Villen und Gärten bietet sich eine wundervolle Aussicht. Das Florence, ein schönes Gebäude aus dem 18. Jhd., beherrscht den Hauptplatz mit Blick auf den See. Auf der arkadenüberspannten Terrasse am Hoteleingang werden Drinks und kleine Gerichte serviert. Ebenso reizvoll wirkt das Innere. Weiß getünchte Wände, hohe Deckengewölbe und Gebälk kennzeichnen das kühle, ansprechende Foyer. Auf der einen Seite gruppieren sich elegante, leicht verblichene Sessel um einen alten Steinkamin. Auch der überwölbte Speiseraum strahlt einen rustikalen, altmodischen Charme aus.

Anheimelnd altmodisch wie die Gemeinschaftsräume sind auch die mit antiken Kirschholzmöbeln und hübschen Stoffen eingerichteten Zimmer, am begehrtesten natürlich die mit Balkon und Seeblick. Die Mahlzeiten (einschließlich Frühstück) kann man auf einer von Bäumen beschatteten Uferterrasse auf der gegenüberliegenden Straßenseite einnehmen und dabei die das Wasser durchflügenden Boote beobachten.

Abends wird in der eleganten Cocktailbar - einer der schicksten am Comer See - Jazz gespielt. Das Hotel, das seit 150 Jahren im Besitz derselben Familie ist, wird heute von den Geschwistern Ronald und Roberta Ketzlar geführt, die beide gut Englisch sprechen und einen Besucher vor kurzem "sehr freundlich empfingen".

Umgebung Villa Serbelloni; die Madonna del Ghisallo (37 km).

Piazza Mazzini, Bellagio 22021, Como
Tel. (031) 950342 **Fax** 951 722
Lage auf dem Hauptplatz mit Seeblick; Uferterrasse, Garage
Mahlzeiten Frühstück, Mittag- und Abendessen
Preise Zimmer L140.000-L155.000, HP L120.000, VP L145.000
Zimmer 32 Doppelzimmer, 23 mit Bad, 8 mit Dusche; 6 Einzelzimmer; alle Zimmer mit Zentralheizung, Telefon
Anlage Speiseraum, Bar, Lese- und Fernsehzimmer, Terrasse

Kreditkarten AE, DC, MC, V
Kinder werden aufgenommen
Behinderte keine speziellen Einrichtungen
Tiere erlaubt, falls gut erzogen, außer im Restaurant
Geschlossen 20. Okt. bis 15. Apr.
Besitzer Familie Ketzlar

Lombardei

Restaurant mit Gästezimmern, Capriate San Gervasio

Vigneto

Das nur wenige Minuten von der Autobahn Mailand-Venedig entfernte Capriate San Gervasio bietet sich für eine Übernachtung geradezu an. Das Vigneto, eine komfortable Villa, erhebt sich inmitten eines gepflegten kleinen Gartens mit Terrasse am Ufer eines Flusses. Die Zimmer sind ausreichend groß, modern möbliert und in recht dunklen Beige- und Brauntönen gehalten; die nach vorn heraus gelegenen bieten einen Blick auf das von Bäumen gesäumte Flußufer. Der Speiseraum mit den bildergeschmückten Wänden wirkt formal und öffnet sich gegen eine überdachte Terrasse, wo man in den Sommermonaten essen kann. Das Restaurant erfreut sich bei den Einheimischen großer Beliebtheit. **Umgebung** Bergamo (17 km); Mailand (35 km).

Capriate San Gervasio 24042, Bergamo
Tel. (02) 9099351 **Fax** 0179
Lage 12 km südwestlich von Bergamo, 2 km nördlich der A4 an der Adda; Privatparkplatz
Mahlzeiten Frühstück, Mittag- und Abendessen
Preise Zimmer L120.000-L180.000 inkl. Frühstück, Mahlzeiten L60.000-L80.000
Zimmer 12, alle mit Dusche, Telefon, TV
Anlage 2 Salons, Speiseraum, Konferenzeinrichtungen

Kreditkarten AE, V
Kinder werden aufgenommen
Behinderte keine speziellen Einrichtungen
Tiere nicht erlaubt
Geschlossen Mo, Aug.; Restaurant Di
Besitzerin Casina Rosella

Lombardei

Hotel am See, Gargnano

Baia d'Oro

Das Baia d'Oro, ein altes Gebäude, auffällig in Gelb und Grün gehalten, steht direkt am Seeufer. Sein kleiner Landungssteg ragt in das dunkelblaue Wasser des Gardasees, und von der Terrasse hat man einen herrlichen Blick auf die Berge. Sie ist die Hauptattraktion des Hotels: im Sommer werden hier Frühstück, Mittag- und Abendessen serviert. Ein eigenes Boot kann man am Pier vertäuen und von dort schnurstracks das Haus betreten.

Das kleine, freundliche Etablissement wird von der Familie Terzi geführt. Gianbattista ist Künstler - Sie können seine See-Aquarelle in den Zimmern bewundern. Seiner Frau, die das Privathaus in ein reizendes Hotel umwandelte, gelang es, die familiäre Atmosphäre zu bewahren; ihr ältester Sohn Gabriele hat vor kurzem das Management übernommen.

Wichtigster Gemeinschaftsraum ist das Restaurant, ein heller, einladender Raum mit Körben voller Obst, Vasen mit frisch geschnittenen Blumen, hübschen Bögen und Glastüren, die auf die Terrasse führen. Schwerpunkte auf der Speisekarte sind Fischgerichte mit Zutaten aus dem Meer oder direkt aus dem See. Die Zimmer wirken heiter und sind liebevoll gepflegt; einige haben einen Balkon mit Seeblick.

Umgebung Gardone Riviera, Desenzano, Sirmione, Garda, Malcesine.

Via Gamberera 13, Gargnano 25084, Brescia
Tel. (0365) 71171 **Fax** 72568
Lage im Ortszentrum; Privatparkplatz
Mahlzeiten Frühstück, Mittag- und Abendessen
Preise Zimmer L68.000-L115.000, Mahlzeiten L55.000-L99.000
Zimmer 11 Doppelzimmer, alle mit Bad und Dusche; 2 Einzelzimmer mit Dusche; alle Zimmer mit Zentralheizung, Telefon, Minibar
Anlage Speiseraum, Bar, Fernsehzimmer, Salon
Kreditkarten AE, MC, V

Kinder werden aufgenommen
Behinderte Zugang schwierig
Tiere Hunde erlaubt
Geschlossen Ende Okt. bis Ostern
Besitzer Familie Terzi

Lombardei

Hotel am See, Gargnano

Giulia

Im Laufe der Jahre ist diese *pensione*, deren Zimmer nicht einmal über eigene Bäder verfügten, zu einem Drei-Sterne-Hotel aufgestiegen. Dennoch blieb die anheimelnde Atmosphäre eines Familienbetriebs erhalten. Die prachtvolle, geräumige Villa wurde vor über hundert Jahren im viktorianischen Stil mit gotischen Elementen erbaut. Signora Bombardelli, die stolze Besitzerin, kümmert sich seit mehr als 40 Jahren um das Giulia und hat es mit der Zeit zu einem der schönsten Hotels am Gardasee gemacht.

Das Haus ist herrlich gelegen; Garten und Terrassen reichen fast bis ans Ufer. Im Innern gelangt man durch stattliche Korridore in helle, luftige Zimmer. Der Speiseraum ist mit Leuchtern aus Muranoglas, goldfarbenen Wänden und eleganten Stühlen ausgestattet. Im gepflegten Salon sitzt man auf viktorianischen Sesseln. Die Gästezimmer sind hell und modern oder verfügen über Holzbalkendecken, Antiquitäten und Balkon mit Blick auf Garten und See. Einem sehr unzufriedenen alleinreisenden Besucher zufolge sind die Einzelzimmer allerdings nicht annähernd so attraktiv. Im Erdgeschoß leitet ein zweiter, einfacherer Speiseraum zu der großen Terrasse über, von der man eine traumhafte Aussicht hat. Zu jeder Tageszeit kann man sich hier unter den Palmen entspannen und den Booten auf dem blauen Wasser zusehen.

Umgebung Fährverkehr zu anderen Orten am Gardasee.

Gargnano, Lago di Garda 25084, Brescia
Tel. (0365) 71022 **Fax** 72774
Lage 150 m vom Ortszentrum; Garten und Terrasse am See, Privatparkplatz
Mahlzeiten Frühstück, Mittag- und Abendessen
Preise Zimmer L90.000-L180.000 inkl. Frühstück, HP L130.000
Zimmer 14 Doppel-, 3 Einzelzimmer, alle mit Bad oder Dusche, Zentralheizung, Telefon, TV, Minibar, Safe

Anlage Speiseraum, Veranda-Taverne, Salon, Fernsehzimmer, Terrasse, Strand, Swimmingpool, Sauna
Kreditkarten AE, DC, MC, V
Kinder werden aufgenommen
Behinderte Zugang schwierig
Tiere erlaubt
Geschlossen Mitte Okt. bis Mitte März
Besitzerin Rina Bombardelli

Lombardei

Hotel am See, Lenno

San Giorgio

Die große weiße Villa aus den 20er Jahren erhebt sich am Comer See vor einem Hintergrund aus bewaldeten Hügeln und prächtigen Gärten, die sich bis zum Wasser hinunterziehen. Ein von Topfpflanzen gesäumter Weg führt durch gepflegte Rasenflächen zur Uferterrasse und einer niedrigen Steinmauer, die die Anlage vom Kiesstrand und vom See trennt. Es gibt Palmen, Laubengänge und Kübel voller blühender Geranien. Für einen Bootsausflug bietet sich die nahe Anlegestelle der Fähre an.

Auch das Innere des Hauses enttäuscht nicht. Die großen Gemeinschaftsräume zweigen von stattlichen Korridoren ab. Auf Schritt und Tritt stößt man auf Antiquitäten, hübsche Keramiktöpfe und Kupferkrüge, die von Blumen überquellen. Das entzückende, helle Restaurant bietet einen atemberaubenden Blick. Ebenso einladend wirkt der Salon mit seinen reich verzierten Spiegeln, dem Kamin und den leicht verblichenen antiken Möbeln. Selbst im Tischtennisraum finden sich einige interessante antike Stücke. Die Zimmer sind geräumig und angenehm altmodisch. Antiquitäten und eine schöne Aussicht sind auch hier selbstverständlich, aber sie haben nichts Prunkvolles oder Luxuriöses an sich - daher die annehmbaren Preise. Für einen unserer Leser ist dies sein Lieblingshotel - "traumhafte Lage, freundliche Bedienung, feste Matratze, großartige Handtücher".

Umgebung Tremezzo, Cadenabbia, Villa Carlotta (2-4 km); Bellagio (10 Min. Bootsfahrt von Cadenabbia).

Via Regina 81, Lenno, Tremezzo 22019, Como
Tel. (0344) 40415
Lage am See; eigener Park, Privatparkplatz für 30, Garage für 6 Autos
Mahlzeiten Frühstück, Mittag- und Abendessen
Preise Zimmer L115.000-L170.000 inkl. Frühstück, HP L99.000-L120.000, Mahlzeiten L40.000
Zimmer 26 Doppelzimmer, 20 mit Bad, 6 mit Dusche; 3 Einzelzimmer; alle Zimmer mit Zentralheizung

Anlage Speiseraum, Halle, Lesezimmer, Tischtennisraum, Terrasse, Tennis
Kreditkarten MC, V
Kinder werden aufgenommen
Behinderte Zugang schwierig
Tiere nicht erlaubt
Geschlossen Okt. bis Apr.
Besitzerin Margherita Cappelletti

Lombardei

Restaurant mit Gästezimmern, Maleo

Sole

Als Franco Colombani Mitte der 80er Jahre die Restaurierung dieser Poststation aus dem 15. Jhd. abschloß, war damit für ihn ein lebenslanger Traum in Erfüllung gegangen. Heute gehört das Haus zu den besten Restaurants in Italien. Franco hat den traditionellen, regionaltypischen Gerichten, die seine heimliche Leidenschaft sind, seinen ganz persönlichen Stempel aufgedrückt. Schmackhafte Eintöpfe, gebratenes Fleisch und Fisch werden mit frischem Gemüse aus dem Garten und köstlichen Weinen aus dem Keller des Hausherrn serviert.

Das Gebäude selbst wirkt ebenso ländlich-zurückhaltend wie die Küche. Einziger Fassadenschmuck ist eine vergoldete Sonne aus Schmiedeeisen. Die Wände der von Holzbalkendecken oder Gewölben überspannten Innenräume sind weiß getüncht. Überall trifft man auf antike Möbel, Kupfer- und Keramikgefäße. Es gibt drei Eßbereiche: die alte Küche mit ihrem langen Tisch, der offenen Feuerstelle und dem alten Gasherd, wo die Mahlzeiten gelegentlich vor den Augen der Gäste zubereitet werden, einen kleineren Speiseraum mit Einzeltischen und die überwölbte Säulenhalle, die sich gegen den idyllischen Garten öffnet. Die Gästezimmer sind individuell gestaltet und mit schönen Bädern ausgestattet. Die über dem Speiseraum gelegenen Zimmer weisen eine traditionelle Einrichtung, diejenigen auf der Gartenseite dagegen eine weniger eindrucksvolle Mischung von Alt und Neu auf.

Umgebung Piacenza; Cremona (22 km).

Via Trabattoni 22, 20076 Maleo
Tel. (0377) 58142 **Fax** 458058
Lage hinter der Kirche am Hauptplatz des Dorfes, 20 km nordöstlich von Piacenza; Parkmöglichkeit
Mahlzeiten Frühstück, Mittag- und Abendessen
Preise Zimmer L180.000-L290.000, Mahlzeiten L80.000
Zimmer 8 Doppelzimmer, alle mit Bad, Zentralheizung, Telefon, TV, Minibar
Anlage 2 Speiseräume, Salon, Garten
Kreditkarten AE, MC, V
Kinder willkommen

Behinderte keine speziellen Einrichtungen
Tiere willkommen
Geschlossen Jan. und Aug.; Restaurant So abend und Mo
Besitzer Franco, Mario und Francesca Colombani

Lombardei

Restaurant mit Gästezimmern, Pomponesco

Il Leone

Zur Zeit der Familie Gonzaga war Pomponesco eine blühende Stadt. Heute ist es nur noch ein Schatten seiner selbst, umgeben von unansehnlichen, modernen Vororten. Der alte Teil hat jedoch nach wie vor einen gewissen Reiz. Gleich neben dem Hauptplatz liegt das Leone - ein altes Gebäude mit blätterndem Putz, das im 16. Jhd. Eigentum eines Edelmanns war.

Das Haus nennt sich Trattoria und ist in erster Linie ein Speiselokal. Es hat nur neun Gästezimmer und zeichnet sich vor allem durch die wunderschönen Speiseräume aus. Besonders attraktiv sind die Kassettendecke und der Fries im Hauptrestaurant. Ansonsten bildet die Ausstattung einen passenden, eleganten Rahmen: "alte Meister", vergoldete Wandleuchten, ein Terrazzoboden und vorbildlich gedeckte Tische. Das Essen hier gehört zum Besten, was die Region zu bieten hat. Unter den lokalen Spezialitäten findet man auch geschmortes Rindfleisch mit Polenta, eines der Lieblingsgerichte der Gonzaga.

Hinter dem Restaurant führt ein blumengeschmückter Innenhof zu den Zimmern. Sie gruppieren sich um einen einladenden Garten mit Swimmingpool, wo man sich wie auf einem Landsitz fühlt. Im Gegensatz zu dem eleganten Restaurant wirken die Zimmer nüchtern und modern, sind jedoch komfortabel und gepflegt.

Umgebung Mantua, Modena, Parma sind schnell erreichbar.

Piazza IV Martiri 2, Pomponesco 46030, Mantova
Tel. (0375) 860 77 **Fax** 86145
Lage an kleiner Piazza am Po; Garten, Parkplatz
Mahlzeiten Frühstück, Mittag- und Abendessen
Preise Zimmer L80.000-L115.000, HP L100.000
Zimmer 6 Doppel-, 3 Einzelzimmer, alle mit Dusche, Zentralheizung, Telefon, Minibar **Anlage** Speiseraum, Bar, Fernsehzimmer, Swimmingpool
Kreditkarten AE, DC, MC, V
Kinder werden aufgenommen

Behinderte Zugang schwierig
Tiere erlaubt
Geschlossen Jan.; Restaurant So ab mittags, Mo
Besitzer Antonio Mori

Lombardei

Landvilla, Alzate Brianza

Villa Odescalchi

Das ziemlich formelle, luxuriöse Haus aus dem 17. Jhd. mit seinem üppigen Garten und prachtvollen Park ist besonders bei Geschäftsreisenden beliebt. Die Zimmer sind hoch und geräumig; der Speiseraum liegt in einem modernen Wintergartenanbau.

Via Anzani 12, 22040 Alzate Brianza (Como) **Tel.** (031) 630822 **Fax** (031) 632079 **Mahlzeiten** Frühstück, Mittag- und Abendessen **Preise** Zimmer L135.000-L190.000 inkl. Frühstück, HP L120.000-L165.000, VP L150.000-L195.000 **Zimmer** 64, alle mit Bad oder Dusche, Telefon, Minibar, Farb-TV **Kreditkarten** AE, MC, V **Geschlossen** nie; Restaurant Di

---

Villa am See, Argegno

Albergo Belvedere

"Preiswertes, dabei wunderhübsches kleines Hotel, herrlich am Ufer des Comer Sees gelegen. Schöne, wenn auch etwas enge Zimmer, hervorragendes Essen - mittags am See traumhaft. Freundliche, hilfsbereite Leute." So ein Bericht, der unsere Empfehlung bestätigt. Die Hausherrin stammt aus Schottland - daher die Karomuster in der Bar.

Via Milano 8, 22010 Argegno (Como) **Tel.** (031) 821116 **Fax** (031) 810716 **Mahlzeiten** Frühstück, Mittag- und Abendessen **Preise** Zimmer L55.000-L110.000 inkl. Frühstück, Mahlzeiten L35.000 **Zimmer** 17 **Kreditkarten** MC, V **Geschlossen** Nov. bis März

---

Hotel am See, Bellagio

Hotel du Lac

Eines der beliebtesten Hotels von Bellagio, wunderhübsch an der Piazza gelegen, mit freundlicher Atmosphäre, einladender, arkadengeschmückter Terrasse und durchweg hohem Niveau. Signora Leonis britische Herkunft ist unter anderem an den Handtüchern und am Frühstück (echte Orangenmarmelade, frischer Orangensaft) zu erkennen.

Piazza Mazzini 32, 22021 Bellagio (Como) **Tel.** (031) 950320 **Fax** (031) 951624 **Mahlzeiten** Frühstück, Mittag- und Abendessen **Preise** Zimmer L135.000-L142.000, verschließbare Garage L12.000 **Zimmer** 48, alle mit Bad oder Dusche, Zentralheizung, Telefon, Klimaanlage, Satelliten-TV, Minibar, Fön **Kreditkarten** MC, V **Geschlossen** Ende Okt. bis Ostern

---

Hotel am See, Bellagio

La Pergola

Im Unterschied zu den meisten Hotels in Bellagio versteckt sich das Pergola am Ostufer des Comer Sees in dem winzigen Dorf Pescallo gleich südlich vom Ort. Die Aussicht ist herrlich, das Gebäude alt und ländlich, die Einrichtung schlicht und altmodisch, das ganze Haus ein Familienbetrieb.

Pescallo, 22021 Bellagio (Como) **Tel.** (031) 950263 **Mahlzeiten** Frühstück, Mittag- und Abendessen **Preise** Zimmer L35.000-L68.000 **Zimmer** 13 **Kreditkarten** AE, DC, MC, V **Geschlossen** Nov. bis März; Restaurant Di

Lombardei

Restaurant mit Gästezimmern, Bergamo

Agnello d'Oro

Das pittoreske, hohe und unglaublich schmale Gebäude liegt an einem winzigen Platz mit Springbrunnen im Herzen der Altstadt. Das Restaurant mit den rotkarierten Tischtüchern, den Keramikgefäßen und Kupferpfannen an der Wand wirkt gemütlich und stimmungsvoll. Helle, recht einfache Zimmer. "Freundliches Personal, reelle Preise und gutes Essen", lautete ein Bericht.

Via Gombito 22, 24100 Bergamo **Tel.** (035) 249883 **Fax** (035) 23 5612 **Mahlzeiten** Frühstück, Mittag- und Abendessen **Preise** Zimmer L55.000-L90.000, Frühstück L10.000, Abendessen L50.000 **Zimmer** 20, alle mit Bad oder Dusche, Zentralheizung, Telefon, TV **Kreditkarten** AE, DC, MC, V **Geschlossen** nie

---

Restaurant mit Gästezimmern, Bergamo

Gourmet

Das allerbeste Essen in diesem für seine Gastronomie berühmten Ort bekommen Sie in der Unterstadt, aber auch in der reizvollen alten *città alta* speist man gut - im Gourmet zum Beispiel. Im Sommer wird auf der schattigen Terrasse serviert. Geräumige, helle, elegant möblierte Zimmer mit luxuriösen Bädern.

Via San Vigilio 1, 24100 Bergamo **Tel. und Fax** (035) 256110 **Mahlzeiten** Frühstück, Mittag- und Abendessen **Preise** Zimmer L72.000-L110.000, Mahlzeiten um L70.000 **Zimmer** 10, alle mit Bad oder Dusche, Telefon, TV, Radio, Minibar **Kreditkarten** AE, DC, MC, V **Geschlossen** Restaurant Di

---

Restaurant mit Gästezimmern, Bergamo

Il Sole

Das an der Ecke der reizenden Piazza Vecchia gelegene Haus zieht viele Touristen an. Das Restaurant besitzt nicht ganz den gemütlichen Charme des Agnello d'Oro, enttäuscht den Besucher jedoch nicht. Der hübsche Innenhof bietet sich für sommerliche Mahlzeiten an. Die preiswerten Zimmer wurden 1992 renoviert.

Via Bartolomeo Colleoni 1, Piazza Vecchia, Citta Alta, 24100 Bergamo **Tel.** (035) 218238 **Fax** (035) 240011 **Mahlzeiten** Frühstück, Mittag- und Abendessen **Preise** Zimmer L91.000 inkl. Frühstück **Zimmer** 11, alle mit Bad oder Dusche, TV, Telefon, Minibar **Kreditkarten** AE, DC, MC, V **Geschlossen** nie

---

Villa am See, Gardone Riviera

Villa Fiordaliso

Die hohe, aber kleine Villa am Ufer des Gardasees ist eines der exklusivsten Hotels in Norditalien. Den Schwerpunkt bildet das Restaurant, das mehrere elegante Räume umfaßt und auf die Uferterrasse überleitet. Die wenigen Gästezimmer sind reich dekoriert und wunderschön möbliert.

Corso Zanardelli 132, 25083 Gardone Riviera (Brescia) **Tel.** (0365) 20158 **Fax** (0365) 290011 **Mahlzeiten** Frühstück, Mittag- und Abendessen **Preise** HP L170.000-L290.000 **Zimmer** 7, alle mit Bad, Zentralheizung, Minibar, TV, Radio, Telefon **Kreditkarten** AE, V **Geschlossen** Jan. und Feb.

Lombardei

Villa am See, Gardone Riviera

Villa del Sogno

Die "Traumvilla" macht ihrem Namen aufgrund ihrer Lage mit Blick auf den See, abgeschirmt durch einen üppig wuchernden Privatpark mit Swimmingpool und großer Terrasse, alle Ehre. Im Inneren, das zum großen Teil in den letzten Jahren renoviert wurde, mischen sich Tradition und Moderne.

Via Zanardelli 107, Fasano di Gardone Riviera, 25083 Gardone Riviera (Brescia) **Tel.** (0365) 290181 **Fax** (0365) 290230 **Mahlzeiten** Frühstück, Mittag- und Abendessen **Preise** Zimmer L170.000-L340.000 inkl. Frühstück, HP L160.000-L200.000 **Zimmer** 34, alle mit Bad oder Dusche, Zentralheizung, Telefon, TV **Kreditkarten** AE, DC, MC, V **Geschlossen** Mitte Okt. bis März

---

Gebirgschâlet, Livigno

Camana Veglia

Entzückendes altes Holzchâlet in schöner Lage am Nordende dieses hoch- und abgelegenen Skiortes. Es ist als Restaurant sehr beliebt, weil es viel Lokalkolorit hat, aber auch ein einladendes Hotel - vorausgesetzt natürlich, Ihnen macht eine gewisse Einfachheit nichts aus.

Via Ostaria 107, 23030 Livigno (Sondrio) **Tel.** (0342) 996310 **Fax** (0342) 997555 **Mahlzeiten** Frühstück, Mittag- und Abendessen **Preise** HP L60.000-L97.000 (bei einem 7-Tage-Aufenthalt) **Zimmer** 15, alle mit Bad oder Dusche **Kreditkarten** AE, V **Geschlossen** Mitte Juni bis Mitte Juli, Okt., Nov.

Stadthotel, Mantua

Hotel Broletto

Der Standort des kleinen Broletto zwischen der arkadengeschmückten Piazza delle Erbe und der riesigen Piazza Sordello könnte gar nicht besser sein. Das neue Gebäude in alter Schale zeichnet sich durch saubere Schlichtheit aus. Die Zimmer sind etwas eng, das Personal ist freundlich.

Via Accademia 1, 46100 Mantua **Tel.** (0376) 326784 **Fax** (0376) 221297 **Mahlzeiten** Frühstück **Preise** Zimmer L85.000-L120.000 inkl. Frühstück **Zimmer** 17, alle mit Bad oder Dusche, Zentralheizung, Klimaanlage, Minibar, Telefon, Radio **Kreditkarten** AE, DC, MC, V **Geschlossen** Weihnachten und Neujahr

---

Stadthotel, Mantua

San Lorenzo

Von der Terrasse dieses zentral und ganz in der Nähe der berühmten Piazza delle Erbe gelegenen Hotels hat man einen schönen Blick auf das historische Mantua. Das moderne Haus (1967 eröffnet) erhält durch seine dekorative Einrichtung ein altmodisches Flair. Die Zimmer sind mit hübschen antiken Stücken geschmackvoll möbliert.

Piazza Concordia 14, 46100 Mantua (Mantova) **Tel.** (0376) 220 500 **Fax** (0376) 327194 **Mahlzeiten** Frühstück **Preise** Zimmer L215.000-L250.000, Suiten L290.000-L320.000 **Zimmer** 41, alle mit Bad oder Dusche, Zentralheizung, Klimaanlage, Telefon, Satelliten-TV, Minibar **Kreditkarten** AE, DC, MC, V **Geschlossen** nie

Lombardei

Stadtgasthof, Mailand

Antica Locanda Solferino

Eine Überraschung im mondänen Mailand: ein einfaches, relativ preiswertes Gasthaus mit fast ländlichem Charakter. Ziemlich kleine, hübsch eingerichtete Zimmer mit traditionell ausgestatteten Bädern. Zum Hotel gehört ein separat geführtes Bistro im Pariser Stil.

Via Castelfidardo 2, 20121 Milano **Tel.** (02) 6592706 **Fax** (02) 657 1361 **Mahlzeiten** Frühstück, Brunch **Preise** Zimmer L150.000 **Zimmer** 11, alle mit Bad, Zentralheizung, Telefon **Kreditkarten** AE, MC, V **Geschlossen** 15 Tage im August

---

Stadthotel, Mailand

Pierre Milano

Ein willkommener Zuwachs für Mailand - das alte Hotel Torino, 1987 als stilvolles, luxuriöses Haus mit friedlicher Atmosphäre und individuellem Service wiedereröffnet. Es ist etwa 1 km südwestlich des Duomo relativ ruhig gelegen. In den Zimmern findet man zwischen modernen Möbeln gelegentlich auch Antiquitäten.

Via de Amicis 32, 20123 Milano **Tel.** (02) 72000581 **Fax** (02) 805 2157 **Mahlzeiten** Frühstück, Mittag- und Abendessen, Snacks **Preise** Zimmer L230.000-L500.000 inkl. Frühstück, Suite L590.000-L780.000 **Zimmer** 47, alle mit Bad oder Dusche, Zentralheizung, Klimaanlage, Telefon, Fön, TV, Radio, Minibar **Kreditkarten** AE, DC, MC **Geschlossen** Aug.

Restaurant mit Gästezimmern, Ranco

Sole

Heute sind die Brovellis (Carlo) hier in der fünften Generation tätig, unterstützt von der sechsten (Davide). Carlos' berühmte Fischspezialitäten werden in freundlicher, aber formeller Atmosphäre auf der Uferterrasse oder im eleganten Restaurant serviert. Unterkunft findet man in neu erbauten, vornehmen Suiten mit Terrasse und schöner Aussicht.

Piazza Venezia 5, Lago Maggiore, 21020 Ranco (Varese) **Tel.** (0331) 976507 **Fax** (0331) 976620 **Mahlzeiten** Frühstück, Mittag- und Abendessen **Preise** Zimmer L255.000, Mahlzeiten um L110.000 **Zimmer** 8, alle mit Bad, Zentralheizung, Minibar, Terrasse mit Seeblick, Klimaanlage, Safe, TV **Kreditkarten** AE, DC, MC, V **Geschlossen** Jan.

Landhotel, Riva di Solto

Miranda 'da Oreste'

Das bescheidene, moderne Hotel hat vielleicht nicht soviel Charme, ist aber gut geführt und hoch über dem Lago Iseo herrlich gelegen. Zimmer, Restaurant, Terrasse, Garten und der recht große Swimmingpool bieten dieselbe schöne Aussicht. Außerdem wird man in Italien wenige ordentliche Häuser mit niedrigeren Preisen finden.

Zorzino, 24060 Riva di Solto (Bergamo) **Tel.** (035) 986021 **Fax** (035) 986021 **Mahlzeiten** Frühstück, Mittag- und Abendessen **Preise** Zimmer L41.000-L59.000, HP L48.000 **Zimmer** 22, alle mit Bad oder Dusche, Zentralheizung, Telefon **Kreditkarten** AE, MC, V **Geschlossen** Jan.

Lombardei

Stadthotel, Sabbioneta

Al Duca

Familienbetrieb ohne Schnickschnack, hinter der Renaissance-Fassade jedoch tadellos gepflegt und in der Nähe des zentralen Platzes einer etwas heruntergekommenen Altstadt gelegen. Hauptattraktion ist das Restaurant - eine bescheidene, aber gut geführte Trattoria. Die Zimmer sind hell und modern. Die Preise können sich aufgrund neuer Besitzer inzwischen geändert haben.

Via della Stamperia 18, 46018 Sabbioneta (Mantova) **Tel.** (0375) 52474 **Mahlzeiten** Frühstück, Mittag- und Abendessen **Preise** Zimmer L45.000-L70.000, Mittag- und Abendessen L25.000-L30.000 **Zimmer** 10, alle mit Bad oder Dusche, Zentralheizung, Gegensprechanlage **Kreditkarten** AE, MC, V **Geschlossen** Jan.

Landvilla, San Fedele d'Intelvi

Villa Simplicitas

Die safrangelbe Villa ragt in wunderschöner Landschaft hoch über den Seen auf. Jedes Zimmer enthält ein besonderes Einzelstück - ein Schaukelstuhl hier, ein prächtiger alter Spiegel da -, und die Aussicht auf Seen und Berge ist atemberaubend. Das Personal ist freundlich und ungezwungen.

Tremezzo, 22010 San Fedele d'Intelvi (Como) **Tel.** (031) 831132 **Mahlzeiten** Frühstück, Mittag- und Abendessen **Preise** Zimmer L190.000 inkl. Frühstück, HP L115.000, VP 125.000 **Zimmer** 14, alle mit Bad, Zentralheizung **Kreditkarten** keine **Geschlossen** Okt. bis Apr.

Villa am See, Torno

Villa Flora

Der größte Vorzug dieser unprätentiösen Villa in Rosa-Orange ist ihre traumhafte Lage am See. Die Zimmer sind teils geräumig, teils eng, alle jedoch sauber, schlicht und zweckmäßig. Stilvoller wirkt der Salon mit seiner reich verzierten Brokatdecke. Einem französischen Besucher fiel das freundliche Personal auf.

Via Torrazza 10, Lago di Como, 22020 Torno (Como) **Tel.** (031) 419222 **Fax** (031) 418318 **Mahlzeiten** Frühstück, Mittag- und Abendessen **Preise** Zimmer L50.000-L90.000, Mahlzeiten L24.000-L50.000; Ermäßigung für Kinder **Zimmer** 20, alle mit Dusche, Telefon **Kreditkarten** MC, V **Geschlossen** Jan., Feb.; Restaurant Di

---

Hotel am See, Valsolda

Stella d'Italia

Die schattige Kiesterrasse der oft erweiterten Villa erstreckt sich bis ans Wasser des Luganer Sees und bietet eine herrliche Aussicht. Das Haus ist geräumig, hübsch renoviert und wirkt mit seinen Bildern, behaglichen Möbeln und zahlreichen Büchern angenehm "bewohnt". Das Essen beeindruckte unsere Leser.

Piazza Roma 1, San Mamete, 22010 Valsolda (Como) **Tel.** (0344) 68139 **Fax** (0344) 68729 **Mahlzeiten** Frühstück, Mittag- und Abendessen **Preise** Zimmer L77.000-L130.000 inkl. Frühstück; Ermäßigung für Kinder unter 10 **Zimmer** 35, alle mit Bad oder Dusche, Zentralheizung, Balkon, Telefon **Kreditkarten** AE, MC, V **Geschlossen** Mitte Okt. bis Apr.; Restaurant Mi

Lombardei

Hotel am See, Varenna

Hotel du Lac

Der Name dieses kleinen Hotels könnte gar nicht passender sein: am Ende einer Gasse, die vom Hauptplatz abgeht, hängt es praktisch über dem Comer See - und diese Lage ist seine Hauptattraktion. Das Abendessen auf der Terrasse (Essen und Service hervorragend) ist ein denkwürdiges Erlebnis, die Inneneinrichtung überwiegend modern.

Via del Prestino 4, 22050 Varenna (Como) **Tel.** (0341) 830238 **Fax** (0341) 831081 **Mahlzeiten** Frühstück, Mittag- und Abendessen **Preise** Zimmer L148.000-L243.000 inkl. Frühstück, HP L130.000-L180.000, Suite L180.000-L255.000, Parkplatz L15.000 **Zimmer** 18, alle mit Bad oder Dusche, Zentralheizung, Telefon, TV **Kreditkarten** AE, DC, MC, V **Geschlossen** Mitte Dez. bis Feb.; Restaurant Mitte Okt. bis Mitte März

---

Umgebautes Schloß, Voghera

Castello di San Gaudenzio

Das eindrucksvolle Hotel bietet sich als Zwischenaufenthalt für Reisende auf der A7 und der A21 an. Es handelt sich um ein Backsteinschloß aus dem 14. Jhd., das hervorragend restauriert und einfühlsam in hauptsächlich modernem Stil eingerichtet wurde. Sehr geräumig, angemessene Preise.

Cervesina, 27050 Voghera (Pavia) **Tel.** (0383) 3331 **Fax** (0383) 333409 **Mahlzeiten** Frühstück, Mittag- und Abendessen **Preise** Zimmer L120.000-L440.000, Suite L300.000 **Zimmer** 48, alle mit Bad oder Dusche, Zentralheizung, Klimaanlage, TV, Minibar, Telefon, Radio **Kreditkarten** AE, DC, MC, V **Geschlossen** nie

Der Nordosten

Die Hotels im Nordosten

Venedig, das auf mehreren Inseln in einer Salzwasserlagune liegt, ist der Hauptanziehungspunkt der Region und wegen seiner wunderschönen Bauwerke, seiner Kunstschätze und allein schon wegen seiner Einzigartigkeit ein "Muß" für den Besucher. Ob Sie aber in der Stadt selbst übernachten oder sich dafür einen Ort außerhalb suchen, hängt davon ab, ob Sie sich die wahnwitzigen Preise leisten und das lärmende Treiben ertragen können, das hier auch spät nachts noch herrscht.

Auf den folgenden Seiten stellen wir eine Anzahl kleiner Hotels in Venedig vor. Als Alternative, die zu groß sind, um sich für diesen Führer zu eignen, schlagen wir vor: La Fenice et Des Artistes (Tel. (041) 5232333, Fax 5203721, 65 Zimmer) neben der Oper, das Monaco and Grand Canal (Tel. (041) 5200211, Fax 5200501, 70 Zimmer) in bester Lage direkt am Canal Grande, wie der Name schon sagt, und das Gritti Palace (Tel. (041) 794611, Fax 520 0942, 88 Zimmer), ein außerordentlich luxuriöses, wunderschön gelegenes Haus, ebenfalls am Canal Grande. Unbedingt erwähnenswert ist außerdem das legendäre, extravagante Cipriani (Tel. (041) 5207744, Fax 5203930, 98 Zimmer) außerhalb von Venedig, das mit einem hoteleigenen Boot zu erreichen ist.

Wenn Sie den eleganten Lido als Aufenthaltsort wählen, können Sie Stadtbesichtigungen mit einem Strandurlaub verbinden. Das Quattro Fontane (Tel. (041) 5260227, Fax 5260726), 64 Zimmer) wäre eine annehmbare Alternative zur Villa Mabapa (Seite 77) oder zur Villa Parco (Seite 88).

Südtirol im äußersten Norden des Landes ist Österreich sehr ähnlich. Man spricht in dieser Region überwiegend Deutsch, deshalb finden Sie Ortsnamen - sowie Hoteltarife und -prospekte - oft auf italienisch und deutsch. Meran ist der größte Ferienort und Ausgangspunkt für das gesamte Gebiet - wir empfehlen mehrere dortige Hotels auf den Seiten 57-61. Andere wichtige Städte sind Bozen - siehe Castel Guncina auf S. 78 - und Trient - siehe die Accademia auf S. 69. Auch die Villa Madruzzo (Tel. (0461) 986 220, Fax 986361), ein imposantes, strenges, rot-gelbes Gebäude, in einem herrlichen Garten in den Hügeln oberhalb Trients gelegen, wäre uns fast immer wert gewesen.

Cortina d'Ampezzo ist das Haupturlaubsziel in den Dolomiten - im Winter ein eleganter Skiort mit zahlreichen sonstigen Wintersporteinrichtungen, jedoch auch für einen Aufenthalt im Sommer geeignet. Wir empfehlen hier das Menardi auf Seite 79, aber das Parc Hotel Victoria (Tel. (0436) 3246, Fax 4734, 45 Zimmer) ist gleichfalls attraktiv. Skiläufern ebenso bekannt ist Selva in Val Gardena; unser hiesiger Favorit ist das abgelegene Sporthotel Granvara (Tel. (0471) 795250, Fax 794336). In Corvara, nicht weit entfernt vom Cappella (Seite 79), liegt das ebenso vornehme und nur etwas größere Perla (Tel. (0471) 836132, Fax 836 568, 50 Zimmer).

Diese Seite dient als Einführung in die Landschaft und Hotellerie Nordostitaliens und enthält kurze Empfehlungen annehmbarer Unterkünfte, über die wir aus verschiedenen Gründen keinen gesonderten Beitrag verfaßt haben. Die ausführlichen Beiträge für diese Region - über die Hotels, die uns am besten gefielen - beginnen auf der nächsten Seite. Beachten Sie aber auch unsere Kurzbeiträge ab Seite 78: hier handelt es sich ebenfalls um Häuser, in denen wir uns gern aufgehalten haben.

Der Nordosten

Landvilla, Asolo

Villa Cipriani

Vom Gipfel eines Hügels blickt das hübsche mittelalterliche Dorf Asolo hinab in die Ebene. Die Villa Cipriani, ein sanft ocker getünchtes Gebäude, liegt am Ortsrand. Durch den Eingang gelangt man direkt in eine geflieste Halle mit Orientteppichen, Standuhr und Wandleuchten aus Messing, in der die Gäste herzlich empfangen werden. Das Hotel gehört zwar zur Ciga-Kette, wirkt aber keineswegs anonym - das Personal ist freundlich und aufmerksam.

Eine hohe, überdachte Terrasse mit rustikalen Möbeln, einer ungewöhnlichen Galerie und Glastüren öffnet sich gegen einen prachtvollen Garten mit Rosen, Azaleen, alten Bäumen und Rasenflächen. Das Restaurant zieht sich außen um die Villa und bietet durch seine Sprossenfenster einen herrlichen Blick aufs Tal. Für kühlere Abende gibt es eine gemütliche Bar. Auch aus den Zimmern hat man eine schöne Aussicht. Mit ihren Drucken, frischen Blumen und Antiquitäten strahlen sie altmodische Wohnlichkeit aus. Die Bäder sind hübsch gefliest. Die Lage, der Komfort und der ruhige Garten machen die Villa Cipriani zu einem Landhotel, in dem man sich bestens entspannen kann. Das Essen soll hervorragend sein.

Umgebung Treviso (35 km); Padua, Vicenza, Venedig sind gut zu erreichen.

Via Canova 298, Asolo 31011, Treviso
Tel. (0423) 952166 **Fax** 952 095
Lage am Nordwestrand des Dorfes; kleiner Garten, Privatparkplatz
Mahlzeiten Frühstück, Mittag- und Abendessen
Preise Zimmer L280.000-L430.000 inkl. Frühstück, Mahlzeiten um L100.000
Zimmer 31 Doppelzimmer, alle mit Farb-TV, Telefon, Klimaanlage
Anlage Speiseraum, Bar, Konferenzraum
Kreditkarten AE, DC, MC, V
Kinder werden aufgenommen

Behinderte Lift
Tiere erlaubt
Geschlossen nie
Manager Giuseppe Kamenar

Der Nordosten

Stadthotel, Bressanone (Brixen)

Elefante

Das hübsche, kleine, am Fuße des Brenner-Passes gelegene Brixen wirkt eher österreichisch als italienisch.Das gilt auch für das entzückende alte Elefante, das nach dem Elefanten benannt wurde, den man zur Unterhaltung von Kaiser Ferdinand von Österreich über die Alpen führte. Der einzige Stall, in dem das erschöpfte Tier Platz finden konnte, lag neben dem Gasthof; also malte der Besitzer einen Elefanten an die Wand seines Hauses und änderte dessen Namen.

Das Hotel wirkt solide, altmodisch und gemütlich. Das in grüne Schürzen gekleidete Personal führt die Gäste durch Korridore voller geschnitzter und mit wunderschönen Intarsien versehener antiker Möbel. Überall werden kräftige Farbakzente in Scharlachrot, Grün, Kupfer und Gold gesetzt; dazwischen präsentiert sich gelegentlich ein schlichter Eisentopf mit einem üppigen Strauß aus purpurnen Schwertlilien und Tulpen. Die Zimmer sind großzügig geschnitten und mit grazilen Antiquitäten und schweren alten Stücken möbliert. Der ganze Frühstücksraum ist mit kunstvoll geschnitztem Holz getäfelt, und das Hauptrestaurant zeichnet sich durch einen Holzfußboden, eine Stuckdecke und die Aussicht auf ein kleines Stück Garten aus. Viele von den hier aufgetischten Erzeugnissen stammen aus dem großen, ummauerten Garten oder dem benachbarten, zum Hotel gehörigen Bauernhof. Der etwas steif wirkende Salon wurde mit Spiegeln, Kandelabern und Plüschsesseln im eleganten Stil des 18. Jhds. ausgestattet.

Umgebung Kathedrale; Kloster Novacella (3 km); Dolomiten.

Via Rio Bianco 4, Bressanone 39042, Bolzano
Tel. (0472) 32750 **Fax** 36579
Lage im Nordteil der Stadt; Garten, Parkplatz, Garagen
Mahlzeiten Frühstück, Mittag- und Abendessen
Preise Zimmer L100.000-L218.000 inkl. Frühstück
Zimmer 28 Doppelzimmer, alle mit Bad und Dusche; 16 Einzelzimmer, 15 mit Bad, 1 mit Dusche; alle Zimmer mit Zentralheizung, Farb-TV, Telefon

Anlage 3 Speiseräume, Salon, Bar, Swimmingpool im Freien, 2 Tennisplätze
Kreditkarten DC, MC, V
Kinder willkommen
Behinderte nicht geeignet
Tiere nach Absprache erlaubt
Geschlossen Jan. bis Feb.
Manager Karl-Heinz Falk

Der Nordosten

Landgasthof, Caldaro

Leuchtenburg

Früher lebte in dem massiven Steinbau aus dem 16. Jhd. die bäuerliche Diener-schaft von Schloß Leuchtenburg, das man nach anstrengender einstündiger Wanderung auf dem steilen, bewaldeten Hügel dahinter erreicht.

Heute ist es nur noch eine Ruine, und die jungen Sparers verwöhnen die Gäste in ihrer *pensione* mit deftigen Frühstücken und dreigängigen Abendmenüs mit regionalen Spezialitäten, die in unprätentiöser, heimeliger Atmosphäre einge-nommen werden. Die weiß gestrichenen, von niedrigen Bögen überspannten Speiseräume liegen im Erdgeschoß; darüber befindet sich die Rezeption mit einem großen Tisch voller Zeitschriften und gemütlichen Sesseln.

Im zweiten Stockwerk gelangt man durch eine weitere Sitzecke zu den Gästezimmern. Sie sind mit hübschen, bemalten Möbeln, Fliesenböden und schönen Tagesdecken ausgestattet; die Zimmer im dritten Stock wirken ein-facher. Alle sind jedoch recht geräumig, und manche bieten, ebenso wie die Terrasse, einen weiten Blick über die Weinberge auf den Lago di Caldero, der (vor allem Weinfreunden) besser als Kalterer See bekannt sein dürfte.

Umgebung Schwimmen und Angeln im See.

Campi al Lago 100, Caldaro 39052
Tel. & Fax (0471) 960093
Lage 5 km südöstlich von Caldaro, 15 km südöstlich von Bozen; von Weingärten umgebener Innenhof, ausreichend Parkmöglichkeiten
Mahlzeiten Frühstück, Abendessen
Preise Zimmer L100.000-L120.000 inkl. Frühstück, Mahlzeiten L12.000-L18.000
Zimmer 13 Doppelzimmer, 2 mit Bad, 11 mit Dusche; 3 Einzelzimmer mit Dusche; 2 Familienzimmer, 1 mit Bad, 1 mit Dusche; 1 Suite für 2 bis 4

Personen; alle Zimmer mit Zentralheizung
Anlage Speiseraum, Sitzecke, Bar, Privatstrand
Kreditkarten keine
Kinder werden aufgenommen
Behinderte keine speziellen Einrichtungen
Tiere erlaubt
Geschlossen Nov. bis Ostern
Besitzer Paul und Markus Sparer

Der Nordosten

Landvilla, Cavasagra

Villa Corner della Regina

Nach einer Fahrt durch das flache Agrarland westlich von Treviso ist man überrascht, am Ende einer Kiesauffahrt inmitten eines riesigen, formal gestalteten Grundstücks auf dieses stattliche Herrenhaus im Palladio-Stil zu stoßen. Zitronenbäume in großen Terrakottatöpfen und eine alte Glyzine flankieren die breite Steintreppe, die zum Eingang hinaufführt. Im Inneren begrüßen prachtvolle Blumenarrangements den Gast, und es wird deutlich, daß die Villa trotz ihres modernen Komforts viel von ihrer Grandezza bewahrt hat.

Die imposante Empfangshalle nimmt die gesamte Breite des Hauses ein. Kunstvoll gerahmte Fenster blicken auf die Auffahrt; die bodenlangen, rosa garnierten Vorhänge kontrastieren mit der dunklen Holztäfelung und harmonieren mit den dick gepolsterten Sesseln und Sofas. Die Zimmer im Hauptgebäude sind riesig, hell und luftig. Mit ihren Antiquitäten und dekorativ bemalten Stuckwänden, dem üppigen Blumen- und Bilderschmuck und den flauschigen Teppichen wirken sie stilvoll und luxuriös. Die Zimmer in den umgebauten Nebengebäuden sind relativ unpersönlich, jedoch geräumig und komfortabel.

Hans Weber führt das Hotel tadellos. Die Atmosphäre ist die eines vornehmen Privathauses; das Personal ist freundlich und zuvorkommend, das Essen hervorragend.

Umgebung palladianische Villen; Venedig (40 km).

Cavasagra, Treviso 31050, Treviso
Tel. (0423) 481481 **Fax** 451 100
Lage 15 km westlich von Treviso, 3 km südlich der Straße nach Vicenza; formal gestalteter Garten und Park, reichlich Parkplätze
Mahlzeiten Frühstück, Mittag- und Abendessen
Preise Zimmer L250.000–L480.000 inkl. Frühstück, Abendessen um L60.000
Zimmer 4 Doppelzimmer und 7 Suiten in der Villa, 12 Apartments im Anbau; alle mit Bad, TV, Telefon, Minibar

Anlage Speiseräume, Frühstücksraum (in der alten Orangerie), Salon, beheizter Swimmingpool im Freien, Sauna, Tennis
Kreditkarten AE, DC, MC, V
Kinder werden aufgenommen
Behinderte nicht geeignet
Tiere Hunde im Anbau erlaubt
Geschlossen nie
Manager Hans Weber

Der Nordosten

Landvilla, Dolo

Villa Ducale

Wenn man auf der N11 von Padua nach Venedig fährt, folgt man einem alten Kanal, dessen Ufer zahlreiche schöne Villen aus dem 18. Jhd. säumen, in die vornehme Venezianer der Stadt im Sommer zu entfliehen pflegten. Die von einem formalen Garten mit Statuen, Springbrunnen, alten Bäumen und Laubengängen umgebene Villa Ducale ist eine von ihnen.

Der Eingang zum Hotel wirkt ziemlich prächtig. Durch die Empfangshalle mit Marmorfußboden gelangt man in ein großes, mit Kerzenleuchtern geschmücktes Restaurant, neben dem ein bescheidener Frühstücksraum liegt. Eine breite Treppe führt zu den Gästezimmern. Auf dem Originalparkett im Obergeschoß finden sich gemusterte Läufer. Die Zimmer sind vorwiegend antik möbliert und enthalten zum Teil immer noch die ursprüngliche zarte Wandbemalung. Einige haben einen Balkon und sind sehr großzügig geschnitten. Die dekorativen Fliesen und vergoldeten Armaturen in den Bädern würden in einer anderen Umgebung vielleicht protzig wirken. Von den nach hinten gelegenen kleineren Zimmern blickt man auf Kastanienbäume.

Das Hotel wurde 1993 umfassend renoviert und hat ein neues Management, das sich mehr an Geschäftsreisenden als an Urlaubsgästen zu orientieren scheint. Wir bitten um Berichte.

Umgebung Venedig (20 km); Padua (21 km); Treviso (33 km).

Riviera Martiri della Libertà 75, Dolo
30031, Venezia
Tel. (041) 420094
Lage 2 km östlich von Dolo
Mahlzeiten Frühstück und
Abendessen; Mittagessen auf Anfrage
Preise Zimmer L170.000-L220.000
Zimmer 12 Doppelzimmer, 4 mit
Bad, 8 mit Dusche; 1 Einzelzimmer;
alle Zimmer mit Telefon, Terrasse
Anlage Salon, Bar, Fernsehzimmer,
Speiseraum, Zimmer für Spiele
Kreditkarten AE, V
Kinder werden aufgenommen
Behinderte nicht geeignet

Tiere nicht erlaubt
Geschlossen nie
Managerin Mary Moggian

Der Nordosten

Restaurant mit Gästezimmern, Masi

Mas del Saügo

Viel abgelegener als das Mas del Saügo kann ein Hotel nicht sein. Man fährt gut 2 km einen kurvenreichen Waldweg hinauf, der in die Berge von Lagorai führt, und findet das Haus dort umgeben von Wiesen, Wald und frischer Luft.

Der Zustand der baufälligen Scheune neben dem tadellos renovierten Bauernhaus aus dem 17. Jhd. läßt ahnen, wie es vor seiner Restaurierung Ende der 80er Jahre aussah, die noch von den Vorbesitzern Donatella Zampoli und dem Maler und Designer Lorenzo Bernardini durchgeführt wurde. Im Inneren kombinierte Lorenzo Originalelemente mit seinem spezifisch tirolerisch-kubistischen Stil. So blieben im kleineren, holzgetäfelten Speiseraum die alte, reich verzierte Stuckdecke und der Kachelofen erhalten, während der größere strenger wirkt. Eine Holztreppe führt hinunter in die hübsche, im ehemaligen Stall eingerichtete Bar, die für ein so kleines, rustikales Hotel außergewöhnlich elegant wirkt. Überall duftet es herrlich nach Holz oder Kräutern - und Essen. Die vier Gästezimmer sind individuell gestaltet: manche mit Steinwänden und offenem Gebälk, andere mit Holztäfelung. Sie strahlen Frieden und Ruhe aus. Die Familie Vinante übernahm das zauberhafte Haus 1991 und hat nicht vor, viel daran zu verändern. Wir bitten um Berichte.

Umgebung Bergwandern, im Winter Skilaufen in Cavalese (4 km).

Masi 38033, Cavalese
Tel. (0462) 30788 **Fax** 21433
Lage an einem Gebirgsweg, 4 km
südwestlich von Cavalese, 40 km
südöstlich von Bozen in offener
Landschaft; ausreichend
Parkmöglichkeiten
Mahlzeiten Frühstück, Mittag- und
Abendessen
Preise Zimmer L160.000-L260.000
inkl. Frühstück, Abendessen L120.000
Zimmer 3 Doppel-, 1 Einzelzimmer,
alle mit Dusche, Zentralheizung, Fön
Anlage Speiseraum, Bar
Kreditkarten V

Kinder nicht unter 8 Jahren
Behinderte keine speziellen
Einrichtungen
Tiere nicht erlaubt
Geschlossen Restaurant Do
Besitzer Familie Vinante

Der Nordosten

Umgebautes Schloß, Meran

Castel Freiberg

Das Freiberg hat ganz und gar das Flair eines mittelalterlichen Schlosses. Stolz ragt es auf einem Hügel über Meran auf, und seine Wallanlagen umschließen einen wunderschönen Garten mit süß duftenden Sträuchern. Hinter seinen Mauern verbirgt sich ein Hotel, das zugleich luxuriös und einladend wirkt.

Die prächtige Eingangshalle schmücken Rüstungen und alte Waffen an den weiß getünchten Wänden sowie ein Deckengewölbe. Überall im Haus finden sich kleine Sitzecken, meist an Fenstern, durch die man aus der Vogelperspektive ins Tal blickt. Die gemütliche Bar mit der alten, bemalten Holzbank grenzt an eine winzige Kapelle. Am allerschönsten sind jedoch die Speiseräume mit ihrer Rundumtäfelung aus honigfarbenem Kiefernholz und den riesigen, türkis gekachelten Öfen.

Pagen in schwarz-grün gestreiften Jacken führen die Gäste auf die geräumigen, behaglich eingerichteten und verschwenderisch mit Antiquitäten ausgestatteten Zimmer.

Umgebung Spaziergänge am Passirio (Passeier) in Meran; Passirio-Tal, Dolomiten.

Via Labers, Merano 39012, Bolzano
Tel. (0473) 244196 **Fax** 244 488
Lage 8 km nordöstlich von Meran; ummauerter Garten und Park, Parkplatz in der Nähe, Garagenstellplätze
Mahlzeiten Frühstück, Mittag- und Abendessen
Preise Zimmer L170.000-L330.000
Zimmer 28 Doppel-, 7 Einzelzimmer, alle mit Bad und Dusche, Telefon, Radio, Sitzecke; TV auf Anfrage
Anlage 3 Speiseräume, Kellertaverne, Fernsehzimmer, 2 Salons, Bar,

Kapelle, Veranda, Swimmingpools drinnen (beheizt) und draußen, Fitneßraum, Solarium, Tennis
Kreditkarten AE, DC, MC, V
Kinder nicht geeignet
Behinderte nicht geeignet
Tiere nicht erlaubt
Geschlossen Nov. bis Mitte Apr.
Besitzer Familie Bortolotti

Der Nordosten

Umgebautes Schloß, Meran

Castel Labers

In den Bergen östlich von Meran gelegen, erhebt sich Schloß Labers inmitten eigener Weingärten, Obstplantagen und Almen mit Wanderwegen. Das im 11. Jhd. errichtete Gebäude ist seit 1885 im Besitz der Familie Neubert.

Eine imposante Steintreppe mit schmiedeeisernem Geländer führt von der weiß gestrichenen Eingangshalle hinauf in die Zimmer. Alle haben schöne hölzerne Doppeltüren, versiegelte Holzfußböden und sind mit schlichten alten Möbeln und schneeweiß überzogenem, mit Gänsedaunen gestopftem Bettzeug ausgestattet.

Aus dem Restaurant im Wintergarten blickt man durch von ländlichen Stoffen gerahmte Fenster in den Schloßgarten mit seinen zahlreichen Bäumen und blühenden Sträuchern. Den zweiten Speiseraum zeichnen ein kirchenartiges hölzernes Deckengewölbe und die alte Wandtäfelung aus. Frische Zutaten aus der Umgebung bestimmen die Mahlzeiten, die schmackhaft zubereitet und appetitlich angerichtet sind.

"Absolut phantastisch, hervorragendes Essen, freundliche Besitzer", schwärmt ein Gast.

Umgebung Spaziergänge am Passirio (Passeier) in Meran; Schloß Tirolo (5 km); Passirio-Tal, Dolomiten.

Via Labers 25, Merano 39012, Bolzano
Tel. (0473) 234484 **Fax** 234146
Lage 2,5 km östlich von Meran; Privatgrundstück, Garage und Parkplatz (nachts abgeschlossen)
Mahlzeiten Frühstück, Mittag- und Abendessen
Preise Zimmer L 110.000-L 200.000, HP L 100.000-L 130.000, Menü ab L 50.000
Zimmer 22 Doppelzimmer, 20 mit Bad, 2 mit Dusche; 9 Einzelzimmer, 2 mit Bad, 7 mit Dusche; 10

Familienzimmer mit Bad; alle Zimmer mit Zentralheizung, Telefon
Anlage Speiseraum, Speiseraum/Wintergarten, Bar, Musik-/Lesezimmer, Konferenzraum, beheizter Swimmingpool im Freien, Tennis
Kreditkarten AE, DC, MC, V
Kinder willkommen
Behinderte nicht geeignet
Tiere Hunde erlaubt, außer im Speiseraum
Geschlossen Nov. bis März
Besitzer Familie Stapf-Neubert

Der Nordosten

Mittelalterliches Herrenhaus, Meran

Castel Rundegg

Obwohl es modernen Komfort bietet, konnte das alte, weiß getünchte Haus viel von seinem ursprünglichen Charme bewahren. Vom hübschen Salon mit den Plüschsesseln und Antiquitäten schaut man durch zierliche, schmiedeeiserne Gitter hinaus in den Garten. Das Restaurant erinnert mit seinem Steingewölbe und den Alkoven an einen Keller. Viele der luxuriös ausgestatteten Zimmer bieten etwas Besonderes - vom Turmzimmer etwa, das über eine Wendeltreppe erreichbar ist, hat man einen schönen Rundblick.

Umgebung Spaziergänge am Passirio (Passeier) in Meran; Passirio-Tal, Dolomiten.

Via Scena 2, Merano 39012, Bolzano
Tel. (0473) 234100 **Fax** 237200
Lage im Ostteil der Stadt; Garten, Parkplatz, Garagen
Mahlzeiten Frühstück, Mittag- und Abendessen
Preise HP L242.000-L318.000; Ermäßigung für Kinder unter 12
Zimmer 22 Doppelzimmer, 20 mit Bad, 2 mit Dusche; 5 Einzelzimmer mit Dusche; 2 Familienzimmer mit Bad; alle Zimmer mit Zentralheizung, Farb-TV, Radio, Minibar, Telefon

Anlage 3 Speiseräume, Bar, Salon, beheizter Swimmingpool im Haus, Fitneßraum und Schönheitsfarm
Kreditkarten AE, DC, MC, V
Kinder willkommen
Behinderte Lift
Tiere kleine Hunde auf Anfrage erlaubt
Geschlossen die letzten 3 Wochen im Jan.
Besitzer Familie Sinn

Der Nordosten

Umgebautes Schloß, Meran

Fragsburg

Eine hübsche, schmale Landstraße führt durch Mischwald und vorbei an Almen, auf denen Ziegen und Rinder grasen, auf den östlich von Meran gelegenen bewaldeten Hügel, wo sich das Hotel Fragsburg (oder Castel Verruca) erhebt - 300 Jahre alt und seit über 100 Jahren Hotel.

Von außen ähnelt die Fragsburg mit ihren geschnitzten Fensterläden und Balkons mit Blumenkästen immer noch sehr einem Jagddomizil. Man hat von hier einen herrlichen Ausblick (vor allem aufs Texel-Massiv). In den kürzlich schneeweiß gestrichenen Gästezimmern finden sich alte oder neue Holztäfelungen. Die herzhaften Mahlzeiten nimmt man entweder in den niedrigen Speiseräumen ein, die elegant renoviert wurden, oder auf einer der Terrassen. Darunter sieht man die "Puppenstuben", in denen die Bienen untergebracht sind, die den Honig für das üppige Frühstücksbüfett liefern. Im waldreichen Garten gibt es lauschige Plätzchen für Sonnenanbeter - und sogar eine geschützte Ecke für FKK-Freunde. "Großartiges Essen; eines unserer absoluten Lieblingshotels", meinte neulich ein begeisterter Besucher.

Umgebung Spaziergänge am Passirio (Passeier) in Meran; Passirio-Tal, Dolomiten.

Via Fragsburg 3, Postfach 210, 39012 Merano, Bolzano
Tel. (0473) 244071 **Fax** 244493
Lage 6 km nordöstlich von Meran; Garten, gute Parkmöglichkeiten, Garagenstellplätze
Mahlzeiten Frühstück, Mittag- und Abendessen
Preise HP L85.000-L125.000, VP L99.000-L140.000
Zimmer 14 Doppelzimmer, 10 mit Bad, 4 mit Dusche; 3 Einzelzimmer mit Dusche; 2 Familienzimmer; alle Zimmer mit Zentralheizung, Telefon, Balkon, TV, Safe

Anlage Speiseräume, Salon, Terrasse, Tischtennis, beheizter Swimmingpool im Freien
Kreditkarten keine
Kinder willkommen
Behinderte nicht geeignet
Tiere Hunde nach Absprache erlaubt
Geschlossen Nov. bis Ostern
Besitzer Familie Ortner

Der Nordosten

Stadtvilla, Meran

Villa Mozart

Dieses wirklich außergewöhnliche Hotel liegt in einer ruhigen Wohngegend von Meran und wurde mit viel Liebe zum Detail im Jugendstil ausgestaltet.

Die Villa entstand 1907 und erhielt ihr heutiges Aussehen in den 70er Jahren. Schwarz und Weiß dominieren, durchsetzt von gelegentlichen Farbtupfern. Im luftigen Wintergarten, der als Frühstücksraum dient, fällt das Licht durch Gazevorhänge auf bunte Blumensträuße. Im Speiseraum harmoniert eine einzige gelbe Tulpe neben einer schwarzen Kerze mit dem zarten Gelb der Wände. Die Gästezimmer sind in Schwarz, Gold- und sanften Gelbtönen gehalten. Das honigfarbene Parkett strahlt Wärme aus und schafft einen reizvollen Kontrast zu den wunderschönen, schwarz-weiß gemusterten Läufern. Jedes Messer, jede Teetasse, jede Fingerschale ist Teil des "Gesamtkunstwerks", das in seinen Grundzügen 1901 von Josef Hoffmann entworfen wurde. Dabei fühlt man sich keineswegs wie im Museum - die Sessel laden zum Ausruhen, die Teppiche zum Betreten ein, und das elegant gekleidete Personal kümmert sich hingebungsvoll um die Gäste. Abendessen bekommt man jetzt auch, wenn keine Kochkurse stattfinden, sollte dafür aber einen Tisch vorbestellen.

Umgebung Spaziergänge am Passirio (Passeier) in Meran.

Via San Marco 26, Merano 39012, Bolzano
Tel. (0473) 230630 **Fax** 211355
Lage in ruhiger Wohngegend; Garten, überdachter Parkplatz
Mahlzeiten Frühstück, Abendessen
Preise L125.000 inkl. Frühstück
Zimmer 7 Doppelzimmer mit Bad; 2 Einzelzimmer mit Dusche; alle Zimmer mit Farb-TV, Telefon, Radio, Minibar, Gesundheitsbetten
Anlage Bar, Restaurant, Frühstücksraum im Wintergarten, beheizter Swimmingpool im Haus, Sauna, Solarium

Kreditkarten AE, MC, V
Kinder werden aufgenommen
Behinderte Lift
Tiere nicht erlaubt
Geschlossen Nov. bis Ostern
Besitzer Andreas und Emmy Hellrigl

Der Nordosten

Landvilla, Mira Porte

Villa Margherita

Auch diese Villa im Hinterland von Venedig bietet Ruhe, Ungestörtheit und viel Platz fürs Geld und ist günstig gelegen für Ausflüge in die Stadt. Man muß dafür nicht einmal das eigene Auto benutzen, denn der Bus fährt jede halbe Stunde von einer Haltestelle dicht am Haus ab.

Das Gebäude wurde im 17. Jhd. als Villa Contarini errichtet, einer von mehreren prächtigen Landsitzen, die das Ufer des Brenta säumen - damals Wochenendrefugien venezianischer Adliger. Als Hotel eröffnete es Ende 1987. Äußerlich wirkt es weniger imposant als andere Häuser, aber das Innere, insbesondere die Gemeinschaftsräume, wurde sehr hübsch möbliert und ausgestattet. Der Frühstücksraum ist mit seinen französischen Fenstern, durch die man in den Garten blickt, herrlich hell. Im Salon finden sich *trompe-l'oeil*-Fresken und ein offener Kamin. Die zum Teil sehr geräumigen Gästezimmer sind einfacher, vielleicht sogar etwas langweilig, jedoch äußerst komfortabel.

Das angesehene Restaurant ist ein paar Gehminuten vom Hauptgebäude entfernt, der Service erwartungsgemäß: aufmerksam und formell.

Umgebung Venedig (10 km), Padua (20 km).

Via Nazionale 416, Mira Porte 30030, Venezia
Tel. (041) 426 5800 **Fax** 5838
Lage am Brenta-Ufer in Mira, 10 km westlich von Venedig; reichlich Parkplätze
Mahlzeiten Frühstück, Mittag- und Abendessen
Preise Zimmer L110.000-L195.000, Mahlzeiten ab L38.000
Zimmer 18 Doppelzimmer, 3 mit Bad, 15 mit Dusche; 1 Einzelzimmer mit Dusche; alle Zimmer mit Zentralheizung, Telefon, Klimaanlage, TV, Minibar

Anlage Frühstücksraum, Salon, Bar, Restaurant (200 m entfernt), Jogging-Pfad
Kreditkarten AE, DC, MC, V
Kinder werden aufgenommen
Behinderte einige Zimmer im Erdgeschoß
Tiere nach Absprache
Geschlossen nie
Besitzer Familie Dal Corso

Der Nordosten

Landvilla, Oderzo

Villa Revedin

Inmitten eines Parks mit alten Bäumen liegt die Villa Revedin geschützt in offener Landschaft außerhalb des kleinen Ortes Gorgo al Monticano. Durch einen formal gestalteten Garten vor dem Haus und vorbei an einem alten Springbrunnen führen schattige Wege.

Die Villa stammt aus dem 15. Jhd., und im großen Salon, in dem ein imposanter Flügel steht, hat sich das ursprüngliche Flair gut erhalten. Das Restaurant (das Einheimische vor allem wegen seiner Fischspezialitäten anlockt), im traditionell italienischen, elegant-rustikalen Stil eingerichtet, wirkt mit seiner Holzdecke, dem Terrakottafußboden und der cremefarbenen Dekoration zwangloser. In den Sitzecken schwere Ledersofas und -sessel, und an kühlen Abenden wärmt ein Kaminfeuer.

Die meisten Zimmer sind großzügig geschnitten; alle bieten einen schönen Blick auf Park und Garten. Die Möbel sind zwar überwiegend modern, doch die hohen Decken, Fensterläden, offenen Kamine und eine geschmackvolle Ausstattung verleihen ihnen eine spezielle Note.

Die Villa Revedin ist ein Luxushotel, unterscheidet sich durch seine angenehm freundliche Atmosphäre aber von anderen ähnlichen Häusern. "Ausgezeichnetes Preis-Leistungs-Verhältnis, wenn man die Lage und das Essen bedenkt", meinte kürzlich ein Besucher.

Umgebung Treviso (32 km); Venedig gut erreichbar; venezianische Villen.

Via Palazzi 4, Gorgo al Monticano, Oderzo 31040, Treviso
Tel. (0422) 800033
Lage 4 km östlich von Oderzo, nördlich von Gorgo al Monticano ausgeschildert; Privatgrundstück mit großem Parkplatz
Mahlzeiten Frühstück, Mittag- und Abendessen
Preise Zimmer L80.000-L160.000
Zimmer 14 Doppel-, 14 Einzel-, 4 Familienzimmer, alle mit Bad und Dusche, TV, Radio, Telefon, Minibar

Anlage Frühstücksraum, Speiseraum, Raum für besondere Zwecke, Bar, Salon, Konferenzraum (30 Personen)
Kreditkarten AE, DC, MC, V
Kinder höchst willkommen
Behinderte nicht geeignet
Tiere nicht erlaubt
Geschlossen Restaurant Jan.
Management Programma Revedin s.r.l.

Der Nordosten

Landvilla, Ospedaletto di Pescantina

Villa Quaranta

Ospedaletto machte sich einen Namen als Raststation auf dem Weg vom und zum Brenner-Paß, wo die Reisenden in der Kapelle Santa Maria di Mezza Campagna logierten. Heute begrenzt diese Kapelle aus dem 13. Jhd. mit ihren Ligozzi-Fresken eine Seite des hübschen Innenhofs der Villa Quaranta; die übrigen Bauten stammen aus dem 17. Jhd. Das Hauptgebäude wirkt ziemlich eindrucksvoll, aber die mit Antiquitäten ausgestattete Rezeption liegt in dem weniger imposanten Teil dahinter, und die Gästezimmer gruppieren sich um den Hof. Sie sind blitzsauber, mit einfachen Teppichen und glänzend gebeizten Holzmöbeln eingerichtet und verfügen über helle Duschbäder aus Kiefernholz und weißen Kacheln. Das üppige Frühstücksbüfett wird unten in einem gemütlichen kleinen ehemaligen Kellerraum serviert. Das Personal bemüht sich sehr um die Gäste, und Manager Michael Trüb überwacht das Geschehen von seinem im Garten gelegenen Büro aus.

Das Restaurant, das aus mehreren Speiseräumen im Hauptgebäude besteht, zeichnet sich durch prächtige Wandfresken, von Steinbögen gerahmte Türen und gefliste Fußböden aus und ist passend mit hochlehnigen Stühlen aus rotem Leder ausgestattet. Das Essen ist eine hervorragende Mischung aus regionaler und internationaler Küche. Im Garten stehen jetzt auch Stühle, auf denen man die wundervolle Umgebung genießen kann.

Umgebung Verona (Minibusservice zur Arena); Gardasee (12 km).

Via Brennero, Ospedaletto di Pescantina 37026, Verona
Tel. (045) 7156211 **Fax** 6306
Lage an der SS12, 15 km nordwestlich von Verona
Mahlzeiten Frühstück, Mittag- und Abendessen
Preise Zimmer L135.000-L280.000 inkl. Frühstück, Suiten L265.000-L340.000, HP L130.000-L225.000
Zimmer 28 Doppel-, 4 Einzel-, 11 Familienzimmer, alle mit Bad, Zentralheizung, Klimaanlage, Telefon, TV, Radio, Minibar

Anlage 4 Speiseräume, Bar, Fernsehzimmer, Swimmingpool, 2 Tennisplätze
Kreditkarten AE, DC, MC, V
Kinder keine speziellen Einrichtungen
Behinderte Lift
Tiere nicht erlaubt
Geschlossen Hotel nie; Restaurant Mo
Manager Michael Trüb

Der Nordosten

Landhotel, Rasun di Sopra

Ansitz Heufler

Das umgebaute Schloß aus dem 16. Jhd. liegt etwas zu nahe an der Straße zum Anterselva-Tal, um wirklich als idyllisch zu gelten. Es ist jedoch innen wie außen zweifellos eines der schönsten Bauwerke der Gegend. Auf dem Rasen vor dem Haus stehen Tische und Stühle im Schutz von Fichten, und wenn man das Gebäude betritt, ist der Verkehr schnell vergessen: ein großer Tisch aus Kiefernholz dient als Rezeption, an der die Gäste von jungem, freundlichem Personal empfangen werden.

Die Gemeinschaftsräume sind mit Kiefernholz getäfelt und mit Vorlegern und Fellen, rustikalen Holztischen, Bänken und üppig gepolsterten Sofas und Sesseln ausgestattet. Ein wahres Schmuckstück ist der große Salon im ersten Stock, wo die Wandverkleidung mit Intarsien verziert ist und der riesige Kachelofen an einen Schloßturm erinnert. Das Frühstück nimmt man in der intimen Bar ein, während die anderen Mahlzeiten in den ebenso gemütlichen Speiseräumen von netten Kellnerinnen in Spitzenschürzen aufgetragen werden. Auf der Karte stehen deftige tirolerische Gerichte, für deren Zubereitung reichlich Alkohol verwendet wird. Schokoladentrüffel in Grand Marnier sind genau die richtige Medizin, wenn es draußen schneit. Die Gästezimmer, die sich um eine große Diele mit Galerie gruppieren, sind geräumig, obwohl man sich an den niedrigen Türen den Kopf stoßen kann. Das Inventar aus Kiefernholz ist überwiegend original.

Umgebung Wanderungen, Radtouren, im Winter Skilaufen in Brunico.

39030 Rasun di Sopra
Tel. (0474) 46288 **Fax** 48199
Lage im bewaldeten Anterselva-Tal, 10 km östlich von Brunico; Garten, Parkplatz
Mahlzeiten Frühstück, Mittag- und Abendessen
Preise Zimmer L120.000-L160.000 inkl. Frühstück, HP L78.000-L122.000
Zimmer 9 Doppelzimmer, 3 mit Bad, 6 mit Dusche, alle mit Zentralheizung, Telefon
Anlage Speiseraum, Salon, Frühstücksraum, Bar

Kreditkarten AE, DC, MC, V
Kinder werden aufgenommen
Behinderte keine speziellen Einrichtungen
Tiere erlaubt
Geschlossen Nov., 15. Mai bis 15. Juni
Manager Valentin Pallhuber

Der Nordosten

Umgebautes Schloß, San Paolo

Schloß Korb

Der im 11. Jhd. entstandene mittelalterliche Hauptturm des Schlosses erhebt sich über den fruchtbaren Weinbergen und Obstgärten, die sich rund um die Außenbezirke von Bozen erstrecken.

Der Eingang zum Hotel wirkt mit seinen blühenden Sträuchern und Pflanzen vor dem Hintergrund der goldfarbenen oder weiß getünchten Steinmauern wunderbar farbenfroh. Die Innenräume sind im traditionellen Stil eingerichtet, und überall finden sich Antiquitäten und frische Blumen. Die Rezeption liegt im ältesten Teil des Schlosses, einer kühlen, gefliesten Halle mit Messingzierat und Rüstungen. Um das Hauptrestaurant zieht sich eine Terrasse voller Pflanzen, von der man beim Frühstück weit übers Tal blicken kann.

Die Gästezimmer mit ihren separaten Sitzecken sind großzügig geschnitten und bieten eine schöne Aussicht über die Weinberge. Daunendecken schaffen eine behagliche Atmosphäre. Im Anbau hinter dem Hauptgebäude gibt es einen beheizten Swimmingpool und einen Lift - letzterer für manche Gäste **die** Attraktion.

Die Tochter des Hauses (die auf Schritt und Tritt von ihrer riesigen dänischen Dogge begleitet wird) spricht fließend Englisch.

Umgebung die Sehenswürdigkeiten von Bozen; Meran ist gut erreichbar; Dolomiten.

Missiano, San Paolo 39050, Bolzano
Tel. (0471) 636000 **Fax** 636033
Lage 8 km westlich von Bozen; Garten mit Weinbergen, großer Parkplatz
Mahlzeiten Frühstück, Mittag- und Abendessen
Preise Zimmer L95.000-L190.000 inkl. Frühstück, HP L145.000; Ermäßigung für Kinder im elterlichen Zimmer
Zimmer 54 Doppel-, 2 Einzelzimmer, alle mit Bad oder Dusche, Zentralheizung, Telefon, TV

Anlage Speiseraum, Konferenzräume, Bar, Salons (einer mit TV), Sauna, Schönheitssalon, Swimmingpools drinnen (beheizt) und draußen, Tennis
Kreditkarten keine
Kinder willkommen
Behinderte Lift zu den Zimmern im Anbau, Zugang mit Rollstuhl jedoch schwierig
Tiere erlaubt
Geschlossen Nov. bis März
Besitzer Familie Dellago

Der Nordosten

Gasthaus am See, San Vigilio

Locanda San Vigilio

Im allgemeinen ist das Ostufer des Gardasees preiswerter als das Westufer. Eine deutliche Ausnahme bildet die Punta de San Vigilio, eine grüne Halbinsel mit Olivenbäumen und grasenden Ponys, die dem Grafen Agostino Guarienti gehört, der die imposante, die Insel beherrschende Villa aus dem 16. Jhd. bewohnt. Links davon versteckt sich am Ende einer Kopfsteinpflastergasse zwischen den Hügeln und einem Miniaturhafen das vergleichsweise bescheidene Gasthaus, das ein Besucher kürzlich wegen seiner herrlichen Ruhe empfahl. Blaue Teppiche verleihen den Innenräumen mit ihren rustikalen Möbeln, weißen Wänden und Holztüren Eleganz. Die Gästezimmer sind passend im antiken Stil eingerichtet.

Am Abend zeigt sich die Locanda von ihrer besten Seite. Wenn die Tagesausflügler abgefahren sind, können die Gäste auf der Halbinsel spazierengehen, an einem der Tische am Hafen einen Drink nehmen oder dem Conte beim Abendessen Gesellschaft leisten (er speist fast jeden Abend in der Locanda). Von dem mit Kerzen erhellten Restaurant und der ummauerten Terrasse mit den riesigen Leinensonnenschirmen blickt man auf den See. Die Tageskarte wird von geschultem, freundlichem Personal verlesen. Der unvermeidliche Gardasee-Karpfen, eine Spezialität des Hauses, schmeckt in dieser Umgebung besonders gut. **Umgebung** Garda (2 km).

San Vigilio 37016, Garda
Tel. (045) 7256688 **Fax** 6551
Lage 2 km westlich von Garda auf einer Halbinsel; Parkplatz 150 m entfernt
Mahlzeiten Frühstück, Mittag- und Abendessen
Preise Zimmer L300.000-L420.000 inkl. Frühstück
Zimmer 7 Doppelzimmer, 4 Suiten, alle mit Bad und Dusche, Zentralheizung, Klimaanlage, Telefon, TV
Anlage Restaurant, Speiseterrasse, Bar, ummauerter Garten

Kreditkarten AE, DC, V
Kinder werden aufgenommen, wenn gut erzogen
Behinderte keine speziellen Einrichtungen
Tiere erlaubt, falls gut erzogen
Geschlossen Dez. bis März
Besitzer Conte Agostino Guarienti

Der Nordosten

Hotel am See, Torri del Benaco

Gardesana

Eines der hübschesten Dörfer am Gardasee ist Torri del Benaco - ein malerischer Fischerhafen mit tadellos restaurierten mittelalterlichen Häusern, einem Schloß aus dem 14. Jhd. und schöner Promenade mit herrlichem Blick auf den See. Der Standort des Gardesana an der Hauptpiazza gegenüber dem geschäftigen kleinen Hafen ist besonders günstig.

Die lange Geschichte des Gebäudes ist an seinem Äußeren mit den steinernen Arkaden und den sanft getönten Stuckmauern ersichtlich, aber innen wurde es Ende der 70er Jahre dank einer umfassenden Instandsetzung zu einem modernen und recht eleganten Hotel. Die kürzlich renovierten Gästezimmer sind fast alle identisch - Holzmöbel, weiche, grüne Stoffe und jede Menge Extras - und bieten meist einen Blick auf den See, der so schön ist, daß er Stephen Spender bei einem Aufenthalt in den 50er Jahren zu einem Gedicht veranlaßte.

Die historische Ratshalle ist heute ein vornehmer Speisesaal, und auch auf dem Balkon an der Seeseite stehen ein paar Tische. Auf der wesentlich größeren Terrasse zu ebener Erde kann man einen Drink nehmen. Das üppige Frühstück umfaßt Schinken, Käse, Pâté und Joghurt.

Umgebung Bardolino (11 km), Malcesine (21 km).

Piazza Calderini 20, 37010 Torri del Benaco, Lago di Garda (Verona)
Tel. (045) 7225411 **Fax** 5771
Lage im Ortszentrum am See; Privatparkplatz 150 m entfernt
Mahlzeiten Frühstück, Abendessen
Preise Zimmer L65.000-L170.000; Ermäßigung für Kinder im elterlichen Zimmer
Zimmer 30 Doppelzimmer, 4 mit Bad, 26 mit Dusche; 3 Einzelzimmer mit Dusche; alle Zimmer mit Zentralheizung, Klimaanlage, Telefon, TV

Anlage Speiseraum, Bar, Fernsehzimmer, Uferterrasse
Kreditkarten AE, DC, MC, V
Kinder willkommen
Behinderte keine speziellen Einrichtungen
Tiere nicht erlaubt
Geschlossen Nov. und Dez.
Besitzer Giuseppe Lorenzini

Der Nordosten

Accademia

Nachdem die Verkehrsbeschränkungen in Kraft getreten sind, ist es im Zentrum von Trient viel ruhiger geworden. Das kürzlich umgebaute Hotel liegt in einer engen Gasse mitten in diesem Zentrum. Altmodische Fensterläden und Geranienkästen lockern die elegante, cremefarbene Stuckfassade des vierstöckigen Gebäudes auf. Das Innere ist äußerst geschmackvoll gestaltet: weiße Deckengewölbe, Parkettböden, klassisch-moderne Möbel, dazwischen geschickt plazierte Antiquitäten und alte Landkarten. Gemütliche Sofas laden überall, auch auf einer kleinen Holzgalerie über der Bar, zum Entspannen ein. Das geschulte Personal strahlt ruhige Effizienz aus. Die gediegene Atmosphäre spürt man auch in den Gästezimmern. Die Einzelzimmer sind allerdings etwas klein. Man findet jedoch allen erdenklichen Komfort - geschmackvoll präsentiert natürlich - bis hin zum elektrischen Schuhputzer auf dem Treppenabsatz. Das Frühstück schmeckt besonders gut auf der ummauerten, von einer riesigen Roßkastanie überschatteten Terrasse. Das ebenfalls von einem Gewölbe überspannte Restaurant mit seinen gestärkten weißen Tischdecken und den schlichten Holz- und Korbstühlen ist bei den Einheimischen sehr beliebt. Die *gnocchetti di ricotta* sollte man sich nicht entgehen lassen.
Umgebung Kirche Santa Maria, Piazza del Duomo.

Vicolo Colico 4/6, 38100 Trento
Tel. (0461) 233600 **Fax** 230174
Lage im historischen Stadtkern zwischen Dom und Piazza Dante
Mahlzeiten Frühstück, Mittag- und Abendessen
Preise Zimmer L150.000-L210.000, Mahlzeiten ab L40.000
Zimmer 32 Doppelzimmer, 16 mit Bad, 16 mit Dusche; 9 Einzelzimmer mit Dusche; 2 Familienzimmer mit Bad; alle Zimmer mit Zentralheizung, Telefon, TV, Minibar, Fön
Anlage Speiseraum, Salon, Bar, Frühstücksraum, Terrasse

Kreditkarten AE, DC, V
Kinder werden aufgenommen
Behinderte Lift
Tiere erlaubt
Geschlossen Restaurant Mo
Besitzer Sig. Fambri

Der Nordosten

Accademia

Obgleich das Haus nicht mehr ganz so billig ist wie früher, verbindet es doch nach wie vor Charme und Charakter mit Preisen, die sich die meisten Leute leisten können, sowie einer günstigen und dabei ruhigen Lage. Was die *pensione* aber vor allem auszeichnet, sind ihre Gärten - die geräumige Veranda am Kanal, wo die Tische zwischen Topfpflanzen und antiken Gefäßen stehen, und der nach hinten gelegene grasbewachsene Garten mit seinen Glyzinien, Rosen und Obstbäumen.

Das ursprüngliche Privathaus beherbergte Anfang dieses Jahrhunderts das russische Konsulat. Einen Anflug von Grandezza hat es immer noch, und die Möbel sind überwiegend klassisch venezianisch, aber steif wirkt es dabei überhaupt nicht. Die Rezeption befindet sich in einer großen Halle, die mit ihren zahlreichen Sitzgelegenheiten zugleich als Salon dient und zwischen den beiden Gärten liegt. Der luftige Frühstücksraum ist mit Kandelabern und einer von Säulen gestützten Holzbalkendecke ausgestattet. Wenn das Wetter es jedoch erlaubt, beginnen und beenden die Gäste den Tag lieber im Freien. Die meisten Zimmer sowie die Fassade wurden inzwischen renoviert. "Reizendes Personal", hieß es vor kurzem in einem Bericht, "der Service könnte besser sein", in einem anderen.

Umgebung Accademia, Canal Grande.

Fondamenta Maravegie, Dorsoduro 1058, Venezia 30123
Tel. (041) 5237846 **Fax** 9152
Lage an einem Seitenkanal südlich des Canal Grande; Garten vor und hinter dem Haus
Mahlzeiten Frühstück
Preise Zimmer L130.000-L200.000
Zimmer 20 Doppelzimmer, 8 mit Bad, 8 mit Dusche; 6 Einzelzimmer, 5 mit Bad; alle Zimmer mit Zentralheizung, Telefon
Anlage Frühstücksraum, Bar, Salon
Kreditkarten AE, DC, MC, V
Kinder willkommen

Behinderte keine speziellen Einrichtungen
Tiere kleine erlaubt
Geschlossen nie
Manager Giovanna Salmaso und Massimo Dinato

Der Nordosten

Stadtpension, Venedig

Alboretti

Besucher, die vor allem der venezianischen Malerei wegen in die Stadt kommen, werden dieses Haus ideal finden, da es direkt neben der Accademia liegt.

Wie so viele kleine Hotels in Venedig ist das Alboretti in einem mehrere Jahrhunderte alten Gebäude untergebracht. Ungewöhnlich sind jedoch die freundliche Aufnahme und die familiäre Atmosphäre. Die Rezeption ist ein gemütlicher, holzgetäfelter Raum mit dem Modell einer Galeone aus dem 17. Jhd. im Fenster. Der Salon ist klein, aber das Fernsehzimmer (der Apparat wird selten benutzt) im Obergeschoß macht einen behaglichen Eindruck. Im Restaurant werden traditionelle Gerichte und Schöpfungen des Hauses serviert, und Signora Linguerri ist stolz auf ihre Auswahl italienischer Weine.

Die Gästezimmer sind vorwiegend schlicht und modern eingerichtet; nur ein paar enthalten ein oder zwei antike Stücke. Wie das übrige Hotel sind sie gepflegt und blitzsauber, die Bäder allerdings winzig. Traurigerweise müssen wir mitteilen, daß vor kurzem ein potentieller Gast die Zimmer "schmutzig" fand und dort nicht übernachten wollte. Unser letzter Tester hatte jedoch bis auf die Rohrleitungen nichts auszusetzen.

Umgebung Accademia, Zattere, Gesuati-Kirche.

Accademia 882, Venezia 30123
Tel. (041) 5230058 **Fax** 521 0158
Lage zwischen Canal Grande und Giudecca-Kanal; nächste Vaporettostation Accademia
Mahlzeiten Frühstück, Abendessen
Preise Zimmer L120.000-L180.000 inkl. Frühstück
Zimmer 13 Doppelzimmer, 3 mit Bad, 10 mit Dusche; 6 Einzelzimmer mit Dusche; 1 Familienzimmer mit Bad; alle Zimmer mit Zentralheizung, Telefon
Anlage Salon, Speiseraum, Fernsehzimmer, Bar

Kreditkarten AE, MC, V
Kinder willkommen; Kinderbetten auf Anfrage
Behinderte keine speziellen Einrichtungen
Tiere nur kleine Hunde erlaubt
Geschlossen nie
Besitzerin Anna Linguerri

Der Nordosten

Stadthotel, Venedig

Flora

Das kleine, in einer Sackgasse nahe San Marco versteckte Hotel ist so beliebt, daß man Wochen, ja sogar Monate im voraus buchen muß. Ein kurzer Blick in den Garten verrät auch schnell, warum. Springbrunnen, Kletterpflanzen und blühende Sträucher in Steintrögen schaffen eine paradiesische Umgebung für den Kaffee und die Croissants am Morgen und einen Drink an Sommerabenden. Zweifellos gehört der Garten zu den schönsten und ruhigsten in Venedig und scheint weit entfernt vom Getümmel auf dem Markusplatz.

Auch aus der kleinen, einladenden Lobby blickt man durch einen Glasbogen ins Grüne. An der Rezeption, die gleichzeitig ein Informationsbüro in Kleinformat für die vielen ausländischen Touristen ist, wird man mit freundlicher Effizienz bedient. Es gibt einige hübsche Doppelzimmer mit bemalten und geschnitzten Antiquitäten und anderen typisch venezianischen Stücken; andere sind jedoch vergleichsweise spartanisch und bieten zum Teil kaum einer Person, geschweige denn zweien, Platz. Die Preise sind recht hoch - aber viele Gäste sind mit uns der Meinung, daß Lage und familiäre Atmosphäre dafür entschädigen.

Umgebung Markusplatz.

Calle Larga 22 Marzo 2283/a, San Marco, Venezia 30124
Tel. (041) 5205844 **Fax** 5228217
Lage 300 m vom Markusplatz in einer Sackgasse
Mahlzeiten Frühstück
Preise Zimmer L130.000-L225.000 inkl. Frühstück
Zimmer 32 Doppel-, 6 Einzel-, 6 Familienzimmer, alle mit Bad und/oder Dusche, Klimaanlage, Telefon
Anlage Frühstücksraum, Bar, Salon
Kreditkarten AE, DC, MC, V
Kinder werden aufgenommen

Behinderte 2 Zimmer im Erdgeschoß
Tiere erlaubt
Geschlossen nie
Besitzer Roger Romanelli

Der Nordosten

Stadthotel, Venedig

Pausania

Das Viertel San Barnaba, traditioneller Wohnbezirk des verarmten Adels von Venedig, ist ruhig und malerisch und heute, da die bekanntere Gegend um San Marco zunehmend von Touristen überlaufen und sehr teuer ist, äußerst begehrt. Das kleine Pausania liegt in der Nähe des letzten schwimmenden Gemüsemarktes der Stadt, einer farbenprächtigen Barke auf dem San-Barnaba-Kanal.

Das Gebäude, ein verwitterter gotischer *palazzo* mit den typischen Spitzbogenfenstern, ist im Kern venezianisch. Im Inneren blieben als Originalelemente die Holzbalkendecken, korinthische Säulen, eine alte Brunneneinfassung und eine recht abgenutzte Steintreppe erhalten. Die Zimmer sind elegant und geschmackvoll in zurückhaltenden Blau- und Cremetönen eingerichtet. Wer auf der Kanalseite wohnt, wird womöglich morgens, allerdings nicht allzu früh, von den Glocken eines nahegelegenen Campanile geweckt. Das Frühstück nimmt man in einem hellen, modernen Anbau mit Blick auf einen stillen Garten ein. Es gibt mehrere, für ein kleines Stadthotel unübliche gemütliche Sitzecken, darunter ein sonniges Plätzchen am Kanal und eine Diele mit Holzbalken und klassizistischen Stützpfeilern. Annehmbare Preise und außergewöhnlich freundliches, hilfsbereites Personal - eine Seltenheit in Venedig.
Umgebung Scuola dei Carmini, Accademia.

Dorsoduro 2824, Venezia 30124
Tel. (041) 5222083
Lage westlich des Canal Grande; Terrasse
Mahlzeiten Frühstück
Preise Zimmer L120.000-L250.000 inkl. Frühstück
Zimmer 23 Doppelzimmer, 5 mit Bad, 18 mit Dusche; 3 Einzelzimmer mit Dusche; 5 Familienzimmer, 1 mit Bad, 4 mit Dusche; alle Zimmer mit Zentralheizung, TV, Klimaanlage, Telefon
Anlage Frühstücksraum, Bar, Lesezimmer

Kreditkarten AE, MC, V
Kinder willkommen
Behinderte nicht geeignet
Tiere nur kleine erlaubt
Geschlossen nie
Besitzer Guido Gatto

Der Nordosten

Stadthotel, Venedig

La Residenza

Der herrliche gotische *palazzo* beherrscht den kleinen, verwahrlosten Campo Bandiera e Moro. Schon der Eintritt ist ein Erlebnis: drückt man den Knopf auf dem Löwenmaul auf dem linken der riesigen Türflügel, so öffnen sie sich und geben den Blick frei auf einen uralten, überdachten Innenhof. Ein schmiedeeisernes Tor schwingt auf, so daß Sie die Steintreppe zur Rezeption und zum Salon - einem Raum von saalartigen Ausmaßen mit Sprossenfenstern, weichen Sofas und Antiquitäten - hinaufsteigen können. Die sanften Pastelltöne der Wände vermitteln noch einen Eindruck von der verblichenen Pracht venezianischer Geschichte. Eine Besichtigung der Zimmer war uns nicht gestattet; schauen Sie sie sich auf jeden Fall an.

Umgebung Scuola di San Giorgio degli Schiavoni.

Campo Bandiera e Moro 3608, Castello, Venezia 30122
Tel. (041) 5285315 **Fax** (041) 5238859
Lage an einem kleinen Platz 100 m vom Wasser; nächste Vaporettostation Arsenale
Mahlzeiten Frühstück
Preise Zimmer L105.000-L150.000 inkl. Frühstück
Zimmer 14 Doppelzimmer, 5 mit Bad, 9 mit Dusche; 2 Einzelzimmer mit Dusche; alle Zimmer mit Klimaanlage, Telefon, TV, Minibar
Anlage großer Salon

Kreditkarten AE, DC, MC, V
Kinder werden nicht aufgenommen
Behinderte nicht geeignet
Tiere nicht erlaubt
Geschlossen Jan. bis Karneval, Ende Nov. bis Mitte Dez.
Besitzer Sg. Tagliapietra

Der Nordosten

Stadthotel, Venedig

Santo Stefano

Folgt man dem vielbegangenen Weg vom Markusplatz zur Accademia, so kommt man über den Campo Santo Stefano (der zur allgemeinen Verwirrung auch Campo Francesco Morosini genannt wird). Die hervorstechenden Merkmale dieses großen, belebten Platzes sind der alarmierend schiefstehende Campanile der Kirche Santo Stefano und das einst berühmte Eiscafé Paolin.

Ganz in der Nähe liegt das Santo Stefano, ein freundliches, gepflegtes kleines Hotel, dessen nach vorn gelegene Zimmer einen Blick auf den Platz bieten. Sehr geräumig ist es nicht; im Erdgeschoß befinden sich nur die kleine Rezeption mit ein paar reich-verzierten Stühlen, ein winziger Frühstücksraum und dahinter eine noch winzigere Innenhofterrasse, und die Zimmer im oberen Stock sind kaum groß genug für zwei. Dafür entschädigen jedoch die besonders nette Einrichtung - in vielen Zimmern findet man bemalte Möbel und hübsche rosa Stoffe - und der insgesamt tadellose Zustand des Hauses. Außerdem sind die Preise für venezianische Verhältnisse niedrig. Freundliches Personal.
Umgebung Accademia, Canal Grande.

Campo Santo Stefano, San Marco 2957, Venezia 30124
Tel. (041) 5200166
Lage an großem Platz etwa 500 m westlich der Piazza San Marco; nächste Vaporettostation San Samuele
Mahlzeiten Frühstück
Preise Zimmer L90.000-L240.000, Klimaanlage L15.000 extra
Zimmer 6 Doppel-, 2 Einzel-, 3 Familienzimmer, alle mit Dusche, Telefon, Minibar, Klimaanlage, TV
Anlage Frühstücksraum, Diele, winziger Hinterhof
Kreditkarten MC, V

Kinder werden aufgenommen
Behinderte nicht geeignet
Tiere nicht erlaubt
Geschlossen nie
Besitzer Dr. Giorgio Gazzola

Der Nordosten

Stadtpension, Venedig

Seguso

Sitzt man an der breiten, sonnigen Uferpromenade von Zattere, so hat man das Gefühl, am Meer zu sein. An die Kaimauern brandet das Wasser des Giudecca-Kanals. Die offene Lage und der herrliche Blick über die Lagune sind nur ein Vorzug des Seguso, einer traditionellen, freundlichen und auf solide Art altmodischen *pensione* im Familienbesitz. Im Gegensatz zu den meisten Hotels in Venedig und anderen italienischen Großstädten sind die Preise mäßig; das Seguso ist zwar nicht für sein Essen berühmt, aber Halbpension kostet hier nicht mehr als Übernachtung und Frühstück in Häusern mit ähnlichem Komfort, die näher am Markusplatz liegen.

Die besten Zimmer sind die großen an der Gebäudevorderseite mit Blick auf den Kanal - allerdings muß man für dieses Privileg womöglich auf ein eigenes Bad verzichten, da nur die Hälfte der Zimmer über diesen Luxus verfügt. An Gemeinschaftsräumen gibt es den hübsch im traditionellen Stil eingerichteten Speiseraum und einen bescheidenen Salon, wo man sich in tiefe Ledersessel kuscheln und uralte Reiseführer studieren kann. Das Frühstück wird auf der reizenden kleinen Terrasse vor dem Hotel serviert.
Umgebung Accademia, Gesuati-Kirche.

Zattere 779, Dorsoduro, Venezia
30123
Tel. (041) 5286858 **Fax** 5222340
Lage 5 Minuten südlich der
Accademia; Blick auf den
Giudecca-Kanal, nächste
Vaporettostation Zattere
Mahlzeiten Frühstück, Mittag- und
Abendessen
Preise HP L115.000-L240.000;
Ermäßigung für Kinder
Zimmer 31 Doppel-, 5
Einzelzimmer, 9 mit Bad, 9 mit
Dusche, alle mit Telefon
Anlage Speiseraum, Salon, Terrasse

Kreditkarten AE, MC, V
Kinder willkommen
Behinderte Lift
Tiere erlaubt
Geschlossen Dez. bis Feb.
Besitzer Familie Seguso

Der Nordosten

Villa am Meer, Lido (Venedig)

Villa Mabapa

Trotz der Anbauten an das Originalgebäude aus den 30er Jahren, aufgrund derer die komfortable Villa Mabapa mehr Zimmer hat, als wir für diese Empfehlung eigentlich zulassen, wirkt sie immer noch wie ein Privathaus. Außerdem ist das Preis-Leistungs-Verhältnis gut, verglichen mit den großen, bekannteren Hotels am Strand des Lido. Das Haus liegt in einem Garten an der Lagune und verfügt über eine eigene Anlegestelle (die Vaporettostation ist ein paar Minuten entfernt). Es befindet sich zwar weder an der Hauptstraße des Lido noch direkt am Strand, hat dafür aber den Vorteil wunderbar ruhiger Zimmer, eines Gartens und einer Speiseterrasse, von wo aus man im Sommer die schönsten Sonnenuntergänge beobachten kann.

Das Hotel besteht aus zwei Gebäuden. In der eigentlichen Villa Mabapa befinden sich die hohen Gemeinschaftsräume und einige Gästezimmer im traditionellen Stil, die besten davon im ersten Stock - hier liegt auch der Salon mit Terrasse und Aussicht auf die Lagune. Ein Anbau, die Villa Morea, enthält modernere Zimmer.

Was der Name bedeutet? Er ist aus den ersten Silben der Wörter Mamma, Bambino und Papà zusammengesetzt. Wirklich ein Familienhotel.

Umgebung Venedig (kostenloser Fährtransfer).

Riviera San Nicolo' 16, Lido, 30126 Venezia
Tel. (041) 5260590 **Fax** 5269441
Lage an der Lagunenseite des Lido mit schönem Blick auf die Stadt; Garten
Mahlzeiten Frühstück, Mittag- und Abendessen
Preise Zimmer L105.000-L290.000, Mahlzeiten um L40.000
Zimmer 47 Doppel-, 15 Einzelzimmer, alle mit Bad oder Dusche, TV, Telefon, Klimaanlage
Anlage Speiseraum, Speiseterrasse, Bar, Salon

Kreditkarten AE, DC, MC, V
Kinder werden aufgenommen
Behinderte einige Zimmer geeignet
Tiere Hunde im Speiseraum nicht erlaubt
Geschlossen Mitte Nov. bis kurz vor Weihnachten
Besitzer Sg. Vianello

Der Nordosten

Landvilla, Arcugnano

Villa Michelangelo

Die recht streng wirkende Villa aus dem 18. Jhd. ist ein ehemaliges Kapuzinerkolleg und immer noch von einer gewissen klösterlichen Schlichtheit gekennzeichnet. Schwarze Schieferfußböden und Ledersessel kontrastieren mit weißen Wänden. Riesiges Grundstück, großer Pool.

Via Sacco 19, 36057 Arcugnano (Vicenza) **Tel.** (0444) 550300 **Fax** (0444) 550490 **Mahlzeiten** Frühstück, Mittag- und Abendessen **Preise** Zimmer L170.000-L285.000, Mahlzeiten um L70.000 **Zimmer** 36, alle mit Bad oder Dusche, Zentralheizung, Klimaanlage, Telefon, TV, Radio, Minibar **Kreditkarten** AE, DC, MC, V **Geschlossen** Restaurant So

---

Umgebautes Schloß, Bozen

Castel Guncina

Eines der schönen Bergschlösser Nordostitaliens, diesmal oberhalb von Bozen. Das von Bäumen und Weingärten umgebene Hotel verfügt außerdem über einen Swimmingpool und Tennisplätze. Die komfortablen, gut ausgestatteten Zimmer variieren in Größe und Aussehen. Aufgrund neuer Besitzer könnten sich die Preise inzwischen verändert haben.

Via Miramonti 9, Guncina, 39100 Bolzano **Tel.** (0471) 285742 **Fax** (0471) 266345 **Mahlzeiten** Frühstück, Mittag- und Abendessen **Preise** Zimmer L50.000-L160.000 inkl. Frühstück **Zimmer** 18, alle mit Bad, Zentralheizung, Telefon, TV, Radio, Minibar **Kreditkarten** MC, V **Geschlossen** Feb.; Restaurant Di

---

Stadthotel, Bressanone (Brixen)

Hotel Dominik

Äußerst komfortables und gut geführtes, modernes Hotel am grünen Stadtrand von Brixen in der Nähe des Flusses. Die großen, ordentlich ausgestatteten Zimmer wirken recht unpersönlich, obwohl einige vor kurzem renoviert wurden und jetzt über Jacuzzis verfügen, aber die Gemeinschaftsräume haben mehr Stil, und der Garten ist hübsch. Großer Swimmingpool im Hause.

Via Terzo di Sotto 13, 39042 Bressanone (Bolzano) **Tel.** (0472) 830144 **Fax** (0472) 836554 **Mahlzeiten** Frühstück, Mittag- und Abendessen **Preise** Zimmer L160.000-L278.000 **Zimmer** 29, alle mit Bad, Zentralheizung, Telefon, TV, Radio, Fön, Minibar **Kreditkarten** AE, MC, V **Geschlossen** Anfang Nov. bis Mitte März

---

Restaurant mit Gästezimmern, Cividale del Friuli

Locanda al Castello

Es handelt sich zwar wirklich nur um ein Restaurant mit Gästezimmern, aber das zinnengeschmückte, auf einem Hügel gelegene Gebäude mit der großen Terrasse, auf der Liegestühle stehen, bietet freundliche, ruhige Unterkunft. Die beiden Speiseräume sind ungemütlich groß, die Zimmer jedoch wirken angenehm rustikal und haben blitzsaubere Bäder.

Via del Castello 20, 33043 Cividale del Friuli (Udine) **Tel.** (0432) 733242 **Fax** (0432) 700901 **Mahlzeiten** Frühstück, Mittag- und Abendessen **Preise** Zimmer L73.000-L125.000, Mahlzeiten L40.000 **Zimmer** 10, alle mit Bad oder Dusche, Telefon, TV **Kreditkarten** AE, MC, V **Geschlossen** ein paar Tage im Nov.

Der Nordosten

Gebirgschâlet, Colfosco

Hotel Cappella

Typisches (kleines) Beispiel für ein klassisches Südtiroler Hotel - modern (Ende der 60er Jahre erbaut), aber im Stil eines Alpenchâlets, durchweg komfortabel und freundlich, traditionell möbliert, mit zahlreichen Sporteinrichtungen (hübscher Pool im Hause), in herrlicher Landschaft gelegen, so daß man gleich vor der Haustür wandern und skilaufen kann.

39030 Colfosco (Bolzano) **Tel.** (0471) 836183 **Fax** (0471) 836 561 **Mahlzeiten** Frühstück, Mittag- und Abendessen **Preise** Zimmer L110.000-L180.000; Ermäßigung für Kinder **Zimmer** 40, alle mit Bad oder Dusche, Zentralheizung, Telefon, Radio, TV **Kreditkarten** DC, MC, V **Geschlossen** Mitte Apr. bis Mitte Juni, Ende Sep. bis Mitte Dez.

Landhotel, Cortina d'Ampezzo

Hotel Menardi

Das alte Bauernhaus am Nordrand von Cortina hat sich im Laufe der Zeit von einem Landgasthof über eine Pension zu einem schicken Hotel entwickelt. Trotz der eleganten antiken Möbel und des modernen Komforts strahlt es nach wie vor Wärme aus. Der große Garten ist ein herrlich abgeschiedenes Plätzchen.

Via Majon 110, 32043 Cortina d'Ampezzo (Belluno) **Tel.** (0436) 2400 **Fax** (0436) 862183 **Mahlzeiten** Frühstück, Mittag- und Abendessen **Preise** Zimmer L130.000-L280.000 inkl. Frühstück, VP L105.000-L185.000 **Zimmer** 51, alle mit Bad, Zentralheizung, Telefon, TV **Kreditkarten** V **Geschlossen** Okt. bis Mitte Dez., Mitte Apr. bis Mitte Juni

---

Landhotel, Fiè Allo Sciliar

Hotel Turm

Elegantes, sehr freundliches Hotel in bester Südtiroler Tradition zwischen Bozen und den bekannten Skiorten des Val Gardena. Es umfaßt gemütliche Salons, eine rustikal gestaltete Bar, Swimmingpools drinnen und draußen. Außerdem stellt der Besitzer an den Wänden eine eindrucksvolle Gemäldesammlung zur Schau.

Piazza della Chiesa 9, 39050 Fiè Allo Sciliar (Bolzano) **Tel.** (0471) 725014 **Fax** (0471) 725474 **Mahlzeiten** Frühstück, Mittag- und Abendessen **Preise** Zimmer L70.000-L208.000 inkl. Frühstück, HP L87.000-L123.000; Ermäßigung für Kinder **Zimmer** 23, alle mit Bad, Zentralheizung, TV, Radio, Telefon **Kreditkarten** MC, V **Geschlossen** Mitte Nov. bis Mitte Dez.

Dorfhotel, Follina

Abbazia

Außergewöhnlich elegantes kleines Hotel, das vor kurzem umgebaut und neu in diesen Führer aufgenommen wurde. Trotz der in manchen Zimmern freiliegenden Balken geben die raffinierte Ausstattung, die kostbaren Stoffe und prächtigen Antiquitäten den Ton an. Die Mahlzeiten kann man in dem von uns empfohlenen Haus in Solighetto einnehmen, aber es gibt auch nähergelegene Alternativen.

Via Martiri della Libertà, 31051 Follina (Treviso) **Tel.** (0438) 971 277 **Fax** (0438) 970001 **Mahlzeiten** Frühstück **Preise** Zimmer L90.000-L175.000 inkl. Frühstück **Zimmer** 17, alle mit Bad oder Dusche, Minibar, TV **Kreditkarten** AE, DC, MC, V **Geschlossen** nie

Der Nordosten

Landhotel, Malcesine

Park Hotel Querceto

Das elegante neue, erst 1991 eröffnete Hotel ist herrlich an den Hängen des Monte Baldo gelegen, wo man einen Blick auf den Gardasee hat, am schönsten von der Terrasse aus; im Inneren finden sich rustikale Holzmöbel und traditionell eingerichtete Gästezimmer.

Loc. Campiano 17-19, 37018 Malcesine (Verona) **Tel.** (045) 740 0344 **Fax** (045) 7400848 **Mahlzeiten** Frühstück, Mittag- und Abendessen **Preise** HP L145.000-L165.000 **Zimmer** 20, alle mit Bad oder Dusche, Telefon, Minibar, Radio, Satelliten-TV **Kreditkarten** AE, DC, MC, V **Geschlossen** eine Zeitlang im Nov.

Landhotel, Meran

Der Pünthof

Ein Teil des Pünthofs stammt aus dem Mittelalter - damals war er ein Bauernhaus -, und im Frühstücksraum sind an den getäfelten Wänden noch Spuren der Originaldekoration erhalten. Auch einige Gästezimmer haben etwas Altertümliches an sich, aber die meisten sind in separaten kleinen Châlets jüngeren Datums mit eigener Kochgelegenheit untergebracht. Schöner Pool.

Via Steinach 25, 39022 Merano (Bolzano) **Tel.** (0473) 48553 **Fax** (0473) 49919 **Mahlzeiten** Frühstück, Abendessen **Preise** Zimmer L100.000-L210.000 inkl. Frühstück **Zimmer** 18, alle mit Bad oder Dusche, Zentralheizung, Farb-TV, Radio, Telefon, Minibar, Safe **Kreditkarten** DC **Geschlossen** Mitte Nov. bis Feb.

Landhotel, Meran

Villa Tivoli

Dieses einfach wirkende Hotel in "exquisitem" Garten am Rande Merans begeisterte unseren Leser: "unser Eckzimmer eine Oase der Ruhe; das Personal entgegenkommend, freundlich, spontan herzlich; das Frühstück ein Büffet-Gebirge; das Abendessen originell, reichlich, lecker; beispielloses Preis-Leistungs-Verhältnis".

Via Verdi 72, 39012 Merano (Bolzano) **Tel.** (0473) 46282 **Fax** (0473) 46849 **Mahlzeiten** Frühstück, Mittag- und Abendessen **Preise** HP L84.000-L135.000 **Zimmer** 21, alle mit Bad oder Dusche, Telefon **Kreditkarten** MC, V **Geschlossen** Nov. bis März

---

Landvilla, Mogliano Veneto

Villa Condulmer

Eine Übernachtung in dieser hübschen Villa aus dem 18. Jhd. kostet etwa soviel wie in einem Zwei-Sterne-Hotel im 20 Autominuten entfernten Venedig. Rokokofresken, extravagante Kandelaber aus Muranoglas und antike Möbel schmücken die Gemeinschaftsräume. Auch die Gästezimmer sind prächtig, aber weniger überladen. Recht großer Swimmingpool mit Kinderbereich.

Via Zermanese, Zerman Mogliano, 30121 Mogliano Veneto (Treviso) **Tel.** (041) 457100 **Fax** (041) 457134 **Mahlzeiten** Frühstück, Mittag- und Abendessen **Preise** Zimmer L132.000-L198.000, Suiten L242.000, Mahlzeiten L63.000-L84.000 **Zimmer** 45, alle mit Telefon, Minibar, einige mit Klimaanlage **Kreditkarten** AE, DC, MC, V **Geschlossen** 8. Jan. bis 15. Feb.

Der Nordosten

Landvilla, Paderno di Ponzano

El Toulà

Von nah und fern kommen die Leute in das Restaurant dieses liebevoll umgestalteten Bauernhauses, in dem klassische Gerichte nach neuen Ideen zubereitet werden. Die Gästezimmer sind äußerst komfortabel bis höchst luxuriös. Ein teures Vergnügen.

Via Postumia 63, 31050 Paderno di Ponzano (Treviso) **Tel.** (0422) 969023 **Fax** (0422) 969994 **Mahlzeiten** Frühstück, Mittagund Abendessen **Preise** Zimmer L315.000-L400.000, Suiten L600.000 **Zimmer** 10, alle mit Bad, Zentralheizung, Telefon, Farb-TV, Minibar **Kreditlkarten** AE, DC, V **Geschlossen** nie

---

Stadthotel, Padua

Hotel Donatello

Das für Touristen am günstigsten gelegene Hotel Paduas ist nach dem Schöpfer der berühmten Reiterstatue benannt, auf die es blickt. Zum hellen Restaurant im Trattoria-Stil gehört ein Straßencafé mit guter Sicht auf die Basilika. Einfache, modernisierte Zimmer.

Via del Santo 102, 35123 Padua **Tel.** (049) 8750634 **Fax** (049) 875 0829 **Mahlzeiten** Frühstück, Mittag- und Abendessen **Preise** Zimmer L120.000-L205.000, Mahlzeiten ab L25.000 **Zimmer** 49, alle mit Bad oder Dusche, Telefon, Minibar **Kreditkarten** AE, DC, MC, V **Geschlossen** Mitte Dez. bis Mitte Jan.; Restaurant Mi

---

Stadthotel, Padua

Albergo Leon Bianco

"Reizend" ist vielleicht nicht ganz das richtige Wort für dieses schicke kleine Hotel mit den Glastüren und den hübschen, modernen Möbeln, aber es hat Stil und eine günstige Lage mit Blick auf das berühmte Caffè Pedrocchi. Frühstücken kann man auf einer kleinen Dachterrasse.

Piazzetta Pedrocchi 12, 35100 Padua **Tel.** (049) 8750814 **Fax** (049) 8756184 **Mahlzeiten** Frühstück **Preise** Zimmer L124.000-L178.000 **Zimmer** 22, alle mit Bad oder Dusche, Farb-TV, Telefon, Minibar, Klimaanlage **Kreditkarten** AE, DC, MC, V **Geschlossen** nie

---

Stadthotel, Padua

Hotel Majestic Toscanelli

Von außen ist das Gebäude nichts Besonderes, aber es hat einen ungewöhnlich ruhigen Standort im Herzen des alten Padua und wurde vor ein paar Jahren grundlegend renoviert. Die Zimmer sind gut geschnitten und sehr komfortabel, die Duschbäder blitzsauber. Toskanische Besitzer - daher der Name.

Piazzetta dell'Arco 2, 35122 Padua **Tel.** (049) 663244 **Fax** (049) 8760025 **Mahlzeiten** Frühstück, Mittag- und Abendessen **Preise** Zimmer L150.000-L187.000, Suite L240.000 **Zimmer** 32, alle mit Bad oder Dusche, Telefon, Klimaanlage, TV, Minibar **Kreditkarten** AE, DC, MC, V **Geschlossen** nie

Der Nordosten

Castel Pergine

Das auf einem Hügel aufragende Schloß erlaubt einen herrlichen Blick in alle Richtungen. Große, überwölbte Räume dienen als Restaurant; die Gästezimmer haben weiß getünchte oder holzgetäfelte Wände und alte, geschnitzte Betten mit bunten Decken. Einen stillen, ummauerten Garten gibt es auch. "Unglaubliches Preis-Leistungs-Verhältnis", meint ein Besucher.

38057 Pergine (Trento) **Tel.** (0461) 531158 **Mahlzeiten** Frühstück, Mittag- und Abendessen **Preise** Zimmer L70.000-L90.000; 40% Ermäßigung für Kinder unter 6 **Zimmer** 23, alle mit Telefon, die meisten mit Dusche **Kreditkarten** MC, V **Geschlossen** Mitte Okt. bis Apr.

Castello de San Floriano

Die wunderschön eingerichteten Zimmer des winzigen Hotels, die in zwei renovierten Häusern eines befestigten Dorfes liegen, sind entsprechend der Weinvorliebe der Familie Formentini nach erlesenen Weinen benannt. Reizender Garten mit Golf, Tennis und Pool. Englisches Frühstück.

Via Oslavia 5, 34070 San Floriano del Collio (Gorizia) **Tel.** (0481) 884051 **Fax** (0481) 884214 **Mahlzeiten** Frühstück **Preise** Zimmer L160.000-L240.000 inkl. Frühstück **Zimmer** 12, alle mit Bad oder Dusche, Zentralheizung, Klimaanlage, TV, Minibar, Telefon **Kreditkarten** DC, MC, V **Geschlossen** Dez. bis März

---

Villa Conestabile

Keine Luxusherberge, aber hervorragende Leistungen zum halben Preis eines vergleichbaren Hotels in Venedig (20 km entfernt). Ein Anflug von Grandezza ist noch vorhanden - kunstvoll gearbeitete Kandelaber, prächtige Treppen und schöne Möbelstücke -, aber Restaurant und Bar sind relativ schlicht.

Via Roma 1, 30037 Scorze (Venezia) **Tel.** (041) 445027 **Fax** (041) 5840088 **Mahlzeiten** Frühstück, Mittag- und Abendessen **Preise** Zimmer L85.000-L125.000, HP L95.000-L105.000 **Zimmer** 24, alle mit Zentralheizung, Telefon, TV, die meisten mit Bad oder Dusche **Kreditkarten** AE, MC, V **Geschlossen** Restaurant die ersten 3 Wochen im Aug.

Locanda da Lino

Restaurant mit Gästezimmern und recht gleichförmigem Essen. Pasta und Grill-gerichte werden in einem hübschen Raum serviert, in dem Kupferpfannen und Bilder hängen, oder in einem mit Wein berankten Innenhof. Man schläft in einem sehr schön möblierten, modernen Erdgeschoßraum, dessen Dekoration ein be-stimmtes Thema hat - eventuell den aalglatten Marcello Mastroianni.

Via Brandolini 31, 31050 Solighetto (Treviso) **Tel.** (0438) 82150 **Fax** (0438) 980577 **Mahlzeiten** Frühstück, Mittag-und Abendessen **Preise** Zimmer L85.000-L100.000, Mahlzeiten L40.000 **Zimmer** 17, alle mit Bad, Zentralheizung, Telefon, TV, Minibar **Kreditkarten** AE, DC, MC, V **Geschlossen** Mo, 1. Weihnachtsfeiertag, Juli

Der Nordosten

Stefaner

Recht modernes Châlet, hoch oben in einem wunderschönen Dolomiental gelegen, das mehr wie ein Privathaus als wie ein Hotel geführt wird. Die schlichten, gemütlichen Möbel sind mit vielen Pflanzen und Zierat ausstaffiert. Die hellen, luftigen Zimmer haben Balkons mit Geranienkästen. Reizende, engagierte Besitzer.

San Cipriano, 39050 Tires (Bolzano) **Tel.** (0471) 642175 **Fax** (0471) 642175 **Mahlzeiten** Frühstück, Abendessen **Preise** HP L52.000-L68.000 **Zimmer** 15, alle mit Bad oder Dusche **Kreditkarten** keine **Geschlossen** Mitte Nov. bis Mitte Dez.

Restaurant mit Gästezimmern, Torcello

Locanda Cipriani

Die Locanda Cipriani auf der beliebten Ausflugsinsel Torcello ist ein populärer Treffpunkt zum Mittag- und Abendessen (40 Minuten mit dem Vaporetto, wesentlich schneller mit dem Wassertaxi) und hat eine große Terrasse. Die rustikal eingerichteten Doppelzimmer blicken auf den Garten, aus dem der Salat und die Blumen für die Tische stammen.

Piazza S Fosca 29, 30012 Torcello (Venezia) **Tel.** (041) 730757 **Fax** (041) 735433 **Mahlzeiten** Frühstück, Mittag- und Abendessen **Preise** HP L260.000, VP L350.000 **Zimmer** 6, alle mit Bad, Telefon; Doppelzimmer mit Salon **Kreditkarten** AE, MC, V **Geschlossen** Anfang Nov. bis Mitte März

Landhotel, Torri del Benaco

Hotel Europa

Stammgäste des Europa nennen es ein "fröhliches, freundliches Hotel" mit hervorragendem Preis-Leistungs-Verhältnis. Es ist eine alte Villa in den Hügeln über dem Gardasee zwischen Gärten und Olivenhainen. Den Innenräumen wurde zugunsten von Sauberkeit und Einfachheit ihr Charakter größtenteils genommen. Abendessen gibt es um Punkt 19.30 Uhr.

Via Gabriele d'Annunzio 13, 37010 Torri del Benaco (Verona) **Tel.** (045) 7225086 (im Winter 6296619) **Fax** (045) 6296632 **Mahlzeiten** Frühstück, Abendessen, Snacks **Preise** L60.000-L152.000 inkl. Frühstück, HP L68.000-L102.000; Mindestaufenthalt 3 Tage **Zimmer** 18, alle mit Zentralheizung, Telefon, Fön; die meisten mit Bad oder Dusche **Kreditkarten** keine **Geschlossen** Mitte Okt. bis Ostern

Restaurant mit Gästezimmern, Treviso

Le Beccherie

Le Beccherie ist ein unprätentiöses, aber sehr angesehenes Restaurant im Herzen des alten Treviso mit ein paar einfachen Gästezimmern im Obergeschoß. Auf der anderen Seite der winzigen Piazza liegt die Albergo Campeol desselben Besitzers, in der die Zimmer komfortabler und mit Bädern ausgestattet sind. "Erstklassiges und dabei nicht zu teures Essen", meinte ein Besucher aus jüngerer Zeit.

Piazza G Ancillotto 10, 31100 Treviso **Tel.** (0422) 540871 **Fax** (0422) 540871 **Mahlzeiten** Frühstück, Mittag- und Abendessen **Preise** Zimmer L71.000-L107.000 inkl. Frühstück **Zimmer** 27, alle mit Zentralheizung, 16 mit Radio und Telefon **Kreditkarten** AE, DC, MC, V **Geschlossen** Restaurant Do abend, Fr und 3 Wochen Ende Juli

Der Nordosten

Stadthotel, Venedig

Abbazia

Stilvoll umgebautes Kloster nahe dem Bahnhof - und sicherlich etwas Besseres als das übliche Bahnhofshotel. Das ehemalige Refektorium (mit noch intakter Kanzel) ist heute Salon. Die Zimmer sind fast mönchisch streng, aber gepflegt und komfortabel. Hinter dem Haus liegt ein reizender Garten.

Cannaregio 68, 30121 Venezia **Tel.** (041) 717333 **Fax** (041) 717 949 **Mahlzeiten** Frühstück **Preise** Zimmer L170.000-L220.000 inkl. Frühstück **Zimmer** 40, alle mit Bad oder Dusche, Zentralheizung, Klimaanlage, TV, Minibar, Telefon **Kreditkarten** AE, DC, MC, V **Geschlossen** nie

---

Stadthotel, Venedig

American

Hinter der Accademia versteckter *palazzo* mit Fensterläden und Terrasse, der vor kurzem renoviert und in ein Hotel umgewandelt wurde. Die großen, hellen Zimmer enthalten im venezianischen Stil bemalte Möbel; die Gemeinschaftsräume sind komfortabel und geschmackvoll mit vielen persönlichen Details ausgestattet. Das Haus liegt sehr hübsch und ruhig an einem Kanal.

San Vio 628, 30123 Venezia **Tel.** (041) 5204733 **Fax** (041) 520 4048 **Mahlzeiten** Frühstück **Preise** Zimmer L100.000-L250.000 **Zimmer** 30, alle mit Bad oder Dusche, Klimaanlage, TV, Minibar, Telefon, Radio **Kreditkarten** AE, DC, MC, V **Geschlossen** nie

---

Stadthotel, Venedig

Ateneo

Auch dieser ehemalige *palazzo* wurde sehr hübsch im traditionellen Stil mit Muranoglas-Leuchtern und bemalten Möbeln als Hotel eingerichtet. Die Rezeption ist nett und das Fehlen eines Restaurants hier in der Nähe des Fenice-Theaters kein Problem.

San Marco 1876, 30124 Venezia **Tel.** (041) 5200777 **Fax** (041) 5228550 **Mahlzeiten** Frühstück **Preise** Zimmer L95.000-L252.000 inkl. Frühstück **Zimmer** 23, alle mit Klimaanlage, Zentralheizung, Telefon, TV, Radio, Minibar **Kreditkarten** AE, MC, V **Geschlossen** nie

---

Stadthotel, Venedig

Bel Sito

Zentral gelegene, ruhige Unterkunft zu annehmbaren Preisen mit gepflegtem Inneren. Der Patio mit seinen Topfpflanzen und Sonnenschirmen ist ein hübscher Platz zum Beobachten der Leute. Die besten Zimmer befinden sich auf der Gebäuderückseite; die vorderen sind dunkler und altmodischer.

Campo Santa Maria del Giglio, San Marco 2517, 30124 Venezia **Tel.** (041) 5223365 **Fax** (041) 5204083 **Mahlzeiten** Frühstück **Preise** Zimmer L86.800-L183.000 inkl. Frühstück **Zimmer** 38, alle mit Bad oder Dusche, Telefon, Klimaanlage, Minibar **Kreditkarten** AE, MC, V **Geschlossen** nie

Der Nordosten

Stadthotel, Venedig

Bucintoro

Das bescheidene, zementverputzte Gebäude (nahe der Vaporettostation Arsenale gelegen) hat denselben schönen Blick auf den Giudecca-Kanal wie viele der eleganteren Hotels. Am Kai stehen Tische und Stühle, von mit Blumen bepflanzten Kübeln abgeschirmt. Innen ist das Haus hell und freundlich - einfach, aber persönlich und gepflegt.

Riva Schiavoni 2135, 30122 Venezia **Tel.** (041) 5223240 **Fax** (041) 5235224 **Mahlzeiten** Frühstück, Abendessen **Preise** Zimmer L55.000-L126.000, HP L82.000-L92.000 **Zimmer** 28, alle mit Bad oder Dusche, Telefon **Kreditkarten** keine **Geschlossen** Dez. und Jan.

Stadtpension, Venedig

Calcina

Die Ruskin-Gedenktafel zeigt, wie lange dieses kleine Hotel schon seine begeisterten Stammgäste hat. Auch heute kann man ihm, wie es da so besonnt am Giudecca-Kanal liegt, schwer widerstehen. Das Innere ist schlicht, obwohl die Erdgeschoßräume kürzlich renoviert wurden. Freundlich und zwanglos.

Zattere 780, 30123 Venezia **Tel.** (041) 5206466 **Fax** (041) 522 7045 **Mahlzeiten** Frühstück **Preise** Zimmer L40.000-L143.500 **Zimmer** 40, alle mit Zentralheizung, Telefon, die meisten mit Bad oder Dusche **Kreditkarten** AE, DC, MC, V **Geschlossen** Jan.

Stadthotel, Venedig

Kette

Dieses Hotel, das kürzlich mit imitiertem Marmor und viel Holztäfelung sehr ambitioniert renoviert wurde, ist inzwischen fast eine Institution. Die Zimmer und Gemeinschaftsräume wirken mit ihrer elegant harmonierenden Einrichtung gepflegt und komfortabel. Objekte aus Muranoglas und Kunstgegenständen verleihen ihnen eine persönliche Note.

San Marco 2053, 30124 Venezia **Tel.** (041) 5207766 **Fax** (041) 5228964 **Mahlzeiten** Frühstück **Preise** Zimmer L165.000-L235.000 inkl. Frühstück, Suiten L420.000 **Zimmer** 50, alle mit Bad oder Dusche, Zentralheizung, Klimaanlage, TV, Safe, Minibar, Fön **Kreditkarten** AE, V **Geschlossen** nie

---

Stadthotel, Venedig

Nuovo Teson

Das moderne, kürzlich renovierte Gebäude liegt an einem winzigen Platz gleich an der Riva degli Schiavoni (San Marco ist zu Fuß oder mit dem Vaporetto schnell zu erreichen). Die Zimmer sind klein, mit ihren venezianischen Möbeln und Glaslampen aber sehr hübsch. Geselliger Treffpunkt ist lediglich der einfache Frühstücksraum mit einem kleinen Bar/Salon-Bereich in der Mitte, doch in der Nähe gibt es mehrere vernünftige Restaurants, vor allem das Al Covo direkt gegenüber.

Riva degli Schiavoni 3980, 30122 Venezia **Tel.** (041) 5229929 **Fax** (041) 5285335 **Mahlzeiten** Frühstück **Preise** Zimmer L120.000-L170.000 inkl. Frühstück; 15% Ermäßigung bei Erwähnung dieses Führers **Zimmer** 30, alle mit Dusche, Zentralheizung, Radio, Musik **Kreditkarten** AE, MC, V **Geschlossen** Nov. bis Jan.

Der Nordosten

Stadthotel, Venedig

Paganelli

Das moderne, freundliche Haus tut überhaupt nicht vornehm, dabei hat es ungefähr denselben Blick auf die Lagune wie viel prachtvollere und teurere Hotels an der Riva degli Schiavoni. Das Frühstück wird in einem Anbau in der nächsten Seitenstraße serviert. Die größten und elegantesten Zimmer gehen aufs Wasser hinaus.

Riva degli Schiavoni 4687, 30122 Venezia **Tel.** (041) 5224324 **Fax** (041) 5239267 **Mahlzeiten** Frühstück **Preise** Zimmer L110.000-L170.000 inkl. Frühstück; 30% Ermäßigung für Kleinkinder **Zimmer** 23, alle mit Telefon; die meisten mit Bad oder Dusche **Kreditkarten** AE, MC, V **Geschlossen** nie

---

Stadthotel, Venedig

Do Pozzi

Das nette kleine Hotel in ruhiger Lage an einem winzigen, umbauten Platz nahe San Marco ist recht standardmäßig eingerichtet und hat moderne Gästezimmer. Der palmenbestandene Innenhof mit den Cafétischen ist ein beliebter Treffpunkt; dasselbe gilt für das benachbarte Restaurant Raffaele, in dem man Kupferutensilien und antike Waffen bewundern kann.

Via XXII Marzo, 30124 Venezia **Tel.** (041) 5207855 **Fax** (041) 522 9413 **Mahlzeiten** Frühstück, Bar-Service **Preise** Zimmer L100.000 -L212.000, Mahlzeiten L30.000 **Zimmer** 35, alle mit Bad oder Dusche, Zentralheizung, Minibar, Klimaanlage, Telefon, TV **Kreditkarten** AE, DC, MC, V **Geschlossen** nie

---

Stadthotel, Venedig

Pensione alla Salute da Cici

Das stille, kultivierte Haus hat eine klassisch elegante Lobby mit Säulen und Marmorfußböden unter freiliegenden Balken. Es liegt in einem interessanten Teil von Venedig zwischen der Salute-Basilika und der Accademia. Die Einrichtung ist auf zurückhaltende Weise geschmackvoll. Der winzige, geschützte Garten bietet sich für einen Drink in der Sonne an.

Fondamenta Ca Balla 222, 30123 Venezia **Tel.** (041) 5235404 **Fax** (041) 5222271 **Mahlzeiten** Frühstück **Preise** Zimmer L60.000 -L200.000 **Zimmer** 50, alle mit Zentralheizung, Telefon, 28 mit Bad oder Dusche **Kreditkarten** keine **Geschlossen** Anfang Nov. bis Feb.

Stadthotel, Venedig

San Cassiano

Die prachtvolle gotische Fassade des Hotels ist dem Canal Grande und der Ca d'Oro zugewandt, der Zugang von der nächsten Traghetto-Station durch enge, verschlungene Gassen etwas schwierig. Innen ist der *palazzo* mit Murano-Kandelabern und Stilmöbeln ausgestattet. Viele Originalelemente, etwa Holzbalkendecken, sind noch erhalten. Der helle, elegante Frühstücksraum mit Blick aufs Wasser ist die Hauptattraktion.

Santa Croce 2232, 30135 Venezia **Tel.** (041) 5241768 **Fax** (041) 721033 **Mahlzeiten** Frühstück **Preise** L100.000-L261.000 **Zimmer** 35, alle mit Bad oder Dusche, Klimaanlage, Farb-TV, Radio, Telefon, Minibar, Fön **Kreditkarten** AE, DC **Geschlossen** nie

Der Nordosten

Stadtpension, Venedig

San Fantin

Eine eindrucksvolle Fassade, besetzt mit Kanonenkugeln und bewacht von einem seltsamen Löwen, kennzeichnet das Hotel in seiner ruhigen Ecke nahe dem Fenice-Theater. Es wird von Mutter und Tochter freundlich geführt und ist einfach, aber mit persönlicher Note ausgestattet, wie die vielen Bilder zeigen.

Campiello de la Fenice 1930/a, San Marco, 30124 Venezia **Tel.** (041) 5231401 **Mahlzeiten** Frühstück **Preise** Zimmer L80.000-L160.000 inkl. Frühstück **Zimmer** 14, alle mit Zentralheizung, die meisten mit Dusche **Kreditkarten** MC, V **Geschlossen** im Winter

---

Stadthotel, Venedig

San Moisé

Besonders reizvoll ist die Lage an einem Kanal nahe dem Markusplatz. Trällernde Gondolieri gleiten in Reichweite vorbei. Innen ist das neu renovierte Hotel hübsch mit modernen Möbeln ausgestattet, die durch schöne Läufer und kunstvoll gearbeitete Glaskandelaber einen venezianischen Beigeschmack erhalten.

San Marco 2058, 30124 Venezia **Tel.** (041) 5203755 **Fax** (041) 5210670 **Mahlzeiten** Frühstück **Preise** L100.000-L260.000 **Zimmer** 16, alle mit Bad oder Dusche, einige mit Telefon, Minibar **Kreditkarten** AE, DC, MC, V **Geschlossen** nie

---

Stadthotel, Venedig

Santa Marina

Reizvolles, gelb getünchtes Gebäude an der Ecke eines von relativ wenigen Touristen besuchten Platzes nahe dem Rialto und mehreren hübschen Cafés. Ausstattung und Möbel sind so, wie man sie von einem Hotel erwartet, aber die Atmosphäre ist freundlich und das Ambiente zwanglos. Die Zimmer sind hell und sauber und mit einer gelegentlichen venezianischen Note versehen.

Castello, Campo Santa Marina 6068, 30122 Venezia **Tel.** (041) 5239202 **Fax** (041) 5200907 **Mahlzeiten** Frühstück **Preise** Zimmer L150.000-L250.000 **Zimmer** 16, alle mit Bad oder Dusche, Zentralheizung, Klimaanlage, Telefon, TV, Minibar **Kreditkarten** AE, DC, MC, V **Geschlossen** nie

---

Stadthotel, Venedig

Scandinavia

Die Piazza ist an Markttagen belebt, das Hotel dagegen eher von gedämpfter Eleganz und innen mit viel Marmor, Walnußfurnier und Muranoglas ausgestattet. Solide Stilmöbel und zahlreiche Gemälde verleihen ihm ein Flair von erhabener Vornehmheit. Die nahegelegene Trattoria hat dasselbe Management.

Campo Santa Maria Formosa, Castello 5240, 30122 Venezia **Tel.** (041) 5223507 **Fax** (041) 5235232 **Mahlzeiten** Frühstück; Mittag- und Abendessen in der nahen Trattoria Al Burchiello **Preise** Zimmer L130.000-L250.000 inkl. Frühstück **Zimmer** 34, alle mit Zentralheizung, Telefon, Minibar, Klimaanlage, TV auf Anfrage; die meisten mit Bad **Kreditkarten** AE, MC, V **Geschlossen** nie

Der Nordosten

Stadthotel, Venedig

Torino

Der gotische *palazzo*, innen prächtiger, als sein Äußeres vermuten läßt, konnte viele interessante architektonische Elemente sowie einen streng traditionellen Stil bewahren; allerdings sind einige neue Gästezimmer mit modernen Bädern hinzugekommen.

Calle delle Ostreghe 2356, San Marco, 30124 Venezia **Tel.** (041) 5205222 **Fax** (041) 5228227 **Mahlzeiten** Frühstück **Preise** Zimmer L100.000-L220.000 inkl. Frühstück **Zimmer** 20, alle mit Dusche, Zentralheizung, Klimaanlage, Telefon, Radio, TV, Minibar **Kreditkarten** AE, DC, MC, V **Geschlossen** nie

---

Stadtvilla, Venedig (Lido)

Villa Parco

Einfaches, einigermaßen preisgünstiges Haus, wenige Minuten vom Wasser entfernt in ruhigem Wohnbezirk gelegen. Das Gebäude ist im Jugendstil gehalten, die Einrichtung dagegen überwiegend modern. Außer Frühstück bekommt man hier an der Bar auch einen Imbiß.

Via Rodi 1, 30126 Venezia Lido (Venezia) **Tel.** (041) 5260015 **Fax** (041) 5267620 **Mahlzeiten** Frühstück **Preise** Zimmer L140.000-L230.000 **Zimmer** 20, alle mit Bad oder Dusche, Zentralheizung, Telefon, TV, Klimaanlage, Minibar **Kreditkarten** AE, DC, MC, V **Geschlossen** Dez. bis Karneval (Feb.)

Stadthotel, Verona

Gabbia d'Oro

Herrlicher alter Palazzo in der Fußgängerzone im Zentrum Veronas (Taxi von der Hotelgarage kostenlos), der in ein auffallend exklusives Hotel mit mehr Suiten als Zimmern umgewandelt wurde. In den Gemeinschaftsräumen sieht man viel massives Gebälk und nacktes Mauerwerk; einige Zimmer wirken angeblich recht schmucklos.

Corso Porta Borsari 4a, 37121 Verona **Tel.** (045) 8003060 **Fax** (045) 590293 **Mahlzeiten** Frühstück **Preise** Zimmer L210.000-L385.000, Suiten L310.000-L880.000 **Zimmer** 27, alle mit Bad oder Dusche, Telefon, Kabel-TV, Minibar **Kreditkarten** AE, DC, MC, V **Geschlossen** nie

---

Stadthotel, Verona

Torcolo

Gebäude in verblaßtem Ocker mit günstigem Preis-Leistungs-Verhältnis in hervorragender Lage nahe der Arena und dem Stadtzentrum. Die Zimmer sind in verschiedenen Stilen eingerichtet - italienisches 18. Jhd., Jugendstil und modern - und größtenteils nicht so laut, wie man vermuten könnte. Das Frühstück wird auch auf einer Terrasse im Freien serviert.

Vicolo Listone 3, 37121 Verona **Tel.** (045) 8007512 **Mahlzeiten** Frühstück **Preise** Zimmer L90.000-L120.000 **Zimmer** 19, alle mit Bad oder Dusche, Zentralheizung, Klimaanlage, Telefon **Kreditkarten** MC, V **Geschlossen** 2 Wochen im Jan.

Emilia-Romagna

Die Hotels in der Emilia-Romagna

Ihren Namen hat die Region von der Via Emilia, einer alten römischen Straße (heute eine Autobahn), die sich von Piacenza bis Rimini am Fuße der Apenninen entlangzieht, und an der auch die meisten größeren Städte liegen.

Bologna, ihre Hauptstadt, ist in erster Linie Handelszentrum und dementsprechend mit Hotels für Geschäftsreisende ausgestattet; es ist aber außerdem eine Stadt des Lernens (hier steht die älteste Universität Europas) und der Kunst (darunter wunderschöne Renaissancebauten), so daß es auch für den Touristen viel zu sehen gibt. Für sie können wir die drei Hotels im Besitz der Familie Orsi empfehlen, die auf Seite 90-92 beschrieben sind.

Unsere einzige Empfehlung für Modena - aber zu groß für einen ausführlichen Beitrag - ist das Canalgrande (Tel. (059) 217160, Fax 221674, 78 Zimmer), eine stilvolle, ruhige und komfortable Villa inmitten eines schönen Gartens im Herzen der Stadt.

Ein annehmbares Hotel in Parma zu finden, ist fast ebenso schwer; wir erwähnen hier jedoch die schattig gelegene Villa Ducale (Tel. (0521) 272727, Fax 70756, 28 Zimmer) als Alternative zum Torino, das auf Seite 95 vorgestellt wird. Und in Ferrara kommt neben dem Ripagrande (Seite 95) noch das luxuriöse Duchessa Isabella (Tel. (0532) 202121, Fax 202638) in Betracht, obwohl es ebenso teuer ist.

Die Adriaküste ist in dieser Region nicht eben bekannt für ihre kleinen Hotels; daher fehlen in diesem Führer entsprechende Empfehlungen. Ravenna ist ihr bedeutendster Hafen - versuchen Sie es im Bisanzio (Tel. (0544) 217111, Fax 32539, 38 Zimmer) oder in dem einfachen, aber zentral gelegenen Centrale Byron (Tel. (0544) 212225, 54 Zimmer), wenn Sie dort übernachten wollen. In den zahlreichen Badeorten wird jede Menge Meer, Sonne und Sand geboten. Die Albergo Caravel (Tel. (0533) 330 106, Fax 330107) ist aber der wenigen Alternativen zu den großen, überlaufenen Strandhotels. Sie hat nur 22 Zimmer und liegt 100 m vom Strand entfernt in Lido di Spina in einem schattigen Garten.

Sollten Sie in der Ortschaft Sarsina Unterkunft benötigen, probieren Sie es mit dem Al Piano (Tel. (0547) 94848, Fax 95153) - einem schlicht möblierten Landhaus in herrlicher Hügellage, das wir Berichten enttäuschter Leser zufolge nicht mehr ausführlicher vorstellen. Früher war es sehr beliebt, deshalb würden wir uns über weitere Kommentare freuen.

Diese Seite dient als Einführung in die Landschaft und Hotellerie der Emilia-Romagna und enthält kurze Empfehlungen annehmbarer Unterkünfte, über die wir aus verschiedenen Gründen keinen gesonderten Beitrag verfaßt haben. Die ausführlichen Beiträge für diese Region - über die Hotels, die uns am besten gefielen - beginnen auf der nächsten Seite. Beachten Sie aber auch unsere Kurzbeiträge ab Seite 95: hier handelt es sich ebenfalls um Häuser, in denen wir uns gern aufgehalten haben.

Emilia-Romagna

Stadthotel, Bologna

Commercianti

Wie der Name schon sagt, steigen im Commercianti hauptsächlich Geschäfts-
leute ab, aber in einer Stadt, in der es kaum Touristenhotels gibt, sollte man es
sich trotzdem merken. Es ist sehr günstig gelegen - direkt im Zentrum abseits
von Bolognas Hauptpiazza und ganz in der Nähe einer Fußgängerzone mit
eleganten Läden. Die Zimmer sind sauber und modern, nur hie und da erinnert
ein alter Balken daran, daß man sich in einem mittelalterlichen Gebäude befindet. Ein Restaurant ist nicht vorhanden - nur ein caféartiger Frühstücksraum.
Neben der Rezeption kann man in einer kleinen Sitzecke auf hübschen, blau
geblümten Sofas Platz nehmen. Das Hotel wirkt eher effizient als stilvoll, ist
jedoch gut geführt und als nicht allzu teurer Ausgangspunkt für Besichtigungen
durchaus geeignet.

Umgebung San Petronio, Fontana und Piazza del Nettuno.

Via Pignattari 11, Bologna 40124
Tel. (051) 233052 **Fax** 224733
Lage im Zentrum nahe der Piazza
Maggiore; Privatparkplatz
Mahlzeiten Frühstück
Preise Zimmer L110.000-L180.000
inkl. Frühstück
Zimmer 23 Doppel-, 8
Einzelzimmer, alle mit Dusche,
Zentralheizung, Farb-TV, Minibar,
Telefon, Klimaanlage
Anlage Bar/Frühstücksraum,
Sitzecke, Fernsehzimmer
Kreditkarten AE, DC, MC, V

Kinder werden aufgenommen;
Kinderbetten verfügbar
Behinderte Lift
Tiere nur kleine erlaubt
Geschlossen nie
Besitzer Paolo Orsi

Emilia-Romagna

Stadthotel, Bologna

Corona d'Oro 1890

Das Corona d'Oro liegt in der Altstadt in der Nähe der beiden berühmten schiefen Türme in einer Straße mit Kopfsteinpflaster, die meistens für den Verkehr gesperrt ist. Die verlockenden Lebensmittelläden (darunter ein wunderbares Delikatessengeschäft) lassen erahnen, warum die Stadt den Spitznamen Bologna la Grassa (das fette Bologna) hat.

Das Gebäude wurde um 1300 errichtet und ist seit 1890 Hotel. Hier stand einst Italiens erste Druckerpresse, von der immer noch einige Originalstücke zu sehen sind. Anfang der 80er Jahre erwarb ein Verpackungsmagnat das Haus und machte daraus ein Vier-Sterne-Hotel, wobei er geschickt alte und neue Elemente kombinierte. So blieben die Vorhalle aus dem 14. Jhd. und die Renaissancedecken erhalten, während die luxuriösen Zimmer mit allem modernen Komfort ausgestattet wurden. Prunkstück war das Foyer mit seinem schönen Jugendstilfries über den Säulen. Das von oben einfallende Licht, die frischen Blumen und üppige Blattpflanzen schaffen eine freundliche, einladende Atmosphäre.

Wenn Sie mit dem Auto unterwegs sind, lassen Sie sich im Hotel auf jeden Fall einen Stadtplan geben; Sie werden sonst nie Ihren Weg durch das Straßengewirr von Bologna finden.

Umgebung Piazza Maggiore und Piazza del Nettuno.

Via Oberdan 12, Bologna 40126
Tel. (051) 236456 **Fax** 262679
Lage im Zentrum nahe den zwei schiefen Türmen auf der Piazza di Porta Ravegnana; Privatparkplatz
Mahlzeiten Frühstück
Preise Zimmer L190.000-L360.000
Zimmer 27 Doppelzimmer, 1 mit Bad, 26 mit Dusche; 8 Einzelzimmer mit Dusche; alle Zimmer mit Zentralheizung, Farb-TV, Minibar, Telefon, Safe, Klimaanlage
Anlage Bar, Konferenzraum, Sitzecke, Fernsehzimmer
Kreditkarten AE, DC, MC, V

Kinder werden aufgenommen
Behinderte Lift
Tiere nur kleine erlaubt
Geschlossen Aug.
Besitzer Mauro Orsi

Emilia-Romagna

Stadthotel, Bologna

Orologio

Corona d'Oro (Seite 90), Commercianti (Seite 91) und Orologio befinden sich unter der gleichen Leitung; von den dreien - alle dicht beieinander im Zentrum Bolognas gelegen - war letzteres früher immer der arme Verwandte, aber 1990 wurde das Orologio vollständig renoviert und hat jetzt das Niveau der beiden anderen (oder zumindest des Commercianti), leider auch die entsprechenden Preise.

Dafür ist es jedoch auch (mit einem winzigen Vorsprung) am besten gelegen - ganz nahe am Hauptplatz in einer Fußgängerzone gegenüber dem schönen Palazzo Communale. Das Konzept des Hotels ist simpel: frisch hergerichtete, nett ausgestattete Zimmer und überdurchschnittlich gutes Frühstück, das in einem eleganten, hellen kleinen Salon/Frühstücksraum serviert wird.

Besucher aus jüngerer Zeit bestätigen unsere Empfehlung, indem sie besonders das "äußerst gefällige und hilfsbereite Personal", die "sehr attraktiven" und "gut beleuchteten" Gästezimmer und das "hervorragende Frühstück mit frischgepreßtem Orangensaft" erwähnen. Ein Gast allerdings (der in einem nach vorn gelegenen Zimmer in einem der oberen Stockwerke wohnte) fühlte sich vom Läuten naher Glocken gestört.

Umgebung Basilika San Petronio, Fontana del Nettuno.

Via IV Novembre 10, Bologna 40123
Tel. (051) 231253 **Fax** 260 552
Lage im Zentrum in einer Fußgängerzone; Privatparkplatz, Garage
Mahlzeiten Frühstück
Preise Zimmer L110.000-L180.000 inkl. Frühstück
Zimmer 21 Doppel-, 8 Einzelzimmer, alle mit Bad, Zentralheizung, Telefon, Klimaanlage, Minibar, TV, Safe
Anlage Frühstücksraum, Bar
Kreditkarten AE, DC, MC, V
Kinder werden aufgenommen

Behinderte keine speziellen Einrichtungen
Tiere nur kleine erlaubt
Geschlossen nie
Besitzer Mauro Orsi

Emilia-Romagna

Restaurant mit Gästezimmern, Brisighella

Gigiolè

Brisighella ist ein malerischer kleiner Ort 13 km südwestlich von Faenza. Das Gigiolè, ein etwas französisch anmutendes Gebäude mit Fensterläden und einer schattigen Terrasse davor, steht gegenüber der Hauptkirche.

Der französische Stil erstreckt sich auch auf das Essen: Tarcisio Raccagni, der Küchenchef, ist schon in einem Atemzug mit dem berühmten Paul Bocuse genannt worden. Wie dieser legt er großen Wert auf frische einheimische Zutaten der Saison, die außerdem von bester Qualität sein müssen. Das Resultat ist superb: saftiges Fleisch, köstliche Suppen, phantasievolle Verwendung von Gemüsen und Kräutern - erstklassige *nouvelle cuisine*, aber zu Preisen, die man sich leisten kann, und in Portionen, die wirklich satt machen. Den äußeren Rahmen bilden Steinbögen, Keramik- und Kupfergeschirr im Stil des 18. Jhds. Die weißen Tischtücher sind gestärkt, die Gläser blitzen. Der Service ist "würdevoll, aber effizient".

Im Vergleich dazu fallen die Zimmer etwas ab; sie sind jedoch annehmbar und geben kaum Grund zur Klage. Einige der neu hergerichteten Zimmer sind recht hübsch mit weißen, modernen Möbeln und Textilien ausgestattet und haben ordentliche neue Bäder, andere werden gerade umgestaltet. Bemühen Sie sich um ein nach hinten gelegenes Zimmer, wenn Sie Ruhe lieben. "Sehr freundlicher Empfang, hervorragendes Essen, ausgezeichnetes Preis-Leistungs-Verhältnis; ich komme gern wieder", urteilte ein Gast. Eine andere Besucherin fand ihr Zimmer dagegen "schäbig" und das Essen zu teuer. Bitte mehr Berichte.

Umgebung Faenza; Florenz, Ravenna, Bologna gut erreichbar.

Piazza Carducci 5, Brisighella 48013, Ravenna
Tel. (0546) 81209
Lage in der Ortsmitte, 13 km südwestlich von Faenza an der S302; kein Privatparkplatz, dafür Parkmöglichkeit auf der Piazza
Mahlzeiten Frühstück, Mittag- und Abendessen
Preise Zimmer L55.000-L75.000 inkl. Frühstück, Mahlzeiten L45.000
Zimmer 7 Doppel-, 5 Einzel-, 2 Familienzimmer, alle mit Bad, Zentralheizung, Telefon

Anlage Speiseraum, Bar, Fernsehzimmer
Kreditkarten AE, DC, V
Kinder willkommen
Behinderte Zugang schwierig
Tiere willkommen, falls sauber und gut erzogen
Geschlossen je 1 Woche im Feb. und März; Restaurant Mo
Besitzer Tarcisio Raccagni

Emilia-Romagna

Umgebautes Kloster, Portico di Romagna

Al Vecchio Convento

Zentrum des verschlafenen mittelalterlichen Dorfes Portico di Romagna ist eine einzige gepflasterte Straße - Standort des Vecchio Convento. Das Gebäude wurde 1840 erbaut und in den 80er Jahren in ein Hotel umgewandelt - mit einer Bravour, die in dieser zurückgebliebenen Gegend überrascht.

Der Speiseraum an der Rückseite des Hauses ist die Hauptattraktion. Mit seiner schrägen Holzbalkendecke, dem Fliesenfußboden und dem offenen Kamin strahlt er etwas stilvoll Rustikales aus. Außerdem gibt es einen steingefliesten Familiensalon mit Klavier, Kartentisch, Büchern und Spielen, aber meistens wird man wohl eher auf der kleinen Terrasse vor der Eingangstür sitzen; an der Bar, die sich gleich dahinter befindet, kann man nur stehen.

Eine schlichte Steintreppe führt hinauf zu den Gästezimmern. Auch sie sind einfach, enthalten aber einige prächtige antike Möbel. Besonders bemerkenswert sind die Betten - derartig kunstvoll gearbeitete Stücke haben wir noch nie gesehen. (Unterlagen und Matratzen, so ist zu vermerken, sind modern und fest.) Die meisten Zimmer sind recht geräumig, nur ein oder zwei Bäder im obersten Geschoß haben eine enorm niedrige Decke.

Sg. Cameli verleiht den traditionellen Gerichten einen besonderen Pfiff - sogar seine Pommes frites sind ein würziges Vergnügen -, während Marisa den Gästen gutgelaunt (und in passablem Englisch) die Spezialitäten des Tages aufzählt.

Umgebung Faenza (46 km), Ravenna (70 km), Florenz (80 km).

Via Roma 7, Portico di Romagna 47010, Forli
Tel. (0543) 967752 **Fax** 967877
Lage in einem Dorf 30 km südöstlich von Forli; einige Garagenstellplätze
Mahlzeiten Frühstück, Mittag- und Abendessen
Preise Zimmer L100.000-L110.000 inkl. Frühstück, Mahlzeiten L40.000-L60.000
Zimmer 12 Doppelzimmer, 9 mit Dusche; 3 Einzelzimmer, 2 mit Dusche; alle Zimmer mit Telefon
Anlage Bar, Speiseraum, Frühstücksraum, Salon

Kreditkarten AE, DC, V
Kinder willkommen
Behinderte Zugang schwierig
Tiere nicht erlaubt
Geschlossen nie
Besitzer Marisa Raggi und Giovanni Cameli

Emilia-Romagna

Stadthotel, Busseto

I Due Foscari

Es ist kaum zu glauben, daß dieses "gotische" Gebäude erst wenige Jahrzehnte alt ist, so überzeugend wirken die Holzbalkendecken, schweren antiken Möbel und Eisenkandelaber. Besonders hervorstechend ist das Restaurant mit Terrasse sowie hervorragendem Essen und Service, aber auch die ebenfalls traditionell eingerichteten Zimmer sind zufriedenstellend.

Piazza Carlo Rossi 15, 43011 Busseto (Parma) **Tel.** (0524) 92337 **Fax** (0524) 91625 **Mahlzeiten** Frühstück, Mittag- und Abendessen **Preise** Zimmer L66.000-L110.000 **Zimmer** 20, alle mit Bad oder Dusche, Telefon, TV **Kreditkarten** AE, DC, MC, V **Geschlossen** Aug. und Jan.; Restaurant Mo

---

Landhotel, Castelfranco Emilia

Villa Gaidello Club

Paola Giovanna und ihre Schwester, eine Architektin, renovierten dieses 250 Jahre alte Bauernhaus in den 70er Jahren und wandelten den ehemaligen Familientrakt in drei komfortable Apartments um. Das Innere ist passend mit ländlichen Antiquitäten ausgestattet. Auf dem Hotelgrundstück befinden sich ein kleiner See sowie ein Solarium.

Via Gaidello 18, 41013 Castelfranco Emilia (Modena) **Tel.** (059) 926806 **Fax** (059) 926620 **Mahlzeiten** Frühstück, Mittag- und Abendessen **Preise** Zimmer L126.000-L245.000 **Zimmer** 3, alle mit Bad, Minibar, TV **Kreditkarten** DC, MC, V **Geschlossen** Aug.; Restaurant So abend und Mo

---

Stadthotel, Ferrara

Ripagrande

Die Eingangshalle des 1980 in ein Hotel umgewandelten Renaissance-*palazzo* weckt mit ihren freiliegenden Balken, den prächtigen Antiquitäten und alten Steinsäulen hohe Erwartungen. Die Zimmer sind jedoch unterschiedlich, einige elegant und modern und verlaufen über mehrere Ebenen, andere im traditionellen Stil restauriert. Das Essen wird in einem überdachten Innenhof oder einem bistroähnlichen Restaurant serviert.

Via Ripagrande 21, 44100 Ferrara **Tel.** (0532) 765250 **Fax** (0532) 764377 **Mahlzeiten** Frühstück, Mittag- und Abendessen **Preise** Zimmer L210.000-L290.000 inkl. Frühstück, Mahlzeiten L40.000-L60.000 **Zimmer** 42, alle mit Bad oder Dusche, Zentralheizung, Klimaanlage, Minibar, Satelliten-TV, Telefon **Kreditkarten** AE, DC, MC, V **Geschlossen** nie

---

Stadthotel, Parma

Torino

Im Herzen der Stadt, nur einen Steinwurf von den wichtigsten Sehenswürdigkeiten entfernt und mit eigener Garage, dabei relativ preiswert. Die Zimmer sind spartanisch klein, aber sauber, gepflegt und kürzlich renoviert. Das Frühstück umfaßt Kuchen und einheimische Spezialitäten.

Via A Mazza 7, 43100 Parma **Tel.** (0521) 281047 **Mahlzeiten** Frühstück **Preise** Zimmer L100.000-L159.000 **Zimmer** 33, alle mit Bad oder Dusche, Zentralheizung, Musik, TV, Telefon **Kreditkarten** AE, DC, MC, V **Geschlossen** die ersten 3 Wochen im Aug., Weihnachten

Emilia-Romagna

Landgasthof, Sasso Marconi

Locanda dei Sogni

Ruhige, 8 km südlich gelegene Alternative zur Innenstadt von Bologna: eine hübsche, gelb getünchte, moderne Villa in hügeliger Umgebung, wo Sie wie ein Gast in Manuela Belvederis Heim empfangen werden. Die Locanda ist mit einer stil- und geschmackvollen Mischung aus Neu und Antik möbliert.

Via Pieve del Pino 54, 40037 Sasso Marconi (Bologna) **Tel.** (051) 847028 **Mahlzeiten** Frühstück, Mittag- und Abendessen **Preise** Zimmer L150.000 inkl. Frühstück, Mahlzeiten L50.000 **Zimmer** 5, alle mit Bad oder Dusche, Zentralheizung, Telefon **Kreditkarten** AE, DC, MC, V **Geschlossen** Jan. und Feb.

Stadtgasthof, Soragna

Locanda del Lupo

Fast zu groß für diesen Führer, aber äußerst komfortables Quartier in einer Gegend, wo sich nicht viele Alternativen bieten. Die Kutschstation aus dem 18. Jhd. in einem kleinen Ort nahe Cremona ist ein recht großartiges Gebäude, dessen geräumige Zimmer passend mit antiken Stücken möbliert sind.

Via Garibaldi 64, 43019 Soragna (Parma) **Tel.** (0524) 690444 **Fax** (0524) 69350 **Mahlzeiten** Frühstück, Mittag- und Abendessen **Preise** Zimmer L110.000-L180.000, Suite L250.000, HP L135.000-L155.000 **Zimmer** 46, alle mit Bad oder Dusche, Zentralheizung, Klimaanlage, Telefon, TV, Radio **Kreditkarten** AE, DC, V **Geschlossen** Ende Juli bis Ende Aug.

Toskana

Die Hotels in der Toskana

In keiner anderen italienischen Region gibt es so viele gute kleine Hotels wie in der Toskana. Die meisten Unterkünfte konzentrieren sich natürlich um die Touristenzentren Florenz, Siena und San Gimignano. Bei unseren letzten Besuchen fiel uns jedoch auf, wie sehr der Tourismus auch zwischen Florenz und Siena - im Chianti-Anbaugebiet - schon Fuß gefaßt hat. Dort sind schon seit Jahren schöne Hotels zu finden, aber zu den alten Favoriten kamen Neuentdeckkungen, die wir dank des veränderten Formats unseres Führers hier ausführlicher vorstellen können.

Einladende Quartiere an der toskanischen Küste ausfindig zu machen, ist gar nicht so einfach - obgleich viele der besseren Hotels in Badeorten wie Forte dei Marmi und Marina di Pietrasanta hübsche, schattige Gärten haben, verfügen sie selten über sonstige Besonderheiten. Erwähnenswert ist die Villa Godilonda in Livorno (Tel. (0586) 752032, Fax 753286), ein blitzsauberes, bescheidenes Haus in der Nähe zweier Sandstrände.

Weiter südlich und etwas abseits der Küste (aber nicht weit von dem langen Sandstrand in Marina de Castagneto entfernt) liegt in Castagneto Carducci die alte Steinvilla La Torre (Tel. (0565) 775 268, Fax 775268), und zwar, wie der Name bereits verrät, neben einer Turmruine. Das schlichte Hotel hat 11 Zimmer und bietet Übernachtung mit Frühstück und einfache Abendessen an.

Die toskanische Insel Elba ist groß genug, um den Ansturm der Sommergäste besser zu verkraften als die kleineren und südlicher gelegenen Inseln. Wir können hier eine klare Empfehlung aussprechen (Seite 141), aber im allgemeinen sind Elbas kleine Hotels, ehrlich gesagt, weniger attraktiv als viele der größeren, über die wir in diesem Führer keinen Beitrag bringen können. Eine Handvoll netter und komfortabler (jedoch keineswegs billiger) Häuser mit 60 bis 100 Zimmern im näheren Umkreis des Ankunftshafens Portoferraio. Hoch in den Hügeln des Südens, mit herrlichem Blick von Terrassen und Pool, liegt das Picchiaie (Tel. (0565) 933110, Fax 933186). Gegenüber von Portoferraio auf der anderen Seite der Bucht steht auf belaubtem Gelände nahe dem Meer die elegante Villa Ottone (Tel. (0565) 933 042, Fax 933257). Nicht weit entfernt, in Magazzini, bietet sich das schicke und teure Fabricia (Tel. (0565) 933181, Fax 933185) mit eigenem Strand an. Im Süden der Insel kann man in Cavoli im Bahia übernachten (Tel. (0565) 987055, Fax 987020, 60 Zimmer in Häusern zwischen Oliven- und Kakteengärten).

Auf der Insel Giglio stellen wir zwei Hotels vor (Seite 144 und 145). Erwähnenswert ist außerdem das Arenella - ein ruhiges, komfortables Haus mit schöner Aussicht auf die Küste (Tel. (0564) 809340, Fax 809443).

Diese Seite dient als Einführung in die Landschaft und Hotellerie der Toskana und enthält kurze Empfehlungen annehmbarer Unterkünfte, über die wir aus verschiedenen Gründen keinen gesonderten Beitrag verfaßt haben. Die ausführlichen Beiträge für diese Region - über die Hotels, die uns am besten gefielen - beginnen auf der nächsten Seite. Beachten Sie aber auch unsere Kurzbeiträge ab Seite 139: hier handelt es sich ebenfalls um Häuser, in denen wir uns gern aufgehalten haben.

Toskana

Landhotel, Artimino

Paggeria Medicea

Artimino ist ein recht bekanntes Dorf, das wegen seines Museums und der nahen etruskischen Gräber besucht wird. Außerdem stehen hier mehrere imposante Bauwerke, eines davon eine prächtige Villa, die Ferdinand I. aus dem Hause Medici, der von der schönen Landschaft hingerissen war, im 16. Jhd. errichten ließ. Die Nebengebäude und Dienstbotenquartiere dieser Villa wurden inzwischen in ein elegantes, ruhiges Hotel umgewandelt.

Wie es seiner adligen Herkunft entspricht, wirkt das Ambiente vornehm, aber unaufdringlich. Die Einrichtung ist eine stilvolle, unprätentiöse Mischung aus Neu und Alt, und wo immer es möglich war, hat man Originalelemente wie schräges Sparrenwerk, Kamine und Decken in Gästezimmern und Gemeinschaftsräumen beibehalten.

Wenige Schritte über den gepflegten Rasen bringen Sie in das Restaurant Biagio Pignatta (benannt nach einem berühmten Küchenchef der Medici). Seine Spezialität sind toskanische Gerichte mit einem "Hauch von Renaissance" (*pappardelle sul coniglio* zum Beispiel - Nudeln mit Kaninchensauce), die auf einer Terrasse mit Blick auf Weinberge und Olivenhaine serviert werden. Der Wein stammt aus eigenem Anbau und wird mit religiöser Andacht am Tisch dekantiert. **Umgebung** etruskisches Museum; mittelalterliches Dorf; Prato (15 km), Florenz (18 km).

Viale Papa Giovanni XXIII, Artimino 50040, Firenze
Tel. (055) 8718081 **Fax** (055) 8718080
Lage 18 km nordwestlich von Florenz nahe dem Dorf; reichlich Parkplätze
Mahlzeiten Frühstück, Mittag- und Abendessen
Preise Zimmer L145.000-L240.000
Zimmer 34 Doppelzimmer, einige mit Bad, die meisten mit Dusche; 3 Einzelzimmer mit Dusche; 14 Apartments; alle Zimmer mit

Zentralheizung, Klimaanlage, Minibar, TV, Telefon, Radio
Anlage Speiseraum, Leseraum, Fernsehzimmer, 2 Tennisplätze, Jogging, Swimmingpool, Mountainbikes, Trainingsgelände, Wandern
Kreditkarten AE, DC, MC, V
Kinder werden aufgenommen
Behinderte keine speziellen Einrichtungen
Tiere erlaubt, außer im Speiseraum
Geschlossen nie
Manager Alessandro Gualtieri

Toskana

Landvilla, Candeli

Grand Hotel Villa la Massa

Die Villa la Massa aus dem 17. Jhd., am Ufer des Arno in einem Parkgelände zwischen sanften Hügeln gelegen, war einst der Landsitz einer der mächtigsten Florentiner Familien. Heute gehört sie zu den elegantesten (und teuersten) Hotels der Stadt. Mit ihrer ländlichen Umgebung, den ausgedehnten Rasenflächen, den von Blumen überquellenden Gärten, dem verlockenden kleinen Pool und den Tennisplätzen steht sie in starkem Kontrast zu den Häusern im Stadtzentrum, die der auf Sehenswürdigkeiten bedachte Tourist aufsucht. (Er wäre hier auch nicht schlecht aufgehoben, denn ein Bus verkehrt von hier kostenlos nach Florenz.)

Das Hauptgebäude gibt den Ton an - ein recht strenger, viereckiger Bau mit prächtiger, hoher Lobby in der Mitte und einer von Pfeilern gestützten Galerie, von der die Gästezimmer abgehen. Die Zimmer sind individuell und äußerst luxuriös mit einer Mischung aus Stilmöbeln und modernen, hochwertigen Textilien ausgestattet. Mit zahlreichen Extras wird der Gast zusätzlich verwöhnt.

Das am Flußufer gelegene Restaurant (Il Verrocchio) ist in einem weniger prunkvollen, aber immer noch recht imposanten Gebäude untergebracht. Wenn das Wetter es erlaubt, speisen Sie an elegant gedeckten Tischen draußen auf der Terrasse, die von in den Bäumen hängenden Laternen romantisch beleuchtet wird. Da auf fast jeden Gast ein Kellner kommt, ist der Service untadelig.

Umgebung Florenz (7 km).

Via La Massa 6, Candeli, Firenze 50010
Tel. (055) 6510101 **Fax** (055) 6510109
Lage 7 km östlich von Florenz am Arno; großes Grundstück mit ausreichend Parkmöglichkeiten
Mahlzeiten Frühstück, Mittag- und Abendessen
Preise Zimmer L230.000-L490.000, Suiten L650.000- L750.000
Zimmer 34 Doppel-, 3 Einzelzimmer, 5 Suiten; alle Zimmer mit Bad, Zentralheizung, Telefon, Klimaanlage, Satelliten-TV, Minibar

Anlage Speiseraum, Bar, Pianobar, Salon, Konferenzräume, Tennis, Swimmingpool, Angeln
Kreditkarten AE, DC, MC, V
Kinder werden aufgenommen
Behinderte keine besonderen Einrichtungen
Tiere im Speiseraum nicht erlaubt
Geschlossen nie
Manager Carlo Grillini

Toskana

Landgasthof, Castellina in Chianti

Salivolpi

Aus irgendeinem zunächst nicht ersichtlichen Grund häufen sich in Castellina, einem unauffälligen Dorf in Chianti, mehrere der reizvollsten Hotels der Toskana. Das Salivolpi, 1983 eröffnet, bietet eine wesentlich preiswertere Alternative zu seinen beiden illustren Nachbarn - dem Tenuta de Ricavo (Seite 101) und der Villa Casalecchi (Seite 102). Es umfaßt zwei schön restaurierte Bauernhäuser und einen neuen Bungalow in ruhiger, offener Lage am Rande des Dorfes - angeblich Standort des antiken etruskischen Castellina - und erlaubt einen weiten Blick über die Landschaft.

Das ältere der beiden Häuser mutet mit seinen Eisengittern, freiliegenden Balken, weißen Wänden und ockerfarbenen Fliesen spanisch an. Die geräumigen Zimmer sind sauber und stilvoll und zum Teil mit prächtigen alten Betten und anderen antiken Stüken ausgestattet. Das ganze Hotel wirkt sehr gepflegt und strahlt ruhige Zwanglosigkeit aus.

Im Garten ist viel Platz für einige Möbel und einen recht großen Swimmingpool. Das Frühstück (*"molto abbondante"*, wie der Chef erklärt) wird in einem hübschen kleinen Raum im kleineren Gebäude serviert.

Umgebung Siena (18 km); Florenz, San Gimignano und andere Sehenswürdigkeiten sind gut erreichbar.

Via Fiorentina, Castellina in Chianti 53011, Siena
Tel. (0577) 740 484 **Fax** 740998
Lage 500 m vom Dorfzentrum an der Straße nach San Donato; Garten und großer Parkplatz
Mahlzeiten Frühstück
Preise Zimmer L95.000 inkl. Frühstück
Zimmer 19 Doppelzimmer mit Bad, Zentralheizung, Telefon
Anlage Halle, Frühstücksraum, Bar, Swimmingpool
Kreditkarten MC, V
Kinder werden aufgenommen

Behinderte einige Zimmer mit speziellen Einrichtungen
Tiere nicht erlaubt
Geschlossen nie
Managerin Angela Orlandi

Toskana

Landhotel, Castellina in Chianti

Tenuta di Ricavo

Wenn Sie einfach nur Ihre Ruhe haben wollen, aber auch die Möglichkeit, Sehenswürdigkeiten bequem zu erreichen, ist das Ricavo nahezu ideal. Es umfaßt eine ganze Siedlung, die in den 50er Jahren von ihren Bewohnern, die auf Suche nach Arbeit in die Städte abwanderten, verlassen wurde.

Die Häuser, die sich mitten in der Landschaft auf einer Lichtung gruppieren, sehen aus wie die Filmkulisse zu einem mittelalterlichen Dorf. Das Hauptgebäude, das auf einen kleinen Platz mit sanft getönten steinernen Hütten blickt, beherbergt einige Gästezimmer, den Nichtraucher-Speiseraum, der mit seinen schlichten weißen Wänden, den Ziegelbögen und dem Fliesenfußboden zurückhaltende Eleganz ausstrahlt, sowie mehrere Salons, die mit einem gemütlichen Durcheinander antiker Sessel und Sofas möbliert sind. Einer von ihnen enthält eine kleine Bibliothek mit Büchern in englischer, italienischer, französischer und deutscher Sprache.

Fürs Frühstück bieten sich verschiedene Plätze im Freien an - zum Beispiel im Schatten von Lindenbäumen. Zur richtigen Jahreszeit ist der Garten voller Blüten - einen besonderen Blickfang stellt die prächtige alte Glyzinie dar -, und es gibt zahlreiche lauschige Ecken, so daß man auch dann den Eindruck von Ruhe und Frieden hat, wenn das Hotel ausgebucht ist. Der kleine Swimmingpool im Garten bietet eine ideale Möglichkeit zum Abkühlen, der größere liegt so weit abseits, daß selbst spielende Kinder kein Problem sind.

Ein Besucher fand das Hotel "teuer, aber professionell geführt und seinen Preis wert" und das Essen "sehr zufriedenstellend".

Umgebung Siena (22 km); San Gimignano, Florenz gut erreichbar.

Località Ricavo, Castellina in Chianti 53011, Siena
Tel. (0577) 740221 **Fax** 741014
Lage in offener Landschaft rund 3 km nördlich von Castellina; Garten, ausreichend Parkplätze
Mahlzeiten Frühstück, Mittag- und Abendessen
Preise Zimmer L150.000-L265.000, Suiten L265.000-L340.000
Zimmer 13 Doppel-, 2 Einzel-, 8 Familienzimmer, alle mit Bad, Zentralheizung, Telefon

Anlage 3 Salons, Bar, Speiseraum, 2 Swimmingpools, Tischtennis, 2 Boccia-Bahnen
Kreditkarten MC, V
Kinder willkommen
Behinderte einige Erdgeschoßzimmer
Tiere nicht erlaubt
Geschlossen Nov. bis Ostern; Restaurant Di mittag und Mo
Besitzer Familie Scotoni und Familie Lobrano

Toskana

Landvilla, Castellina in Chianti

Villa Casalecchi

Es ist nicht schwer, an dieser zwischen Wäldern und Weinbergen versteckten unprätentiösen Villa im Herzen von Chianti Ansatzpunkte für Kritik zu entdecken. Ausstattung, Haushaltsführung und Küche sind nichts Besonderes, und auch das Personal ist nicht immer freundlich. Dennoch kommt man stets gern wieder hierher zurück, vielleicht gerade deshalb, weil vieles eher lässig gehandhabt wird.

Das Haus liegt hoch oben an einem recht steilen Hügel. Es ist nicht ganz klar, welches die Vorder- oder Rückseite ist; jedenfalls kommt man oben an, und der einigermaßen große Swimmingpool befindet sich weiter unten. Es gibt zwei Arten von Zimmern. Die alten im Hauptgebäude sind hoch, ziemlich geräumig und mit reizenden antiken Möbeln ausgestattet. In den neuen, die in einem Anbau mit Aussicht auf den Pool untergebracht sind, wohnt man zwar etwas beengt, hat dafür aber eine Terrasse direkt vor der Nase, wo man mit Blick auf Bäume und Weinstöcke frühstücken kann - ein großer Vorteil gegenüber dem langweiligen Frühstücksraum. Die Salons - einer eine Art Lobby, der andere ein etwas rustikaler eingerichteter Raum mit Blick auf die Weinberge - sind behaglich, mehr aber auch nicht. Im Gegensatz dazu fällt der Speiseraum durch seine alten holzgetäfelten Wände auf.

Umgebung Florenz, Siena, San Gimignano, Volterra, Perugia.

Castellina in Chianti 53011, Siena
Tel. (0577) 740240 **Fax** 741 111
Lage 1 km südlich von Castellina in offener Landschaft; ausreichend Parkplätze
Mahlzeiten Frühstück, Mittag- und Abendessen
Preise Zimmer L235.000-L300.000 inkl. Frühstück, HP L190.000-L225.000; 20% Ermäßigung für Kinder unter 6
Zimmer 19 Doppelzimmer, 14 mit Bad, 5 mit Dusche, alle mit Zentralheizung, Telefon, Fön, TV

Anlage Speiseraum, Frühstücksraum, 2 Salons, Swimmingpool, Tennisplatz
Kreditkarten AE, DC, MC, V
Kinder werden aufgenommen
Behinderte Zugang schwierig
Tiere erlaubt, außer in den Gemeinschaftsräumen
Geschlossen Okt. bis März
Besitzerin Elvira Lecchini-Giovannoni

Toskana

Landgasthof, Fiesole

Bencista

"Schicken Sie uns nicht zu viele Touristen", bat der höfliche Simone Simoni unseren Tester - und er meinte es ernst. Es ist leicht zu verstehen, warum das Bencista so beliebt ist. Die *pensione* steht auf einem Hügel mit Blick auf Florenz und die toskanische Landschaft; die Aussicht von der Terrasse und vielen Gästezimmern ist unvergeßlich. Hinzu kommt der Reiz des Gebäudes, eines ehemaligen Klosters: eine prächtige Halle, drei Salons, die fast vollständig mit Antiquitäten möbliert sind (einer davon ein kleiner Leseraum mit Bücherregalen und einem gemütlichen offenen Feuer) sowie jede Menge faszinierender Nischen und Winkel.

Jedes der Zimmer ist unterschiedlich und weist irgendeine Besonderheit auf - zum Beispiel eine herrliche Aussicht, ein schönes Möbelstück, ein riesiges Bad oder eine eigene Terrasse. Mit ihren schmucklosen, weiß getünchten Wänden und den soliden antiken Möbeln wirken sie alle etwas altmodisch und eher charaktervoll als luxuriös. Der einfache, helle und geräumige Speiseraum blickt auf einen Garten mit Olivenbäumen, Rosen und Magnolien. Das Frühstück wird im Freien auf der Terrasse eingenommen - ein herrliches Fleckchen, um den Tag zu beginnen (und zu beenden). Das Essen bietet keine großen Auswahlmöglichkeiten (nur Suppe als Alternative zur Pasta), ist jedoch gut zubereitet, und der Hauswein ist hervorragend.

Umgebung römisches Theater, Kathedrale und Kloster (alles in Fiesole).

Via B da Maiano 4, Fiesole 50014
Tel. und Fax (055) 59163
Lage 2,5 km südlich von Fiesole an der Straße nach Florenz in eigenem Park mit Blick auf die Stadt; Garage und reichlich Parkplätze im Freien
Mahlzeiten Frühstück, Mittag- und Abendessen
Preise HP L90.000-L110.000, VP L105.000-L125.000
Zimmer 29 Doppelzimmer, 28 mit Bad; 13 Einzelzimmer, 7 mit Bad; alle Zimmer mit Zentralheizung
Anlage 3 Salons, Speiseraum
Kreditkarten keine

Kinder werden aufgenommen
Behinderte keine speziellen Einrichtungen
Tiere Hunde im Restaurant nicht erlaubt
Geschlossen nie
Besitzer Simone Simoni

Toskana

Landvilla, Fiesole

Villa San Michele

Laut Werbeprospekt wurde die Villa Michele von Michelangelo entworfen - was vielleicht mit ein Grund für die hohen Preise ist. Die Zimmer hier gehören zu den teuersten in ganz Italien - sie sind nur geringfügig niedriger als in dem supereleganten Cipriani in Venedig - und für die meisten Leser unerschwinglich. Trotzdem wäre unser Führer ohne dieses kleine Juwel in der friedlichen Hügellandschaft von Fiesole unvollständig. Das ehemalige Kloster wurde Anfang des 15. Jhds. erbaut und gegen Ende desselben Jahrhunderts erweitert.

Was der Gast für sein Geld bekommt, sind jedoch keine Extravaganzen oder übertriebener Luxus, sondern zurückhaltend guter Geschmack und eine geschickt bewahrte Aura der Vergangenheit. Unter den überwiegend antiken Möbeln sind auch einige Meisterwerke aus dem 17. Jhd., die, wie man uns versicherte, im Winter besonders sorgfältig gelagert werden. Viele Gästezimmer haben Fliesenfußböden, die ebenfalls sehr alt sind. Die Bäder dagegen sind ausgesprochen modern. Die Aussicht, die sich von der Villa bietet, ist traumhaft. Zu den schönsten Erlebnissen zählt eine Mahlzeit draußen in der Loggia, wo man über Hänge mit Olivenbäumen und Zypressen auf die Stadt blicken kann. Auch von den Terrassen am Pool hat man eine herrliche Sicht. Zum Frühstück wird ein opulentes amerikanisches Büfett aufgebaut. Die hier angegebenen Preise für Halbpension umfassen ein Mittag- oder Abendessen *à la carte*.

Umgebung römisches Theater, Kathedrale und Kloster San Francesco in Fiesole.

Via Doccia 4, Fiesole 50014
Tel. (055) 59451 **Fax** 598734
Lage an der Straße Florenz-Fiesole; Privatgrundstück mit großem Parkplatz
Mahlzeiten Frühstück, Mittag- und Abendessen
Preise Zimmer L664.000-L814.000 inkl. Frühstück, HP L420.000-L495.000
Zimmer 24 Doppel-, 2 Einzelzimmer, 2 Suiten; alle Zimmer mit Bad und Dusche, Zentralheizung, Klimaanlage, Musik, Telefon; TV und Minibar auf Anfrage

Anlage Leseraum/Bar, Pianobar, Speiseraum mit Loggia/Terrasse, beheizter Swimmingpool (Juni bis Sep. geöffnet)
Kreditkarten AE, DC, MC, V
Kinder werden aufgenommen
Behinderte Zugang schwierig
Tiere nur kleine Hunde erlaubt, außer im Speiseraum und am Pool
Geschlossen Mitte Nov. bis Mitte März
Manager Maurizio Saccani

Toskana

Stadthotel, Florenz

Hermitage

Die Lage der Hermitage direkt nördlich von der Ponte Vecchio, die natürlich auch einen entsprechenden Blick bietet, ist sehr zentral und sehr begehrt: nur wenige Häuser in der Innenstadt kann man als ruhig bezeichnen, aber dieses Hotel im Liliput-Format trägt seinen Namen nicht zu Unrecht. Es hat etwas sehr Friedliches an sich wozu die Doppelverglasung der Fenster auf der Flußseite sicherlich beiträgt.

Alles an der Hermitage ist klein wie in einem Puppenhaus - nur in umgekehrter Reihenfolge, denn die altmodischen Gästezimmer liegen in den unteren Stockwerken, während Rezeption und Gemeinschaftsräume mit Aussicht auf den Arno in der fünften Etage untergebracht sind. Der Aufstieg lohnt sich: Bar/Salon und Frühstücksraum, in kühlem Zitronengelb gehalten, das durch Blumen und Bilder eine intime, freundliche Note erhält, wirken äußerst anheimelnd.

Die Hermitage war einst nichts weiter als eine der Pensionen alten Stils, die mittlerweile in Florenz so selten geworden sind. In den letzten zwei oder drei Jahren erfuhr sie jedoch eine Verschönerung und macht jetzt einen überdurchschnittlich stilvollen und gepflegten Eindruck. Von der blumengeschmückten Dachterrasse, einem reizenden Platz zum Frühstücken, blickt man über die Dächer der Altstadt auf den Duomo.

Umgebung Uffizien, Ponte Vecchio.

Vicolo Marzio 1, Piazza del Pesce, Firenze 50122
Tel. (055) 287 216 **Fax** (055) 212208
Lage im Stadtzentrum am Fluß; Parken schwierig
Mahlzeiten Frühstück, Snacks
Preise Zimmer L110.000 -L200.000 inkl. Frühstück
Zimmer 27 Doppelzimmer, 24 mit Bad, 3 mit Dusche; 3 Einzelzimmer mit Dusche; alle Zimmer mit Zentralheizung, Telefon, Klimaanlage
Anlage Frühstücksraum, Salon mit Bar, Dachterrasse
Kreditkarten V

Kinder willkommen
Behinderte Zugang schwierig
Tiere nur kleine Hunde erlaubt
Geschlossen nie
Besitzer Vincenzo Scarcelli

Toskana

Stadthotel, Florenz

Hotel J and J

In einem umgebauten Kloster ein ganzes Stück östlich vom Dom ist dieses kühl wirkende, schicke Hotel untergebracht. Es liegt auf dem Weg zum Sant'Ambroggio-Markt und dem merkwürdigerweise recht abseits gelegenen Haupttouristenbüro von Florenz. Die Straße ist relativ ruhig, das Haus selbst ein Zufluchtsort vor Hitze und Staub, so wirkungsvoll sind die Klimaanlage und die Atmosphäre der Stille.

Viele Originalelemente des Gebäudes sind noch erhalten - Säulen, Deckengewölbe, Fresken und Holzbalken -, und die Einrichtung, wenn auch hier und da recht modisch, ist gut auf das antike Ambiente abgestimmt und hat durchaus ihren eigenen Reiz. Ein hübscher kleiner Patio hinter dem Hotel mit eleganten, weißen Sonnenschirmen und Topfpflanzen verlockt zu einem Frühstück im Freien, obwohl der Raum hinter den Glastüren, in Gelb- und Grüntönen gehalten und mit Korbstühlen ausgestattet, ebenso einladend ist.

Die Gästezimmer sind unterschiedlich - alle sehr komfortabel, manche ungewöhnlich groß. Sie verlaufen über mehrere Ebenen, haben Sitzecken und hohe Decken mit freiliegenden Balken.

Das Empfangspersonal schien uns sachkundig und effizient.

Umgebung Duomo, Kirche Santa Croce.

Via di Mezzo 20, 50121 Firenze
Tel. (055) 240951 **Fax** (055) 240 282
Lage östlich des Doms, nördlich von Santa Croce
Mahlzeiten Frühstück
Preise Zimmer L160.000-L320.000, Suiten L320.000-L400.000
Zimmer 18 Doppel-, 2 Familienzimmer, alle mit Bad, Zentralheizung, Klimaanlage, Telefon, Fön, TV, Minibar
Anlage Salon, Bar
Kreditkarten AE, DC, MC, V
Kinder willkommen

Behinderte keine speziellen Einrichtungen
Tiere nicht erlaubt
Geschlossen nie
Besitzer James Cavagnari

Toskana

Stadthotel, Florenz

Loggiato dei Serviti

Das Hotel, eines der neuesten reizvollen Häuser der Stadt, ist in einem der schönsten Renaissancebauten von Florenz untergebracht. Er wurde (um 1527) von Sangallo dem Älteren passend zu Brunelleschis berühmtem Spedale degli Innocenti entworfen, das sich gegenüber erhebt. Bis vor wenigen Jahren beherbergte er eine bescheidene *pensione*, und die herrliche Piazza war ein riesiger Parkplatz. Dank der geschmackvollen Renovierung und der Einsicht der Stadtväter gehört das Loggiato heute zu den ruhigsten Hotels der Stadt.

Die Ausstattung ist eine gelungene Mischung aus Alt und Neu, die mit einem Minimum an Schnörkeln auf die Originalelemente, etwa das Gewölbe, abgestimmt wurde. Die Böden sind mit Terrakottafliesen belegt, die Wände in Pastelltönen getüncht. Möbel und Gemälde sind überwiegend alt. Es gibt einen kleinen, hellen Frühstücksraum, wo man den Tag mit Fruchtsaft, Käse, Schinken, Brioches, Obst und Kaffee beginnt, und eine kleine Bar, an der man sich bei Hochglanzmagazinen und einem Campari entspannen kann.

Einem Gast fiel besonders sein "wirklich wunderschönes" Zimmer auf, in dem "jeder Gegenstand mit Bedacht und Überlegung ausgewählt" worden war. In einem Bericht aus jüngster Zeit werden wir gebeten, darauf hinzuweisen, wie schwierig der Zugang mit Gepäck ist, da die Piazza nunmehr reine Fußgängerzone ist.

Umgebung Kirche Santissima Annunziata, Spedale degli Innocenti.

Piazza SS Annunziata 3, Firenze 50122
Tel. (055) 289592 **Fax** 289595
Lage wenige Minuten vom Duomo an der Westseite der Piazza SS Annunziata; Garagenplätze auf Anfrage
Mahlzeiten Frühstück
Preise Zimmer L155.000-L225.000 inkl. Frühstück, Suiten L300.000-L500.000
Zimmer 19 Doppel-, 6 Einzelzimmer, alle mit Bad oder Dusche; 4 Suiten mit Bad oder Dusche; alle Zimmer mit

Klimaanlage, TV, Telefon, Minibar, Fön, Musik
Anlage Frühstücksraum, Bar
Kreditkarten AE, DC, MC, V
Kinder willkommen
Behinderte nicht geeignet
Tiere erlaubt
Geschlossen nie
Besitzer Rodolfo Budini-Gattai

Toskana

Stadtvilla, Florenz

Monna Lisa

Trotz wachsender Konkurrenz und eines oder zweier Kritikpunkte bleibt das Monna Lisa eines der hübschesten kleinen Hotels von Florenz - eine ungewöhnliche Mischung aus Komfort und Bescheidenheit.

Der elegante Renaissance-*Palazzo* mit der eher unansehnlichen Fassade ist fünf Minuten vom *Duomo* entfernt um einen kleinen Innenhof gelegen. Die Räume im Erdgeschoß zeichnen sich durch glatte Backsteinböden mit Orientteppichen und Holzbalkendecken oder Gewölbe sowie eine sehr individuelle Sammlung antiker Möbelstücke, Gemälde und Skulpturen aus. In dem gemütlichen kleinen Salon kann man das erste Modell von Giambolognas "Raub der Sabinerinnen" bewundern, außerdem Zeichnungen und Statuen des klassizistischen Bildhauers Giovanni Dupre, von dem die Hotelbesitzer abstammen.

Die schönsten Gästezimmer sind groß und hoch und mit alten Möbeln ausgestattet; manche bieten einen Blick auf den reizenden Hofgarten, der sicher überall eine Attraktion wäre, in Florenz aber eine echte Seltenheit ist.

Bei einem kurzen Testbesuch in jüngster Zeit fanden wir den Empfang recht kühl; weitere Berichte wären uns willkommen.

Umgebung Dom (ca. fünf Gehminuten), Santa Croce, Bargello und die Uffizien sind leicht zu Fuß zu erreichen.

Borgo Pinti 27, Firenze 50121
Tel. (055) 2479751 **Fax** 9755
Lage ca. 5 Gehminuten östlich des Duomo; Garten, Privatparkplatz
Mahlzeiten Frühstück
Preise Zimmer L150.000-L300.000 inkl. Frühstück
Zimmer 24 Doppel-, 6 Einzelzimmer, alle mit Bad oder Dusche, Zentralheizung, Klimaanlage, Telefon, Minibar, Farb-TV
Anlage Salon, Bar
Kreditkarten AE, DC, V
Kinder werden aufgenommen

Behinderte keine speziellen Einrichtungen
Tiere erlaubt
Geschlossen nie
Manager Riccardo Sardei

Toskana

Stadthotel, Florenz

Morandi alla Crocetta

Das reizende alte Haus, ein ehemaliges Kloster, ist das Domizil von Kathleen Doyle, einer Engländerin, die hier seit den 20er Jahren lebt. Inzwischen verwitwet, hat sie es mit ihrem Sohn mit großem Erfolg auch für zahlende Gäste geöffnet.

Die geschmackvolle und durchdachte Einrichtung macht deutlich, daß es sich hier um ein Wohnhaus und kein bloßes Hotel handelt. Überall findet man antike toskanische Möbel, gemusterte Vorleger, interessante Bilder und frische Blumen. Vielleicht entdecken Sie auch Konsolen mit eingeschnitzten Wappen in der Empfangshalle, alte, bemalte Fliesen oder Fragmente von Fresken in den Gästezimmern oder ein Porträt der 18jährigen Mrs. Doyle als Renaissance-Schönheit.

Die Bauarbeiten, die gegenwärtig im Gange sind, sollen in einem neuen Frühstücksraum und einer Bar resultieren, aber die vielen Besonderheiten des Hauses und die persönlichen Dinge, die es enthält, bleiben erhalten.

Das Haus ist gut für Erkundungen des historischen Stadtkerns geeignet und liegt in der Nähe der Akademie der Schönen Künste und des archäologischen Museums. Die Doyles kümmern sich sehr individuell um ihre Gäste - "wir kennen ihre Namen, nicht ihre Zimmernummern" -, und unseren Lesern gefiel die freundliche Atmosphäre.

Umgebung Dom, archäologisches Museum, Akademie der Schönen Künste.

Via Laura 50, Firenze 50121
Tel. (055) 2344747 **Fax** (055) 248 0954
Lage in einer ruhigen Straße nordwestlich der Piazza del Duomo; Parken auf der Straße problematisch
Mahlzeiten Frühstück
Preise Zimmer L90.000-L147.000 (Familienzimmer teurer), Frühstück L16.000
Zimmer 4 Doppel-, 2 Einzel-, 3 Familienzimmer, alle mit Dusche, Zentralheizung, Klimaanlage, Telefon, TV, Fön, Radio, Minibar, Safe

Anlage Frühstücksraum, Salon
Kreditkarten AE, DC, MC, V
Kinder willkommen
Behinderte keine speziellen Einrichtungen
Tiere kleine, gut erzogene Hunde erlaubt
Geschlossen nie
Besitzerin Kathleen Doyle

Toskana

Hotel auf einem Hügel, Florenz

Torre di Bellosguardo

1980 begannen Giovanni Franchetti und seine französische Ehefrau Michele mit der Renovierung dieses wunderhübschen Wohnhauses aus dem 16. Jhd. in den Hügeln südlich des Arno. Ihr Ziel, "eine friedliche Oase zu schaffen, in der sich Reisende so wohl fühlen wie in den eigenen vier Wänden", haben sie erreicht, obgleich wohl nur wenige Besucher das Glück haben, zu Hause in einer derartig traumhaften Umgebung zu leben. Bellosguardo - "schöne Aussicht" - ist ein passender Name.

In dem zwar vornehmen, aber keineswegs steifen oder langweiligen Hotel gibt es sechzehn luxuriöse Gästezimmer. Jedes ist eine Welt für sich, ebensosehr Wohn- wie Schlafraum, sorgfältig und individuell mit faszinierenden antiken Stücken eingerichtet. Einige verlaufen über mehrere Ebenen, andere sind mit herrlichen Intarsien getäfelt. Der Garten mit seinen gepflegten Rasenflächen, Lilienteichen, alten Zypressen und schattigen Terrassen (nicht zu vergessen den lauschigen Swimmingpool) hat genauso viel Anziehungskraft wie die Innenräume. Die unprätentiöse Herzlichkeit der Gastgeber steht in erfrischendem Gegensatz zu so manchem arroganten Vermieter in den zentral gelegenen Florentiner Hotels.

Tatkräftige Besucher können gut zu Fuß in die Stadt gehen - obwohl sich für den recht steilen Heimweg vielleicht ein Taxi anbietet.

Umgebung Ponte Vecchio, Palazzo Pitti, Passeggiata ai Colli.

Via Roti Michelozzi 2, Firenze 50124
Tel. (055) 2298145 **Fax** (055) 229008
Lage auf einem Hügel mit Blick auf die Stadt, südlich der Porta Romana; Garten, Parkplatz
Mahlzeiten Frühstück, Mittagessen (am Swimmingpool)
Preise Zimmer L230.000-L330.000, Suiten L400.000-L530.000, Frühstück L25.000
Zimmer 8 Doppel-, 2 Einzelzimmer, 6 Suiten, alle mit Bad, Zentralheizung, Telefon; 5 Zimmer mit Klimaanlage

Anlage Speiseraum, Salons, Bar, Swimmingpool
Kreditkarten AE, DC, MC, V
Kinder werden aufgenommen
Behinderte Lift
Tiere erlaubt
Geschlossen nie
Besitzer Giovanni Franchetti

Toskana

Landvilla, Florenz

Villa Belvedere

Das Hotel, ein Familienbetrieb, liegt in einer netten, hügeligen Wohngegend am südlichen Stadtrand und bietet, wenn der Smog in Florenz es zuläßt, einen wunderbaren Blick durch klassisch toskanische Zypressen. Das Gebäude selbst ist eher funktional und modern als besonders schön, der gepflegte Garten mit dem kleinen Swimmingpool bei Hitze jedoch eine Wohltat und die ruhige Lage ohne Durchgangsverkehr zu jeder Jahreszeit eine Erholung vom Trubel des Zentrums.

Die Familie Ceschi-Perotto führt die Geschäfte mit großem Engagement und hat ein ambitioniertes Renovierungsprogramm in Angriff genommen. Die Gäste-zimmer und Bäder werden nach und nach zueinander passend mit hübschen Zweigmustern und Grün als Dekorationsmotiven sowie hochwertigen, soliden Holzmöbeln verschönert. Die blitzweißen gekachelten Wände der Bäder schließen mit geometrischen Friesen ab. Die Gemeinschaftsräume sind hell, geräumig und komfortabel, und beim Frühstücken kann man den Garten ge-nießen.

Abends werden kleine Imbisse gereicht, die nach einem anstrengenden Tag voller Besichtigungen sehr gelegen kommen, da es in der nächsten Umgebung nur wenige Restaurants gibt.

Umgebung Palazzo Pitti, Boboli-Gärten.

Via Benedetto Castelli 3, Firenze 50124
Tel. (055) 222501 **Fax** (055) 223163
Lage 3 km südlich der Stadt; Garten, kleiner Privatparkplatz
Mahlzeiten Frühstück, Snacks
Preise Zimmer L180.000-L280.000 inkl. Frühstück
Zimmer 21 Doppelzimmer, 19 mit Bad, 2 mit Dusche; 2 Einzelzimmer, 1 mit Bad, 1 mit Dusche; 3 Suiten; alle Zimmer mit Zentralheizung, Klimaanlage, Telefon, Farb-TV, Safe

Anlage Frühstücksraum, 2 Salons, Bar, Fernsehzimmer, Veranda, Swimmingpool, Tennis
Kreditkarten AE, DC, MC, V
Kinder willkommen
Behinderte keine speziellen Einrichtungen
Tiere nicht erlaubt
Geschlossen Dez. bis Feb.
Besitzer Familie Ceschi-Perotto

Toskana

Umgebautes Schloß, Gaiole in Chianti

Castello di Spaltenna

Das aus mehreren alten, ländlichen Bauten bestehende Castello erhebt sich zwischen Wiesen und mit einem herrlichen Blick auf die bewaldeten Hügel ringsum hoch über Gaiole, einem ruhigen kleinen Ort tief im Herzen von Chianti.

Ein winziges Tor neben der Kirche führt in den grasbewachsenen Innenhof (mit Brunnen) des "Schlosses" - eigentlich ein ehemaliges Kloster. Auf der anderen Seite gelangt man durch einen weiteren Eingang zunächst in die Salons und dann in den hohen Speiseraum, dem das wuchtige Gebälk und die Galerie, von der die Gästezimmer abgehen, ein eindrucksvolles mittelalterliches Gepräge geben. Kerzenlicht und ein Holzfeuer tragen das Ihrige zur Atmosphäre bei.

Die Zimmer mit den freiliegenden Balken, gefliesten Fußböden und schlichten antiken Möbeln sind geräumig. Der britische Besitzer, Seamus de Pentheny O'Kelly, übernahm das Haus 1988 und ließ es vollständig renovieren. Es verfügt jetzt über Zentralheizung, wie Frühjahrsgäste erfreut feststellen werden. Außerdem führte er eine ambitionierte Küche ein, die auf "kreativen internationalen Gerichten" sowie traditionell toskanischen Rezepten basiert. Einige Besucher fanden die Preise, gemessen am Service, nicht gerechtfertigt; wir bitten um weitere Berichte.

Umgebung Siena (28 km), Arezzo (56 km), Florenz (69 km).

Gaiole in Chianti 53013, Siena
Tel. (0577) 749483 **Fax** 749269
Lage auf einem Hügel nahe der Ortsmitte, 28 km nordöstlich von Siena
Mahlzeiten Frühstück, Mittag- und Abendessen
Preise Zimmer L190.000-L275.000 inkl. Frühstück, Mahlzeiten L55.000-L70.000
Zimmer 17 Doppelzimmer, alle mit Bad und Dusche, Zentralheizung, Klimaanlage, TV, Minibar
Anlage Speiseraum, 2 Salons, Weinbar, Terrassenbar, Swimmingpool

Kreditkarten AE, DC, MC, V
Kinder willkommen
Behinderte keine speziellen Einrichtungen
Tiere gegen kleinen Aufpreis erlaubt
Geschlossen Mitte Jan. bis Feb.; Hauptrestaurant Mi abend
Besitzer Seamus de Pentheny O'Kelly

Toskana

Landvilla, Lucca

Villa la Principessa

La Principessa wurde auf den Ruinen des Landsitzes eines im 14. Jhd. berühmten ortsansässigen Glücksritters errichtet. Zwar legte man bei der Restaurierung im Jahre 1970 Überreste des gotischen Herrenhauses frei, aber überwiegend datiert die Villa aus dem 18. und frühen 19. Jhd., als Lucca unter die Herrschaft der Bourbonen geriet, und wurde von den letzten Herzögen von Bourbon-Parma bewohnt.

Die Einrichtung und der formal angelegte Park haben immer noch etwas Französisches an sich. Die Gästezimmer zeichnen sich durch kühne Farbzusammenstellungen und modernen Komfort aus; die Gemeinschaftsräume sind traditioneller gestaltet - besonders der prächtige Salon mit seinem bemalten Gebälk und den Teppichen auf dem Marmorfußboden. Das Restaurant ist von zwangloser Eleganz, das Essen hervorragend.

Das Hotel wurde vor kurzem um die Principessa Elisa, ein angrenzendes, renoviertes Gebäude aus dem 18. Jhd., erweitert, das nicht ganz so großartig ist und 10 Luxussuiten enthält.

Am Swimmingpool hinter dem Haus kann man sich gut entspannen. Das Personal fanden wir bei unseren Besuchen immer sehr hilfsbereit. La Principessa bietet komfortable (wenn auch nicht billige) Unterkunft für Reisende, die den Flughafen von Pisa benutzen.

Umgebung Pisa (18 km).

SS del Brennero 1600, Massa Pisana, Lucca 55050
Tel. (0583) 370037 **Fax** 379019
Lage 4 km südlich von Lucca an der SS12r nach Pisa
Mahlzeiten Frühstück, Mittag- und Abendessen
Preise Zimmer L200.000-L310.000, Suiten 370.000, Mahlzeiten ab L45.000
Zimmer 32 Doppel-, 5 Einzelzimmer, 15 Suiten, alle mit Bad oder Dusche, Telefon, Klimaanlage, TV

Anlage Salon, Bar, Fernsehzimmer, Frühstücksraum, Speiseraum, Bankett- und Kongreßsaal, Swimmingpool im Freien
Kreditkarten AE, DC, MC, V
Kinder werden aufgenommen
Behinderte spezielle Einrichtungen im Anbau
Tiere kleine Hunde erlaubt, außer im Restaurant
Geschlossen Anfang Jan. bis Mitte Feb.; Restaurant in der Villa Mi; Restaurant im Elisa So
Besitzer Sg. G. Mugnani

Toskana

Landgut, Mercatale Val di Pesa

Salvadonica

Diese hübsche Ansammlung ländlicher Bauten zwischen Olivenhainen und Weinbergen wird das Herz jedes Liebhabers der toskanischen Landschaft erfreuen. Mit Hilfe eines EG-Zuschusses haben zwei unternehmungslustige junge Schwestern ein Privathaus auf einem bis vor kurzem feudalen Anwesen tatkräftig in eine Unterkunft mit Frühstück und einen blühenden "Agriturismo"-Betrieb umgewandelt.

In den beiden Hauptgebäuden des Gutes - das eine sattrot verputzt, das andere aus Stein und Ziegeln - befinden sich jetzt fünf ordentlich ausgestattete, komfortable Gästezimmer und zehn Apartments. Sie haben gefliste Böden und Holzbalkendecken und wirken harmonisch und behaglich oder auch regelrecht prächtig - etwa der backsteinüberwölbte ehemalige Kuhstall.

Von den umliegenden gepflasterten Terrassen blickt man über einen Olivenhain auf den hübschen Swimmingpool. Tennisplätze und Reitpferde sind zusätzliche Attraktionen.

Das Frühstück wird in einem netten Frühstücksraum mit unverputzten Steinwänden serviert oder auf einer sonnigen Terrasse mit Aussicht auf eine weite Landschaft, in der man heute noch den heimischen Chianti "Gallo Nero" und ausgezeichnetes Olivenöl produziert.

Umgebung Florenz (20 km).

Via Grevigiana 82, 50024 Mercatale Val di Pesa (Firenze)
Tel. (055) 8218039 **Fax** (055) 8218043
Lage 18 km südlich von Florenz, östlich der Straße nach Siena
Mahlzeiten Frühstück
Preise Zimmer L120.000-L130.000 inkl. Frühstück
Zimmer 5 Doppelzimmer, 10 Apartments, alle mit Bad oder Dusche, Zentralheizung, Telefon; TV auf Anfrage; Apartments mit Kühlschrank

Anlage Swimmingpool, Tennisplätze, Fußball
Kreditkarten AE, MC, V
Kinder werden aufgenommen
Behinderte keine speziellen Einrichtungen
Tiere nicht erlaubt
Geschlossen Dez. bis Feb. außer Weihnachten/Neujahr
Besitzer Familie Baccetti

Toskana

Umgebautes Schloß, Monte San Savino

Castello di Gargonza

Gargonza ist weniger ein Schloß als vielmehr ein ganzes, ausgezeichnet erhaltenes, von Mauern und Zypressen umschlossenes Hügeldorf in typisch toskanischer Landschaft. Seine gepflasterten Gassen sind autofrei, nur das Gepäck darf man hineinfahren. Jedes Haus hat seinen eigenen Charakter und Namen (das Haus des Bauern, das Haus des Wächters, das Haus der Lucia) und wird einzeln vermietet, meist für eine Woche, manchmal auch für eine Nacht.

Die Gebäude, die überwiegend aus dem 13. Jhd. stammen, wurden stilvoll restauriert und komfortabel eingerichtet; Familien oder sonstige Kleingruppen kommen hier gut auf ihre Kosten - haben allerdings zu bedenken, daß sie sich selbst verpflegen müssen, auch wenn sie vielleicht gar nicht kochen wollen. Auch wird zum Beispiel nicht täglich aufgeräumt und saubergemacht.

Alle Häuser enthalten Küchen, aber es gibt ein Restaurant außerhalb der Mauern, das von den Besuchern sehr gern frequentiert wird - zu seinen Spezialitäten gehören mit Spinat und Ricotta gefüllte Rouladen und Wildschwein. Frühstücken kann man in der alten Ölmühle ("il fantoio"). Der Englisch sprechende Graf ist ein effizienter Verwalter und charmanter Gastgeber.

Umgebung Arezzo (25 km); Chianti; Val di Chiana.

Gargonza, Monte San Savino 52048, Arezzo
Tel. (0575) 847021 **Fax** 847054
Lage 35 km östlich von Siena an der SS73, 7 km westlich von Monte San Savino; ummauertes Dorf aus 18 Häusern mit Garten, außerhalb der Mauern reichlich Parkplätze
Mahlzeiten Frühstück, Mittag- und Abendessen
Preise Zimmer L110.000-L160.000 inkl. Frühstück, Mahlzeiten L28.000-L35.000, Wochentarif (Sa bis Sa) L663.000-L1.937.000

Zimmer 7 Doppelzimmer im Hauptgebäude; 30 Doppelzimmer in den 18 Häusern mit Küche; alle Zimmer mit Telefon, Zentralheizung; Zimmer im Haupthaus mit Minibar
Anlage 4 Salons (2 als Veranstaltungsräume nutzbar), Fernsehzimmer, Tischtennis, Bowling
Kreditkarten AE, DC, MC, V
Kinder werden aufgenommen
Behinderte nicht geeignet
Tiere nur kleine Hunde erlaubt
Geschlossen Jan.
Besitzer Conte Roberto Guicciardini

Toskana

Landgut, Montefiridolfi

Fattoria la Loggia

Montefiridolfi liegt in klassischer Chianti-Landschaft, die gesprenkelt ist mit uralten Anwesen, auf denen Wein und Olivenöl produziert wird. Viele der aus sanft getöntem Stein erbauten Bauernhöfe in dieser Gegend werden in Touristenunterkünfte umgewandelt. Die Fattoria la Loggia gehört zu den gelungensten Beispielen: in einer weilerartigen Ansammlung ländlicher Wohnhäuser auf einem Hügel mit Blick auf die wunderbar friedvolle Umgebung sind mehrere geräumige und attraktive Apartments untergebracht. Sie werden in der Nebensaison für mindestens drei Tage, in der Hochsaison für mindestens eine Woche vermietet. Selbst versorgen muß man sich jedoch nicht - es wird Frühstück serviert, und im Keller finden gelegentlich Kochstunden und Weinproben statt. Jede Einheit ist liebevoll mit rustikalen Möbeln und vielen persönlichen Kleinigkeiten ausgestattet; die Küchen und Bäder dagegen sind funktional und modern. Die Gäste können schwimmen, reiten oder auf dem Anwesen, auf dem Wein und Oliven angebaut werden, spazierengehen. Der freundliche Besitzer, Sg. Baruffaldi, plant die Eröffnung eines Museums für moderne Kunst, dessen Grundstock seine eigene eindrucksvolle Sammlung sein wird.

Umgebung Florenz (15 km), San Gimignano (40 km), Siena (45 km), Volterra (55 km).

Via Collina 40, 50020 Montefiridolfi, Firenze
Tel. (055) 8244288 **Fax** (055) 8244283
Lage 15 km südlich von Florenz, östlich der Straße nach Siena
Mahlzeiten Frühstück (manchmal Abendessen)
Preise Apartments L200.000-L750.000; Mindestaufenthalt 3 Tage in der Neben- und 7 Tage in der Hochsaison, gelegentlich einfache Übernachtung möglich

Zimmer 11 Apartments für 2 bis 8 Personen, alle mit Zentralheizung, Kühlschrank, Radio, Telefon
Anlage Restaurant, Swimmingpool, Tischtennis, Volleyball, Fahrräder, Pferde, Grill, Solarium
Kreditkarten keine
Kinder werden aufgenommen
Behinderte keine speziellen Einrichtungen
Tiere nach Absprache erlaubt
Geschlossen nie
Besitzer Giulio Baruffaldi

Toskana

Restaurant mit Gästezimmern, Montignoso

Il Bottaccio

Il Bottaccio, einige Kilometer landeinwärts vom Strand von Forte dei Marmi zwischen Hügelstädtchen in verwaschenen Farben und graugrünen Olivenhainen gelegen, ist eine Klasse für sich: eines der bezauberndsten - und teuersten - Häuser in diesem Buch.

In erster Linie ist es ein Restaurant (mit Michelin-Stern), in dem 10gängige Menüs aufgetischt werden, bestehend aus "kreativ zubereiteten Gerichten im Geiste mediterraner Tradition", die von Gourmetführern (und unseren Testern) hohes Lob ernten. Es ist jedoch auch ein phantastisches Hotel. Beim Umbau der ehemaligen Olivenölmühle unterhalb einer Schloßruine verband Familie D'Anna geschickt Alt und Neu. Jede Suite ist individuell gestaltet, riesig und luxuriös und sehr stilsicher mit den verschiedensten interessanten Elementen ausgestattet. Im Appartamento della Macine findet man zum Beispiel das hölzerne Original-mahlwerk der Mühle, einen Kamin aus dem 17. Jhd., orientalische Teppiche und eine mosaikgekachelte, versenkte Badewanne. In allen Bädern wurden einheimischer Marmor und handbemalte Kacheln höchst effektvoll miteinander kombiniert.

Der Speiseraum ist schlicht und extravagant zugleich: auf einem Fliesenfußboden stehen Bugholzstühle unter einer Balkendecke, daneben ein großes Becken, in dem exotische Fische schwimmen.

Umgebung die Strände von Forte dei Marmi; Pisa (30 km).

Via Bottaccio 1, 54038 Montignoso
Tel. (0585) 340031 **Fax** 340 103
Lage 5 km südöstlich von Massa; Garten, Parkplatz
Mahlzeiten Frühstück, Mittag- und Abendessen
Preise Suiten L420.000-L620.000, Mahlzeiten L90.000-120.000
Zimmer 8 Suiten, alle mit Bad, Telefon, TV, Radio
Anlage Speiseraum, Terrasse
Kreditkarten AE, DC, MC, V
Kinder werden aufgenommen
Behinderte keine speziellen Einrichtungen

Tiere erlaubt
Geschlossen nie
Besitzer Stefano und Elizabeth D'Anna

Toskana

Villa le Barone

Der schöne Landsitz der Familie della Robbia (berühmt in der Keramikbranche) ist seit 1976 ein Hotel, das aber immer noch die Atmosphäre eines Privathauses hat.

Die kleinen Zimmer tun das ihre, aber hinzukommen weitere Faktoren. Die antiken Möbel sind offensichtlich persönliche Sammlerstücke, die Rezeption ist wenig mehr als ein Gästebuch in der Halle, es gibt jede Menge Bücher sowie stets frische Blumensträuße in den eleganten kleinen Salons, und von den Getränken bedient man sich selbst und schreibt auf, wieviel man konsumiert hat. Früher trug noch der Mindestaufenthalt von drei Nächten - eine Regel, die inzwischen nicht mehr gilt - dazu bei, daß man sich wie auf einer Wochenendgesellschaft fühlte.

Wer gerade nicht auf einem Ausflug unterwegs ist, hat in dem stillen, bewaldeten Garten oder an dem entzückenden Pool mit herrlichem Rundblick über die umliegenden Hügel der Toskana viel Platz für sich.

Das Restaurant und einige Gästezimmer befinden sich in renovierten Nebengebäuden. In Berichten aus jüngster Zeit ist von "hervorragendem toskanischem Essen" und aufmerksamem Service, "der seinen guten Ruf verdient", die Rede.

Umgebung Siena (31 km), Florenz (31 km).

Via San Leolino 19, 50020 Panzano in Chianti (Siena)
Tel. (055) 852621 **Fax** 852277
Lage 31 km südlich von Florenz abseits der SS222; überdachter Parkplatz
Mahlzeiten Frühstück, Mittag- und Abendessen
Preise HP L140.000-L160.000, Ermäßigung für Kinder
Zimmer 25 Doppelzimmer, 20 mit Bad, 5 mit Dusche; 1 Einzelzimmer mit Dusche; alle Zimmer mit Telefon, 5 mit Klimaanlage und Tee/Kaffeemaschine

Anlage Bar mit Selbstbedienung, Fernsehzimmer, 3 Salons, Frühstücksraum, Tischtennis, Swimmingpool, Tennis
Kreditkarten AE, MC, V
Kinder willkommen
Behinderte nicht geeignet
Tiere nicht erlaubt
Geschlossen Nov. bis März
Besitzerin Marchesa Franca Viviani della Robbia

Toskana

Landvilla, Panzano in Chianti

Villa Sangiovese

Früher waren die Bleulers Manager der etablierten Tenuta di Ricavo in Castellina (siehe Seite 101). Ihr Hotel in Panzano, ein paar Kilometer nördlich gelegen, eröffneten sie 1988, nachdem sie die Villa komplett renoviert hatten. Seitdem ernten sie großes Lob bei unseren Lesern.

Das Hauptgebäude ist ein hübsches steinernes Haus mit Stuck an einer ruhigen Seitenstraße; Topfpflanzen und eine Messingtafel neben der Tür sind der einzige Hinweis auf ein Hotel. Daneben befindet sich ein alter, langgestreckter Steinbau mit blumengeschmückter, gekiester Hofterrasse, von der man eine herrliche Aussicht hat. Der unterhalb gelegene Landschaftsgarten umfaßt einen recht großen Swimmingpool.

Die Innenräume wirken auf zurückhaltende Weise stilvoll und einladend; sorgsam ausgewählte antike Möbel heben sich von den schmucklosen, hellen Wänden ab. Die Gästezimmer, einige davon mit Holzbalkendecken, sind geräumig, komfortabel und sehr geschmackvoll eingerichtet. Ebenso schlicht und elegant ist der Speiseraum mit den Bugholzstühlen auf gefliestem Boden im gedämpften Licht der Wandleuchten.

Die Auswahl an Speisen ist begrenzt, aber interessant, und wechselt jeden Abend - im Sommer Bedienung auf der Terrasse. Ein Gast lobte sowohl das Essen als auch den Wein.

Umgebung Greve (5 km); Siena (30 km); Florenz (30 km).

Piazza Bucciarelli 5, 50020 Panzano in Chianti, Firenze
Tel. (055) 852461 **Fax** (055) 852463
Lage am Ortsrand, 5 km südlich von Greve; großer Garten, Parkplatz
Mahlzeiten Frühstück, Mittag- und Abendessen
Preise Zimmer L115.000-L180.000, Suiten L180.000-L220.000, Mahlzeiten um L40.000
Zimmer 15 Doppel-, 1 Einzelzimmer, 3 Suiten; alle Zimmer mit Bad oder Dusche, Telefon
Anlage Speiseraum, Bar, 2 Salons, Bibliothek, Terrasse, Swimmingpool

Kreditkarten MC, V
Kinder werden aufgenommen
Behinderte keine speziellen Einrichtungen
Tiere nicht erlaubt
Geschlossen Jan. und Feb.; Restaurant Mi
Besitzer Ulderico und Anna Maria Bleuler

Toskana

Landgasthof, Pieve Santo Stéfano

Locanda Sari

Schon lange wird die Locanda Sari von Carmen Pierangelis Familie als Gaststätte für die Einheimischen und beliebte Raststation auf dem Wege nach Ravenna geführt, aber der Verkehr, der früher direkt an der Haustür vorbeilief, hat sich mittlerweile auf eine neue Autobahn jenseits des engen Tales verlagert, und die Besitzerin ergriff vor ein paar Jahren diese Gelegenheit, um aus ihrem Haus ein Hotel zu machen, das Reisende besonders gern aufsuchen.

Es wurde sehr gekonnt im klassisch-ländlichen Stil renoviert. Die Gästezimmer mit den glänzend gefliesten Böden enthalten rustikale Antiquitäten und bemalte Repliken alter Kleiderschränke, cremefarbene Vorleger und Bettdecken mit speziellem Webmuster. Die eisernen, in den Wänden verankerten Bettgestelle bergen neue (und herrlich feste) Matratzen, die Duschbäder sind eng, aber hübsch. Ebenso geschmackvoll wurde der Speiseraum ausgestattet. Hauptattraktion ist hier jedoch Carmens exquisite ländliche Küche, die Touristen anderswo kaum vorgesetzt bekommen. Die meisten Gäste stimmen darin überein, daß die Ravioli mit Ricotta aus heimischer Produktion köstlich sind, obgleich sie einem unserer Berichterstatter nicht zusagten.

Carmen und ihr Englisch sprechender Mann Pio sind "charmant und gastfreundlich", und fast alle Besucher finden die nahe Hauptstraße "lästig, aber erstaunlich wenig störend".

Umgebung Sansepolcro (16 km); La Verna (20 km).

Via Tiberina, km 177, Pieve Santo
Stéfano, Arezzo
Tel. (0575) 797053
Lage in offener Landschaft 3 km
nördlich des Dorfes an einer
Nebenstraße; Parkplatz gegenüber
Mahlzeiten Frühstück, Mittag- und
Abendessen
Preise Zimmer L55.000-L85.000,
Mahlzeiten L36.000-L45.000
Zimmer 8 Doppelzimmer, 1 mit Bad,
7 mit Dusche, alle mit Zentralheizung
Anlage Speiseraum, Lobby, Bar,
kleine Terrasse
Kreditkarten AE, DC

Kinder willkommen
Behinderte Zugang schwierig
Tiere nicht erlaubt
Geschlossen nie
Besitzerin Carmen Pierangeli

Toskana

Umgebautes Kloster, Pistoia

Il Convento

Ein umgebautes Kloster in den grünen Hügeln von Pistoia (zwischen Lucca und Florenz), weiß gestrichen und mit Pfannendach, klingt wie ein Glückstreffer - und das ist es auch. Besonders reizvoll ist die zugleich friedliche und erhabene Lage: von Hotel und Terrassen hat man einen herrlichen Blick auf die üppigen, sehr gepflegten Gärten, zu denen auch ein eindrucksvoller Swimmingpool mit großzügig bemessener, gefliester Einfassung gehört.

Im Inneren entspricht Il Convento nicht ganz den Erwartungen - in den hochmodernen Zimmern hat man mehr Wert auf Funktionalität und Sauberkeit als auf antike Möblierung oder Individualität gelegt. Die Gemeinschaftsräume passen da schon besser zur Umgebung - vor allem das Restaurant, in dem aus den ehemaligen Mönchszellen winzige, intime Eßnischen wurden. Der Salon ist geräumig und enthält behagliche Sessel und Sofas.

Von Personal und Küche waren wir jedesmal beeindruckt. Ein Berichterstatter aus jüngster Zeit fand die Bedienung im Restaurant allerdings "nicht sonderlich hilfsbereit" und das Essen "gut, aber teuer". Halten Sie uns bitte auf dem laufenden.
Umgebung die Sehenswürdigkeiten von Pistoia; Prato und Florenz sind gut erreichbar.

Via San Quirico 33, Pontenuovo, Pistoia 51100
Tel. (0573) 452 652 **Fax** 453758
Lage 4 km östlich von Pistoia in der Gegend von Pontenuovo auf einem Hügel mit Blick auf die Stadt; Parkmöglichkeiten
Mahlzeiten Frühstück, Mittag- und Abendessen
Preise Zimmer L85.000-L120.000 inkl. Frühstück
Zimmer 20 Doppel-, 4 Einzelzimmer, alle mit Bad, Zentralheizung, Telefon, TV

Anlage Speiseraum, Sitzecke, Bar, Zimmer für Spiele, Swimmingpool
Kreditkarten MC, V
Kinder werden aufgenommen
Behinderte Zugang schwierig
Tiere nicht erlaubt
Geschlossen Restaurant Mo
Besitzer Paozo Petrini

Toskana

Landvilla, Pistoia

Villa Vannini

Dieses Hotel ist ein echtes Juwel in einer Gegend, in der es erstaunlich wenig kleine, reizvolle Unterkünfte gibt. Auf seinem abgelegenen und wunderbar ruhigen Standort etwa 2 km oberhalb des Dorfes Piteccio und unweit der lebhaften kleinen Stadt Pistoia erhebt es sich auf einem Hügel, den man über eine schmale, schlecht ausgebaute, durch unberührte Landschaft führende Straße erreicht. Die sympathische Signora Vannini nimmt ihre Gäste herzlich auf und kümmert sich liebevoll um ihr Haus. Es gibt mehrere kleine Sitzecken mit großen Blumenvasen, chintzbezogenen oder schweren modernen Sesseln, Drucken und Aquarellen sowie Antiquitäten von der Art, die man in einem eleganten Privathaushalt antrifft. Der Speiseraum gibt mit seinen weiß getünchten Wänden, dem glänzenden Parkett und dem Marmorkamin einen würdigen Rahmen für die hervorragenden toskanischen Spezialitäten ab, die hier serviert werden ("spektakulär - das Beste, was wir auf unseren Reisen je gegessen haben", meinte ein Gast). Die Zimmer sind wunderschön und sehr individuell gestaltet - viele mit geblümten Textilien und hübschen antiken Stücken. Auf einer schlichten Terrasse vor dem Hotel kann man sich von einem anstrengenden Tagesausflug nach Pistoia, Florenz, Lucca oder gar Bologna ausruhen.
Umgebung Dom, Ospedale del Ceppo und Kirche Sant'Andrea in Pistoia.

Villa di Piteccio, 51030 Pistoia
Tel. (0573) 42031 **Fax** 26331
Lage 6 km nördlich von Pistoia an einem Hang; Garten, Parkplatz
Mahlzeiten Frühstück, Mittag- und Abendessen
Preise Zimmer L80.000 inkl. Frühstück, HP L70.000 (Mindestaufenthalt 3 Tage)
Zimmer 8 Doppelzimmer mit Bad
Anlage 2 Salons, Zimmer für Spiele, 2 Speiseräume
Kreditkarten keine
Kinder nicht sehr geeignet

Behinderte keine speziellen Einrichtungen
Tiere nicht erlaubt
Geschlossen nie
Besitzerin Maria-Rosa Vannini

Toskana

Hotel am Meer, Porto Ercole

Il Péllicano

Porto Ercole ist einer jener mondänen kleinen Häfen, in denen reiche Römer am Wochenende mit ihren Booten anlegen. Der Garten des Péllicano, einer eleganten, rostfarbenen, von Wein überwucherten Villa, zieht sich bis zu den flachen Felsen hinunter, die das Hotel zu seinem "Privatstrand" erklärt hat. Es bietet den Luxus und die Exklusivität, die man von einem sehr teuren Vier-Sterne-Haus erwartet; dennoch blieben der Stil und die Ungezwungenheit eines toskanischen Privatdomizils erhalten, und das freiliegende Gebälk, die Steinbögen und antiken Stücke lassen es wesentlich älter erscheinen, als es ist. Die ländlichen Möbel kommen vor den weiß getünchten Wänden und zwischen den bunt bezogenen, stilvollen Sofas und großen Blumenvasen gut zur Geltung. Fisch und andere Meeresfrüchte sind die Spezialitäten des Restaurants - vorausgesetzt, man läßt sich durch die Preise nicht den Appetit verderben. Im Sommer werden die Mahlzeiten auf einer entzückenden Terrasse im Garten oder am Pool serviert, wo das Vorspeisenbüffet eine wahre Augenweide ist. Die ruhigen Gästezimmer, viele davon in zweistöckigen Häuschen untergebracht, sind mit antiken Möbeln und modernen Textilien ausgestattet. Sie sind überwiegend kühl und geräumig und verfügen alle über eine Terrasse oder einen Balkon. Nehmen Sie sich vor Mückenschwärmen in acht, warnt unser Tester.
Umgebung Orbetello (16 km).

Cala dei Santi, Porto Ercole 58018, Grosseto
Tel. (0564) 833801 **Fax** 833418
Lage 4 km vom Ortszentrum; eigener Garten mit Blick aufs Meer, Privatparkplatz
Mahlzeiten Frühstück, Mittag- und Abendessen
Preise Zimmer L210.000-L580.000, HP L220.000-L405.000, Suiten L520.000-L1.100.000
Zimmer 30 Doppelzimmer, 4 Suiten, alle mit Bad und Dusche, Zentralheizung, Klimaanlage, Minibar, Telefon

Anlage Restaurants, Bars, Sitzecke, Terrasse, Schönheitsklinik, Swimmingpool, Tennis, Reiten, Wasserski, Tontaubenschießen
Kreditkarten AE, DC, V
Kinder werden aufgenommen, sofern über 14
Behinderte Zugang schwierig
Tiere nicht erlaubt
Geschlossen 10. Jan. bis 10. März
Manager Sg. und Sga. Emili

Toskana

Landvilla, Prato

Villa Rucellai

Das stark industrialisierte Prato macht zunächst einen abschreckenden Eindruck und verdirbt auch den Ausblick, den man von der in grünen Hügeln gelegenen Villa hat, aber dafür entschädigen Haus und Garten, die einladende Atmosphäre und die bescheidenen Preise.

Das weitläufige, rot gedeckte Gebäude zieht sich ebenso wie der umliegende Garten und die Olivenhaine den Hang hinab. Die alten Fußböden der hohen Innenräume sind glänzend poliert. Die Einrichtung ist antik und komfortabel und erinnert etwas an ein englisches Landhaus. Salon und Bibliothek sind behaglich mit Chintzsofas, Blumensträußen, vielen Büchern, Zeitschriften und Bildern ausgestattet.

In den geräumigen Gästezimmern, vielfach mit Blick auf den Hang, stehen schlichte, oft antike Möbel. Das Frühstück wird in einem wohnzimmerartigen Raum, in dem die farbenprächtige Keramiksammlung der Familie zu bewundern ist, an großen Eßtischen serviert.

Mehr als ein Besucher fand die "entspannte und lockere Atmosphäre" erfreulich, die von den Besitzern - mit der zusätzlichen Unterstützung ihrer Gänse, Hühner und Hunde - geschaffen wird.

Umgebung Prato; Florenz (20 km).

Via di Canneto 16, 50047 Prato (Firenze)
Tel. (0574) 460392
Lage im Bisenzio-Tal 4 km nordöstlich von Prato; Privatgrundstück, Parkplatz
Mahlzeiten Frühstück
Preise Zimmer L60.000-L120.000
Zimmer 12 Doppel-, 1 Familienzimmer; 10 Zimmer mit Bad, alle mit Zentralheizung, einige mit Telefon
Anlage Speiseraum, Salon, Fernsehzimmer, Fitneßraum, Terrasse, Swimmingpool

Kreditkarten keine
Kinder willkommen; Kinderbetten und -stühle auf Anfrage
Behinderte 2 geeignete Zimmer
Tiere normalerweise nicht erlaubt
Geschlossen nie
Besitzer Familie Rucellai Piqué

Toskana

Landgasthof, Pugnano

Casetta delle Selve

Dieses Bauernhaus, auf das uns ein französischer Leser aufmerksam machte, der es als "kleines Paradies" beschrieb, ist zwar typisch toskanisch, hat aber einen ganz eigenen Charakter. Die blendend weiße Fassade, die friedliche Lage, der von Blumen überquellende Garten und die rotgeflieste Terrasse mit der herrlichen Aussicht sind alle erwartungsgemäß vorhanden - nur das Innere unterscheidet sich erheblich von der Norm.

Mit dem gefirißten Gebälk, das sich gegen den makellos weißen Anstrich vorteilhaft abhebt, fällt es nicht nur durch seinen außerordentlich gut erhaltenen Zustand auf, sondern insbesondere durch die kühnen Farben von Kissen, Vorlegern, Bettdecken (zum Teil Handarbeiten von Signora Menchi) und (den sehr zahlreichen) Bildern einen fröhlichen Kontrast zu den antiken Möbeln bilden. Die Gemeinschaftsräume wirken nüchterner, enthalten aber ebenfalls Bilder, Zierat und prächtige Antiquitäten.

Außerdem ist Nicla Menchi nicht die übliche Hotelbesitzerin - "die ungewöhnlichste Gastgeberin, die wir je kennengelernt haben", "sie macht ein Frühstück, das kaum zu überbieten ist" -, so daß viele Besucher als Freunde scheiden.

Umgebung Lucca (10 km); Pisa (12 km).

Pugnano, 56010 Pisa
Tel. (050) 850359
Lage in offener Landschaft 2 km abseits der SS12, östlich von Pugnano, 10 km südwestlich von Lucca; Parkplatz
Mahlzeiten Frühstück
Preise Zimmer L80.000, Frühstück L10.000
Zimmer 5 Doppel-, 1 Familienzimmer, alle mit Bad, Zentralheizung
Anlage Frühstücksraum, Terrasse
Kreditkarten keine
Kinder werden aufgenommen

Behinderte keine speziellen Einrichtungen
Tiere erlaubt
Geschlossen nie
Besitzerin Nicla Menchi

Toskana

Landhotel, Radda in Chianti

Relais Fattoria Vignale

Hier wurde endlich einmal der Traum des Herausgebers wahr: ein ausgezeichnetes neues Hotel zu finden, das die Konkurrenz noch nicht entdeckt hatte. Unser Tester, der 1987 zufällig darauf stieß, war sofort angetan von der geschmackvollen Art und Weise, in der das ehemalige Herrenhaus umgebaut worden war. Auch spätere Besuche dämpften unsere Begeisterung nicht. Das Gebäude wurde an einem in der Mitte des Dorfes abfallenden Hang errichtet. Das "Erdgeschoß" beherbergt vier ineinander übergehende Salons, die alle Wohnzimmergröße haben. Sie sind wunderschön mit gemütlichen Sofas, Antiquitäten und Vorlegern in gedämpften Farben auf Terrakottafußböden und ein oder zwei prächtigen Steinkaminen ausgestattet, die weißen Wände entweder mit Bildern oder Wandmalereien geschmückt. Die Gästezimmer im oberen Stock wirken mit ihren gewachsten Holztüren, weißen Wänden und antiken Bettgestellen ähnlich elegant.

Im Untergeschoß des Hauses befindet sich, überspannt von einem Backsteingewölbe, der hübsche Frühstücksraum, wo man sich von einem exzellenten Büffet selbst bedienen kann und freundliche Kellnerinnen Kaffee und andere Extras servieren. Das bekannteste Restaurant des Ortes (das ebenfalls Vignale heißt) ist nur 300 m entfernt; man reserviert Ihnen dort vom Hotel aus gern einen Tisch. Von den Salons, den nach hinten gelegenen Zimmern und dem Swimmingpool hat man einen herrlichen Blick über das Radda-Tal.
Umgebung Siena, Florenz und Arezzo sind gut zu erreichen.

Via Pianigiani 15, Radda in Chianti 53017, Siena
Tel. (0577) 738 300 **Fax** 738592
Lage im Dorfzentrum, 31 km nördlich von Siena; Garten, großer Parkplatz
Mahlzeiten Frühstück, Snacks
Preise Zimmer L150.000-L300.000 inkl. Frühstück
Zimmer 19 Doppelzimmer, 4 mit Bad, 15 mit Dusche; 4 Einzelzimmer mit Dusche; 3 Familienzimmer mit Bad; alle Zimmer mit Zentralheizung, Klimaanlage, Telefon, Minibar

Anlage 3 Salons, Frühstücksraum, Bar im Haus und am Pool, Konferenzraum
Kreditkarten AE, MC, V
Kinder werden aufgenommen, sollten aber nicht zu laut sein
Behinderte Zugang schwierig
Tiere nicht erlaubt
Geschlossen Nov. bis März
Managerin Silvia Kummer

Toskana

Landhotel, Radda in Chianti

Vescine - Il Relais del Chianti

Wir führen dieses Hotel unter Radda auf, obgleich es in Wirklichkeit kilometerweit davon entfernt und daher gut geeignet für Reisende ist, die Stille und Frieden suchen. Als wir dort waren, nahmen die meisten Gäste gerade in aller Ruhe am Pool ein Sonnenbad und blinzelten nur gelegentlich auf die herrliche Landschaft, die sich vor ihnen ausbreitete.

Vescine ist eine von mehreren kleinen toskanischen Ansiedlungen, die durch ihre Umwandlung in ein Hotel - das in diesem Fall 1990 eröffnet wurde - dem Verfall entgingen. Seine Restaurierung war äußerst gründlich; Vegetation gibt es nur dort, wo die Architekten sie auch eingeplant hatten, ansonsten ist jeder Quadratzentimeter mit Ziegeln und Fliesen bedeckt. Es mangelt jedoch keineswegs an Grün - Randstreifen und Terrassen sind üppig bepflanzt.

Die Gästezimmer befinden sich in separaten Häusern und sind mit ihren schmucklosen Wänden, an denen nur hin und wieder ein Bild hängt, den Fliesenböden, freiliegenden Balken und der sparsamen Möblierung sehr gelungen gestaltet. Es gibt einen stilvoll eingerichteten Frühstücksraum und darüber eine hübsche Bar mit Salon und großer Terrasse. Zum Abendessen müssen Sie sich allerdings in Bewegung setzen und einen Ausflug in das zum Hotel gehörige Restaurant La Cantoniera oder noch weiter nach Radda oder Castellina machen.

Umgebung Siena, Florenz, Arezzo sind gut erreichbar.

Loc. Vescine, Radda in Chianti
53017, Siena
Tel. (0577) 741144 **Fax** 740263
Lage in offener Landschaft auf halbem Wege zwischen Radda und Castellina, 30 km nördlich von Siena; Privatgrundstück mit großem Parkplatz
Mahlzeiten Frühstücksbüffet; zum Hotel gehöriges Restaurant 700 m entfernt
Preise Zimmer L120.000-L230.000 inkl. Frühstück, Suite L240.000-L280.000

Zimmer 19 Doppelzimmer mit Dusche; 6 Suiten; alle Zimmer mit Zentralheizung, Telefon, Minibar, Satelliten-TV
Anlage Salon/Bar, Frühstücksraum, Swimmingpool, Tennisplatz
Kreditkarten AE, MC, V
Kinder werden aufgenommen
Behinderte Zugang schwierig
Tiere nicht erlaubt
Geschlossen Nov. und Feb.
Managerin Birgit Fleig

Toskana

Villa auf einem Hügel, Reggello

Villa Rigacci

Das mit Kletterpflanzen berankte Bauernhaus aus dem 15. Jhd., das vor rund zehn Jahren als Hotel eröffnet wurde, erhebt sich in wunderbar abgeschiedener Lage auf einem Hügel, umgeben von Olivenbäumen, Pinien, Kastanien und Wiesen - trotzdem ist es nur wenige Kilometer von der Autobahn Florenz-Rom und nicht weit von Florenz und Arezzo entfernt.

Viele der ursprünglichen Bauelemente - Türbögen, altes Gebälk in den Gästezimmern, gefliese oder mit Stein gepflasterte Böden - blieben erhalten. Die Einrichtung ist liebevoll zusammengestellt wie in einem Privathaus. Im Salon wärmt bei kühlem Wetter ein offenes Feuer. Die Zimmer, von denen die besten (wenn auch nicht alle) herrlich geräumig sind, enthalten glänzend polierte antike Möbel und bieten einen Blick auf den Garten, den Swimmingpool, der recht groß ist und eine hübsche Einfassung aus Kacheln und Gras hat, oder die waldreiche Umgebung. Im Park, der einige prachtvolle Bäume aufweist, gibt es zahlreiche stille, schattige Winkel, in denen man sich gut entspannen kann.

Ein ansonsten zufriedener Besucher, der "hier einen reizenden Urlaub verlebte", bat uns, darauf aufmerksam zu machen, daß das Essen überwiegend "raffinierte französische Küche" sei und nur wenige traditionelle italienische Gerichte angeboten würden - obgleich er an der Qualität nichts auszusetzen hatte.

Umgebung Florenz (35 km); Arezzo (45 km).

Vággio 76, Reggello 50066
Tel. (055) 8656718 **Fax** 6537
Lage 300 m nördlich von Vággio, 30 km südöstlich von Florenz, Ausfahrt Incisa von der A1; Parkplatz, Garten
Mahlzeiten Frühstück, Mittag- und Abendessen
Preise Zimmer L95.000-L220.000, HP L135.000-L185.000
Zimmer 13 Doppelzimmer, 3 Suiten; 13 mit Bad, 3 mit Dusche; 2 Einzelzimmer mit Bad; alle Zimmer mit Zentralheizung, Klimaanlage, Telefon, TV, Radio, Minibar

Anlage Speiseraum, Salons, Bibliothek, Swimmingpool
Kreditkarten AE, DC, V
Kinder werden toleriert
Behinderte Zugang einfach
Tiere kleine, wohlerzogene erlaubt
Geschlossen Restaurant Nov. und Jan.
Besitzer Frederic und Odette Pierazzi

Toskana

Landvilla, Rigoli

Villa di Corliano

Eine von Bäumen gesäumte breite Auffahrt führt zwischen Rasenflächen mit hohen Palmen zu einem Herrenhaus aus der Spätrenaissance vor dem Hintergrund dicht bewaldeter Hügel. Das Innere ist nicht weniger prächtig - Fresken schmücken jeden Zentimeter von Wänden und Decken, schöne klassische Büsten stehen auf ornamentierten Podesten, überall Antiquitäten und Kerzenleuchter und vom Salon aus dem 16. Jhd. und seinem Balkon ein herrlicher Blick auf das umliegende Grün. Unerhört teuer? Weit gefehlt: hier zahlen Sie nicht soviel wie in einem schäbigen Bahnhofshotel in Pisa.

Die Gästezimmer sind nicht ganz so imposant, die billigsten, mit Waschbecken, tragbarem Bidet (diskret hinter einem dekorativen Wandschirm versteckt) und knarrenden Betten ausgestattet, fast schon spartanisch. Außerdem ist der Weg zum Etagenbad oft lang. Dafür sind sie jedoch geräumig, zumeist sogar riesig, und enthalten große Kleiderschränke aus den 20er Jahren. Die besten Doppelzimmer haben jedoch einen Anflug von Pracht und ein eigenes Bad, und als wirklich klein kann man eigentlich nur die drei Zimmer ganz oben im "Turm" bezeichnen. Der alte Keller dient heute als Frühstücksraum, und eines der Nebengebäude beherbergt das Restaurant. Ein Gast, der sich kürzlich dort aufhielt, meinte: "Denkwürdiges Essen und sehr aufmerksamer Service."
Umgebung Pisa (10 km); Lucca (15 km).

Rigoli, San Giuliano Terme, 56010 Pisa
Tel. (050) 818193
Lage 2,5 km nordwestlich von San Giuliano Terme in Rigoli; großer Park, reichlich Parkplätze
Mahlzeiten Frühstück, Abendessen
Preise Zimmer L75.000-L110.000, Suite L180.000, Frühstück L15.000, Mahlzeiten L40.000
Zimmer 18 Doppelzimmer, 6 mit Bad, 4 mit Dusche, alle mit Zentralheizung, 6 mit Telefon

Anlage Salons, Bar, Frühstücksraum, Teestube, Fernsehzimmer, Konferenzraum
Kreditkarten MC, V
Kinder werden aufgenommen
Behinderte keine speziellen Einrichtungen
Tiere erlaubt
Geschlossen nie
Besitzer Conte Ferdinando Agostini Venerosi della Seta

Toskana

Landhotel, San Gimignano

Pescille

Das weitläufige, auf einem Hügel gelegene Herrenhaus wurde 1970 mit viel Geschmack und Sorgfalt zu einem Hotel umgestaltet und bietet genügend Abwechslung, wenn Sie den Tag lieber hier verbringen, als sich Sehenswürdigkeiten anschauen möchten. 1987 wurde sein Hauptmangel - das Fehlen eines Restaurants - durch die Einrichtung eines großen, unabhängig geführten Speiselokals namens Cinque Gigli behoben, das kühl und modern in Grau-Weiß mit Rohrstühlen auf einem gefliesten Fußboden ausgestattet ist. Das Essen soll dort "hervorragend", der Service "perfekt" sein.

Das Hotel selbst ist nach wie vor eine Oase der Ruhe. Der ländliche, terrassenförmig angelegte Garten enthält zahlreiche lauschige Winkel, und im Hause gibt es mehrere kleine Sitzecken, in denen elegante moderne Möbel geschickt mit antikem bäuerlichem Krimskrams kombiniert wurden. Die Gästezimmer sind schlicht, stilvoll gestaltet und einigermaßen geräumig und bieten einen traumhaften Blick über das offene Land oder auf die unverwechselbare Silhouette von San Gimignano. Der Swimmingpool ist nicht gerade ideal, da er einen sehr hohen Beckenrand hat. Überdies, so beschwerte sich ein verärgerter Gast, werden Pool und Garten schon am frühen Abend geschlossen. Wir bitten um weitere Berichte.

Umgebung San Gimignano; Florenz, Siena, Pisa sind gut erreichbar.

Località Pescille, San Gimignano 53037, Siena
Tel. und Fax (0577) 940186
Lage 3 km südwestlich von San Gimignano; großer Garten, Privatparkplatz
Mahlzeiten Frühstück, Mittag- und Abendessen
Preise Zimmer L80.000-L130.000, Suiten L180.000
Zimmer 30 Doppel-, 2 Einzel-, 1 Familienzimmer, 7 Suiten, alle mit Bad, Zentralheizung, Telefon

Anlage Salon, Fernsehzimmer, Frühstücksraum, 2 Bars, Speiseraum, Swimmingpool, Tennis, Bowling
Kreditkarten AE, DC, MC, V
Kinder werden aufgenommen, sofern sie sich ruhig verhalten
Behinderte Zugang schwierig
Tiere nicht erlaubt
Geschlossen Nov. bis Feb.
Besitzer Gebrüder Gigli

Toskana

Landhotel, San Gimignano

Le Renaie

Das Haus, früher ein schlichtes Restaurant mit Bar, wurde von den gegenwärtigen Besitzern im Laufe der Jahre zu einem einfachen, gut geführten Landhotel in der näheren Umgebung von San Gimignano aufgebaut. Von außen wirkt es, in einer ländlichen Gasse gelegen, wie eine beliebige moderne Villa. Innen macht es mit seinen frisch gestrichenen Wänden, den Rattanmöbeln und traditionellen Ziegelböden einen angenehm kühlen Eindruck. Die Gästezimmer sind geräumig und makellos sauber; manche haben eine eigene Terrasse. Das Restaurant, Da Leonetto, ist bei den Einheimischen recht beliebt, wird von unseren Lesern jedoch unterschiedlich beurteilt. An schönen Tagen wird auch auf der Veranda serviert. Hauptattraktionen sind für die meisten Urlauber der kleine Swimmingpool, die ruhige Lage ("Hier kann der Gast in Ruhe ausspannen", verspricht der Werbeprospekt) und die reellen Preise.

Umgebung die Sehenswürdigkeiten von San Gimignano; die Hügel und Weinberge von Chianti; Volterra, Siena, Florenz sind gut zu erreichen.

Località Pancole, San Gimignano 53037, Siena
Tel. (0577) 955 044
Lage 6 km nördlich von San Gimignano abseits der Straße nach Certaldo; Privatparkplatz
Mahlzeiten Frühstück, Mittag- und Abendessen
Preise Zimmer L75.000-L120.000, HP L95.000
Zimmer 25 Doppel-, 1 Einzelzimmer, alle mit Bad, Telefon, TV
Anlage Halle, Fernsehzimmer, Speiseraum, Bar, Swimmingpool, Tennis

Kreditkarten AE, DC, MC, V
Kinder werden aufgenommen, müssen am Swimmingpool jedoch beaufsichtigt werden
Behinderte Zugang schwierig
Tiere auf den Zimmern erlaubt
Geschlossen die letzten 3 Wochen im Nov.
Besitzer Leonetto Sabatini

Toskana

Landhotel, Scansano

Antico Casale di Scansano

Zwei weitgereiste Leser lenkten mit ihren begeisterten Zuschriften unsere Aufmerksamkeit auf dieses bezaubernde Hotel in der Küstenregion der Toskana südöstlich von Grosseto, die unter dem Namen Maremma bekannt ist. Wir haben ihrem Urteil kaum etwas hinzuzufügen: "Mit ländlichen Antiquitäten reizend eingerichtete Zimmer und schönes Restaurant mit Terrasse, von der man auf ein herrlich grünes Tal mit Weingärten und Olivenhainen blickt; ein echt erholsames Erlebnis." Und: "Auf unserer viermonatigen Reise durch das Land bekam dieses Hotel von uns die Note Eins; wir waren beeindruckt von der herzlichen Gastfreundschaft, der Küche, der Umgebung - selbst die Betten waren die besten, die wir in Italien antrafen."

Das Antico Casale ist ein wundervoll restauriertes, 200 Jahre altes Bauernhaus, das sich mehr von seiner Ursprünglichkeit bewahrt hat als die meisten ähnlichen Häuser. Auf dem Gut Macereto, zu dem es gehört, produziert man Grappas und Weine (darunter den Morellino di Scansano DOC), auf den umliegenden Höfen Olivenöl, und in den Ställen des Casale herrscht lebhaftes Treiben: es werden Reiterferien (notfalls mit Unterricht) und sogar spezielle "Halbpension-mit-Pferd"-Tarife angeboten. Außerdem kann man an Töpfer- und Weinprobierkursen teilnehmen.

Umgebung Thermalbad Saturnia, argentarische Küste.

Scansano, 58054 Grosseto
Tel. (0564) 507219 **Fax** 507805
Lage in offener Landschaft 22 km südöstlich von Grosseto; Garten, Parkplatz
Mahlzeiten Frühstück, Mittag- und Abendessen, Snacks
Preise L75.000-L160.000; 20% Ermäßigung für Kinder unter 12 im elterlichen Zimmer
Zimmer 11 Doppel-, 3 Einzel-, 1 Familienzimmer, alle mit Bad und Dusche, Zentralheizung, Klimaanlage, Telefon, TV, Minibar, Fön

Anlage Bar, Salon, Speiseraum, Terrasse, kleiner Swimmingpool, Reiten, Mountainbikes
Kreditkarten AE, MC, V
Kinder werden aufgenommen
Behinderte keine speziellen Einrichtungen
Tiere erlaubt, sofern wohlerzogen
Geschlossen Mitte Jan. bis Ende Feb.
Besitzer Massimo Pellegrini

Toskana

Stadtvilla, Sesto Fiorentino

Villa Villoresi

Die vornehme Villa Villoresi wirkt in diesem heutigen Industrievorort von Florenz ziemlich deplaziert, aber in Haus und Garten fühlt man sich dann meilenweit vom Getümmel der Stadt entfernt. Die Gastgeberin Contessa Cristina Villoresi hat durch ihre warmherzige Art die Herzen vieler Besucher aus Europa und Übersee erobert. Es ist ihr zu verdanken, daß hier immer noch die Atmosphäre eines - recht prächtigen, wenn auch etwas verwohnten - Privathauses herrscht.

Jeder Raum scheint sein eigenes Geheimnis oder eine Erinnerung an die Vergangenheit zu bergen. Die Eingangshalle ist eine herrliche Galerie mit schweren Kandelabern, freskengeschmückten Wänden, Antiquitäten und hohen Topfpflanzen. Auch auf dem Treppenabsatz des ersten Stocks sind schöne Fresken zu bewundern. In der Rezeption kann man den Familienstammbaum studieren, im Speiseraum den würdevoll dreinschauenden toskanischen Adel kennenlernen, im Salon in Leder gebundene Romane lesen. Die Zimmer sind auffallend unterschiedlich - von kleinen und recht einfachen Räumen bis zu großartigen Apartments mit Wandmalereien und venezianischen Kerzenleuchtern. Von einigen blickt man auf einen Innenhof, von anderen auf Pool und Garten. Die Preise für Halb- und Vollpension sind nach wie vor annehmbar, und das Essen soll jetzt besser sein als früher.

Umgebung Florenz (8 km).

Via Ciampi 2, Colonneta di Sesto Fiorentino, Firenze 50019
Tel. (055) 443692 **Fax** 442063
Lage 8 km nordwestlich von Florenz; ausreichend Parkmöglichkeiten
Mahlzeiten Frühstück, Mittag- und Abendessen
Preise Zimmer L150.000-L330.000, HP 175.000 -L260.000, Mahlzeiten L50.000-L55.000; 20% Ermäßigung außerhalb der Saison
Zimmer 18 Doppel-, 3 Einzelzimmer, 7 Suiten, alle mit Bad oder Dusche, Zentralheizung, Telefon

Anlage Salons, Bar, Speiseraum, Veranda, Swimmingpool, Tischtennis
Kreditkarten AE, DC, MC, V
Kinder willkommen
Behinderte keine speziellen Einrichtungen
Tiere erlaubt, außer in den Gemeinschaftsräumen
Geschlossen nie
Besitzerin Contessa Cristina Villoresi

Toskana

Umgebautes Kloster, Siena

Certosa di Maggiano

Wer in Siena ein exklusives, aber unprätentiöses Hotel sucht, ist hier wahrscheinlich am richtigen Platz: ein ehemaliges Kartäuserkloster - das älteste der Toskana -, lauschig in einem großen Park gelegen (und doch wenige Minuten von der bezaubernden Altstadt entfernt), mit nur 17 Zimmern, hauptsächlich Suiten. Obwohl die Preise extrem hoch sind, ist die Certosa keineswegs pompös. Die zurückhaltend geschmackvolle Ausstattung, die Landhausatmosphäre und der diskrete Service werden vor allem denjenigen gefallen, die Ruhe suchen und ungestört bleiben wollen.

Die Mahlzeiten nimmt man in dem herrlichen Speiseraum, im stillen Kreuzgang aus dem 14. Jhd. oder unter den Arkaden am Swimmingpool ein. Die Gäste können sich von den Getränken in der Bibliothek selbst bedienen, in einem kleinen Vorraum Backgammon oder Schach spielen oder sich im entzückenden Salon entspannen. Fast überall stehen Blumensträuße, und Schalen mit frischem Obst verleihen den Zimmern eine persönliche Note. Man sollte sich allerdings darüber im klaren sein, daß man Siena per Taxi oder Bus erkunden muß - zu Fuß ist es zu weit, und für ein eigenes Auto gibt es im Zentrum praktisch keine Parkmöglichkeiten. Vielleicht wollen Sie aber auch im Hotel bleiben und dessen Schönheit genießen - schließlich haben Sie für das Privileg genug bezahlt.

Umgebung die Sehenswürdigkeiten von Siena; die Hügel und Weinberge von Chianti; San Gimignano, Florenz, Arezzo sind gut zu erreichen.

Via Certosa 82, Siena 53100
Tel. (0577) 288180 **Fax** 288189
Lage 1 km südöstlich vom Stadtzentrum und der Porta Romana; Garten, Parkplatz gegenüber dem Eingang, Garagenstellplätze
Mahlzeiten Frühstück, Mittag- und Abendessen
Preise Zimmer L460.000-L620.000 inkl. Frühstück, Suiten L750.000, Mahlzeiten um L100.000
Zimmer 5 Doppelzimmer, 12 Suiten, alle mit Bad, Zentralheizung, TV, Telefon, Radio

Anlage Speiseraum, Bar, Bibliothek, Salon, Tennis, beheizter Swimmingpool im Freien, Hubschrauberlandeplatz
Kreditkarten AE, DC, MC, V
Kinder werden aufgenommen
Behinderte Zugang möglich - 3 Zimmer im Erdgeschoß
Tiere kleine Hunde erlaubt, außer im Speiseraum
Geschlossen nie
Managerin Anna Recordati

Toskana

Palazzo Ravizza

Den Empfang fanden wir hier, gelinde gesagt, *sotto*, aber wenn man erst einmal sein Zimmer gesehen hat und die Atmosphäre des Ravizza auf sich wirken läßt, scheint selbst die ausdruckslose Miene des Personals dazu zu passen. Ein Besucher, der neulich dort war, wurde sogar "sehr nett und gutgelaunt" begrüßt. Das Haus, das seit 200 Jahren derselben ortsansässigen Adelsfamilie gehört (der Kartentisch war offenbar ihr Ruin), ist seit Anfang des 20. Jhds. ein Hotel und besitzt jenen Charme verblichener Pracht, der einen Aufenthalt unvergeßlich macht.

Die Gästezimmer sind recht unterschiedlich. Die besten bieten einen Blick über die toskanische Landschaft, verschnörkelte Stilmöbel, behagliche Betten und riesige, moderne Bäder. (Die dünnen, tischtuchartigen Handtücher sagen im Gegensatz zu uns anscheinend vielen Gästen zu.) Im Erdgeschoß gibt es eine kleine Sitzecke mit Bücherregalen und ledergebundenen Gästebüchern sowie eine große, schattige Terrasse und einen gepflegten Speiseraum mit umwerfend schöner Decke. Die unprätentiöse Hausmannskost (*pasta in brodo*, Kalbsbraten mit Artischocken) ist der Umgebung perfekt angemessen. Beim Frühstück sind die mit Aprikosenmarmelade gefüllten Croissants eine willkommene Abwechslung zu den sonst üblichen trockenen Brötchen.
Umgebung Dom, Piazza del Campo.

Pian dei Mantellini 34, Siena 53100
Tel. (0577) 280462 **Fax** 271 370
Lage innerhalb der Stadtmauern nahe dem Zentrum; öffentlicher Parkplatz gegenüber
Mahlzeiten Frühstück, Picknick-Lunch auf Wunsch, Abendessen
Preise Zimmer ab L164.000, HP L145.000
Zimmer 30 Doppelzimmer, 15 mit Bad, 3 mit Dusche; 2 Einzel-, 3 Familienzimmer; alle Zimmer mit Zentralheizung, Telefon

Anlage Speiseraum, Bibliothek, Bar, Gartenterrasse
Kreditkarten AE, DC, MC, V
Kinder willkommen
Behinderte Rampe zum Erdgeschoß, Lift zu den Zimmern
Tiere kleine Hunde und Katzen erlaubt
Geschlossen Restaurant Jan. und Feb.
Besitzer Giovanni Iannone

Toskana

Stadtvilla, Siena

Villa Scacciapensieri

Diese bescheidene, auf einem Hügel gelegene Villa aus den Anfängen des 20. Jhds. befindet sich im Besitz der Familie Nardi, seit sie in den 30er Jahren in ein Hotel umgewandelt wurde. Seitdem haben sich die Vororte von Siena bis in ihre unmittelbare Umgebung ausgedehnt, aber obwohl das Haus nicht mehr für sich beanspruchen kann, auf dem Lande zu liegen, stellt es doch noch einen ruhigen Zufluchtsort vor dem Getümmel der Stadt dar.

Ein großer Pluspunkt ist der Garten, der sich aus einer formalen Anlage mit Blumen vor dem Hotel und einem eher ländlichen Teil daneben mit Swimmingpool und bepflanzter Terrasse zusammensetzt, auf der im Sommer die Mahlzeiten eingenommen werden können. Der Speiseraum jenseits der kühlen Eingangshalle ist im elegant-traditionellen Stil gehalten, der Salon mit seinen modernen Möbeln dagegen weder schick noch behaglich und daher eine gelinde Enttäuschung, obgleich bei kühlem Wetter ein Feuer in dem großen Kamin knistert.

Die Gästezimmer sind langweilig möbliert, aber geräumig und bieten entweder einen Blick über die Dächer und Türme von Siena oder die Weinberge, Olivenhaine und Hügel auf der anderen Seite. "Das Frühstück ist einfach und gut", berichtet ein Gast aus jüngerer Zeit; eine alleinreisende Frau allerdings fühlte sich von der Bedienung im Speiseraum nicht gut behandelt.

Umgebung die Sehenswürdigkeiten von Siena; Florenz ist gut erreichbar.

Via di Scacciapensieri 10, Siena 53100
Tel. (0577) 41442 **Fax** 270854
Lage 2 km nordöstlich des Stadtzentrums auf einem Hügel; eigener Garten mit Parkplatz
Mahlzeiten Frühstück, Mittag- und Abendessen
Preise Zimmer L120.000-L370.000, Suiten L360.000, HP L125.000-L220.000
Zimmer 22 Doppel, 4 Einzelzimmer, 2 Suiten, alle mit Bad oder Dusche, Zentralheizung, Minibar, Farb-TV, Telefon, Klimaanlage

Anlage Speiseraum, Halle, Bar, Fernsehzimmer, Swimmingpool im Freien, Tennis
Kreditkarten AE, DC, MC, V
Kinder willkommen
Behinderte Lift
Tiere kleine erlaubt, außer in den Gemeinschaftsräumen und am Pool
Geschlossen Jan. bis Mitte März; Restaurant Mi
Besitzer Emma, Ricardo und Emanuele Nardi

Toskana

Landgasthof, Sinalunga

Locanda dell'Amorosa

Die Locanda dell'Amorosa ist so romantisch, wie ihr Name verspricht. Das elegante Renaissancegebäude, zu dem auch ein kleines Dorf gehört, erhebt sich zwischen den Resten einer Mauer aus dem 14. Jhd. und wurde zu einem reizenden Landgasthof umgestaltet.

Die ehemaligen Ställe mit ihren alten Balken und Backsteinwänden beherbergen heute das entzückend rustikale (wenn auch teure) Restaurant, in dem traditionelle toskanische Gerichte, à la *nouvelle cuisine* abgewandelt, serviert werden. Die Zutaten stammen vom eigenen Anwesen, das auch Wein produziert. Bis zu 80 Personen fassen die Räumlichkeiten, die aber trotzdem gemütlich wirken; oft sind sie bis auf den letzten Platz besetzt.

Nur einige wenige Glückliche können hier auch übernachten - entweder in Apartments, die sich in den einst von Bauern und Landarbeitern bewohnten Häusern befinden, oder in ganz normalen Gästezimmern im Herrenhaus. Die Zimmer wirken mit ihren weiß getünchten Wänden, den Terrakottafußböden und antiken Möbeln, den Gardinen und Bettdecken aus Florentiner Spitze kühl, luftig und adrett und verfügen über makellose moderne Bäder.

Zum Dorf gehört eine kleine Pfarrkirche mit herrlichen Fresken der Sieneser Schule aus dem 15. Jhd. Mit ihrem diskreten, aufmerksamen Service ist die Locanda ein Paradies für Kenner der Toskana, Feinschmecker und Romantiker.
Umgebung Siena (45 km); Arezzo (45 km); die Weinanbaugebiete von Chianti.

Sinalunga, 53048 Siena
Tel. (0577) 679497 **Fax** 678216
Lage 2 km südlich von Sinalunga; reichlich Parkplätze
Mahlzeiten Frühstück, Mittag- und Abendessen
Preise Zimmer L210.000-L350.000, Suiten L380.000-L480.000, Mahlzeiten ab L70.000
Zimmer 10 Doppelzimmer, 5 Suiten, alle mit Bad, Zentralheizung, Telefon, Farb-TV, Minibar, Klimaanlage
Anlage Speiseraum, Salon, Bar
Kreditkarten AE, DC, MC, V
Kinder werden aufgenommen

Behinderte Zugang schwierig
Tiere nicht erlaubt
Geschlossen Mitte Jan. bis Ende Feb.; Restaurant Mo, Di
Manager Carlo Citterio

Toskana

Landvilla, Vicchio di Mugello

Villa Campestri

Erkundigen Sie sich genau nach dem Weg, bevor Sie sich zu dieser Villa aufmachen; sie liegt einsam auf einem Hügel ein Stück südlich des Dorfes Vicchio di Mugello.

Das Gebäude sieht aus wie ein klassischer Renaissancebau, stammt jedoch aus dem 13. Jhd. Man hat von hier einen Blick auf hügelige Flächen gemähten Grases und friedliche Ländereien, die sich zum großen Teil im Besitz der Villa befinden. Im Inneren des Hauses blieben viele Originalelemente erhalten: eine alte Kapelle, Fresken aus dem 14. Jhd., massive Türen und Holzbalkendecken. Die Einrichtung, darunter einige wertvolle antike Stücke, etwa ein riesiges, prächtiges Himmelbett und ein Sofa aus dem 18. Jhd., ist gut auf die altehrwürdige Umgebung abgestimmt. Von den schlichten weißen Wänden hebt sich das dunkle Holz von Gebälk und Möbeln wirkungsvoll ab.

Die Zimmer sind schön ausgestattet und herrlich geräumig - obwohl sie manchem vielleicht zu imposant erscheinen, um gemütlich zu sein -, die Bäder wunderhübsch blau-weiß gekachelt. Salon und Speiseraum sind traditionell und recht formal eingerichtet; das Restaurant ist berühmt, und die örtlichen Honoratioren scheuen den weiten Weg nicht, um seine Spezialitäten zu kosten. Wenn Sie Glück haben, erfreut Sie der Besitzer nach dem Abendessen mit Klaviermusik.

Umgebung Florenz (35 km).

Via di Campestri 19, 50039 Vicchio di Mugello (Firenze)
Tel. (055) 8490107 **Fax** (055) 8490108
Lage 3 km südlich von Vicchio, 35 km nordöstlich von Florenz in offener Landschaft
Mahlzeiten Frühstück, Abendessen, Snacks
Preise Zimmer L150.000, Suiten L270.000 inkl. Frühstück, Mahlzeiten ab L40.000
Zimmer 5 Doppelzimmer, 4 Suiten, alle mit Zentralheizung, Telefon, TV, Minibar

Anlage Swimmingpool, Reiten
Kreditkarten MC, V
Kinder willkommen
Behinderte 2 speziell eingerichtete Zimmer
Tiere erlaubt
Geschlossen Jan. bis März
Besitzer Paolo Pasquali

Toskana

Landvilla, Balbano

Villa Casanova

Nachdem dieses Hotel mehrere Jahre nicht in unserem Führer erschienen ist, haben wir es jetzt aufgrund positiver Berichte von Lesern wieder aufgenommen. Geräumige, einfach möblierte Zimmer in einem schlichten Landhaus (plus Nebengebäude) mit Atmosphäre; zufriedenstellende ländliche Küche. Durch einen nahegelegenen Steinbruch kann es zu Lärmbelästigungen kommen.

Via di Casanova, 55050 Balbano (Lucca) **Tel.** (0583) 548429 **Mahlzeiten** Frühstück, Mittag- und Abendessen **Preise** Zimmer L95.000 inkl. Frühstück, HP L75.000 **Zimmer** 50, alle mit Bad oder Dusche, Zentralheizung **Kreditkarten** AE **Geschlossen** nie

---

Landhotel, Castellina in Chianti

Belvedere di San Leonino

Das 600jährige Bauernhaus, das ziemlich genau zwischen Castellina und Siena liegt, ist heute ein reizendes kleines Hotel. Es wirkt schlicht, elegant und geschmackvoll, und die besten Zimmer sind herrlich geräumig. Von dem recht kleinen Pool hat man eine schöne Aussicht auf die umliegenden Weinberge und Olivenhaine.

San Leonino, 53011 Castellina in Chianti (Siena) **Tel.** (0577) 740 887 **Fax** (0577) 741034 **Mahlzeiten** Frühstück, Abendessen **Preise** Zimmer 115.000, Abendessen L25.000 **Zimmer** 28, alle mit Bad, Zentralheizung, Telefon **Kreditkarten** MC, V **Geschlossen** nie

---

Landvilla, Castellina in Chianti

Villa Casafrassi

Anmutige Villa aus dem 17. Jhd. in hügeliger Landschaft auf der Strecke nach Siena, die sorgsam restauriert und 1986 als Hotel eröffnet wurde. Vom Salon gelangt man direkt in den Garten, der Rasenflächen, einen Tennisplatz und einen recht großen Swimmingpool umfaßt. Gästezimmer gibt es sowohl im Haupt- als auch im Nebengebäude.

Via Chiantigiana 40, 53011 Castellina in Chianti (Siena) **Tel.** (0577) 740621 **Fax** (0577) 741047 **Mahlzeiten** Frühstück, leichtes Mittagessen, Abendessen, Snacks **Preise** Zimmer L110.000-L240.000 inkl. Frühstück **Zimmer** 22, alle mit Bad oder Dusche, Zentralheizung; fast alle mit Telefon **Kreditkarten** AE, DC, MC, V **Geschlossen** Mitte Nov. bis Mitte März

---

Dorfhotel, Castelnuovo Berardenga

Relais Borgo San Felice

Ein weiteres wunderschön restauriertes mittelalterliches Dorf, jedoch größer als die meisten und Mitglied von Relais & Châteaux. Zwei Häuser werden wöchentlich als Apartments vermietet, ansonsten ist die Unterbringung hotelartig. Gemeinschaftsräume wie Gästezimmer wirken frisch und stilvoll. Hübscher Pool und zwei Tennisplätze.

Loc. San Felice, 53019 Castelnuovo Berardenga (Siena) **Tel.** (0577) 359260 **Fax** (0577) 359089 **Mahlzeiten** Frühstück, Mittag- und Abendessen **Preise** Zimmer L165.000-L300.000 inkl. Frühstück, Suiten L350.000-L390.000, HP L225.000-L285.000 **Zimmer** 44, alle mit Bad oder Dusche, Telefon, TV, Minibar **Kreditkarten** AE, DC, MC, V **Geschlossen** Nov. bis März

Toskana

Landvilla, Centoia

Villa Elisio

Ruhige alte Villa einige Meilen westlich des Trasimenischen Sees, bei der die bewährte Mischung aus weißen Wänden, Fliesenfußböden, dunklem Gebälk und schönen Holzmöbeln besonders gelungen ist - ebenso wie das dazugehörige Restaurant Le Capezzine. Tennisplatz und Swimmingpool.

Loc. Capezzine, 52040 Centoia (Arezzo) **Tel.** (0575) 613145 **Fax** (0575) 613167 **Mahlzeiten** Frühstück, Mittag- und Abendessen **Preise** Zimmer L80.000-L110.000, Suite L180.000, Frühstück L15.000, HP L100.000 **Zimmer** 11, alle mit Bad oder Dusche, TV, Minibar **Kreditkarten** AE, DC, MC, V **Geschlossen** nie

---

Landgasthof, Certaldo

Osteria del Vicario

Die Grundstruktur des ehemaligen Klosters aus dem 13. Jhd., heute ein einfacher Gasthof, blieb ebenso erhalten wie der von einem romanischen Kreuzgang umschlossene Garten. Die Zimmer wirken mit ihren Bleiglasfenstern und alten Terrakottaböden besonders reizvoll. Im Sommer hübsche, blumengeschmückte Terrasse; im Herbst Wild und Pilze auf der Speisekarte.

Via Rivellino 3, 50052 Certaldo (Firenze) **Tel.** (0571) 668228 **Mahlzeiten** Frühstück, Mittag- und Abendessen; vegetarische Gerichte **Preise** Zimmer L90.000, HP L95.000 **Zimmer** 14, alle mit Dusche; TV auf Anfrage **Kreditkarten** AE, DC, V **Geschlossen** Mitte Jan. bis Ende Feb.

Landvilla, Colle di Val d'Elsa

Villa Belvedere

Elegantes Restaurant mit Gästezimmern - der vornehme Speiseraum ist das Zentrum dieser schönen, verwitterten, einige Kilometer von Siena entfernten Villa, und seine Küche erfreut sich großer Beliebtheit bei den Einheimischen. Auch die Zimmer wirken stilvoll, wenn sie auch zum Teil mit recht überladenen antiken Stücken eingerichtet sind.

Località Belvedere, 53034 Colle di Val d'Elsa (Siena) **Tel.** (0577) 920966 **Fax** (0577) 924128 **Mahlzeiten** Frühstück, Abendessen **Preise** Zimmer ab L164.000, HP L120.000 **Zimmer** 15, alle mit Bad, Telefon **Kreditkarten** AE, DC, MC, V **Geschlossen** nie

---

Stadthotel, Cortona

San Michele

Stilvoll umgestalteter Renaissance-Palazzo im historischen Kern der Renaissancestadt Cortona: alte Fliesen, glatt poliertes oder bemaltes Gebälk, weiße Wände und ab und zu ein paar dekorative Schnörkel. In der Umgebung gibt es bescheidene und weniger bescheidene Restaurants.

Via Guelfa 15, 52044 Cortona (Arezzo) **Tel.** (0575) 604348 **Fax** (0575) 630147 **Mahlzeiten** Frühstück **Preise** Zimmer L80.000-L160.000, Frühstück L8.000 **Zimmer** 34, alle mit Bad oder Dusche, Telefon, TV, Minibar **Kreditkarten** AE, DC, V **Geschlossen** Jan. und Feb.

Toskana

Feriendorf, Elba

Capo Sud

Komplex, bestehend aus kleinen Villen in ruhiger, recht einsamer Lage hinter einem Privatstrand (wo man auch Boote mieten kann). Die Zimmer sind modern und ziemlich einfach und liegen verstreut zwischen Bäumen und Macchia nicht weit von Restaurant, Bar, Sitzecke und Terrasse (mit schöner Aussicht auf die Bucht). Das Obst stammt von hiesigen Plantagen.

Lacona, 57037 Elba (Livorno) **Tel.** (0565)964021 **Fax** (0565) 964 263 **Mahlzeiten** Frühstück, Mittag- und Abendessen **Preise** HP L70.000-L110.000, VP L80.000-L115.000; Ermäßigung für Kinder **Zimmer** 39, alle mit Bad oder Dusche, Telefon; 20 mit Minibar, 12 mit Klimaanlage **Kreditkarten** DC **Geschlossen** Okt. bis Apr.

Stadtgasthof, Fiesole

Villa Bonelli

Nettes, kleines Hotel, geführt von der freundlichen, hilfsbereiten Familie Bonelli, das hervorragendes und abwechslungsreiches Essen bietet. Die Zimmer sind einfach, aber hübsch, die Gemeinschaftsräume bis auf das Restaurant recht beengt. Die Straße zum Hotel ist schmal und steil, aber gut ausgeschildert.

Via Francesco Poeti 1, 50014 Fiesole (Firenze) **Tel.** (055) 59513 **Fax** (055) 598942 **Mahlzeiten** Frühstück, Abendessen **Preise** Zimmer L85.000-L162.000 inkl. Frühstück **Zimmer** 21, alle mit Dusche, Zentralheizung, Telefon **Kreditkarten** DC, MC, V **Geschlossen** Restaurant Nov. bis Mitte März

---

Stadthotel, Florenz

Alba

Das helle, nette Hotel liegt günstig in Bahnhofsnähe und nur wenige Minuten vom Stadtzentrum entfernt. Es wirkt zwar nicht so altehrwürdig wie andere Häuser, aber das Personal ist freundlich, und die Zimmer sind gut ausgestattet.

Via della Scala 22-38, 50123 Firenze **Tel.** (055)211469 **Fax** (055) 294041 **Mahlzeiten** Frühstück **Preise** Zimmer L125.000-L260.000 **Zimmer** 24, alle mit Bad oder Dusche, Klimaanlage, Zentralheizung, Schallschutzfenstern, Telefon, TV, Minibar **Kreditkarten** MC, V **Geschlossen** nie

---

Stadthotel, Florenz

Aprile

Die eleganten Linien des ursprünglichen Medici-Palastes aus dem 15. Jhd. sind in diesem reizvollen kleinen Hotel, das passend dazu in einem traditionellen, aber sehr persönlichen Stil eingerichtet ist, deutlich sichtbar. Als Gast genießt man das opulente Frühstück auf der schattigen Terrasse ebenso wie die Aussicht auf die eindrucksvolle Kirche Santa Maria Novella von den oberen Räumen.

Via della Scala 6, 50123 Firenze **Tel.** (055) 216237 **Fax** (055) 280 947 **Mahlzeiten** Frühstück **Preise** L90.000-L170.000 inkl. Frühstück **Zimmer** 29, die meisten mit Bad, alle mit Zentralheizung, Telefon, Minibar **Kreditkarten** AE, MC, V **Geschlossen** nie

Toskana

Stadthotel, Florenz

Ariele

Im Garten dieses anheimelnden Hotels können Sie möglicherweise Musik aus dem nahegelegenen Teatro Communale hören. Es besitzt ein angenehm altmodisches und ausgesprochen italienisches Flair und Gemeinschaftsräume, die großzügiger geschnitten sind als üblich. Die Zimmer wirken recht nüchtern, sind aber zumeist geräumig.

Via Magenta 11, 50123 Firenze **Tel.** (055) 211509 **Fax** (055) 268 52 **Mahlzeiten** Frühstück **Preise** Zimmer L95.000-L145.000 **Zimmer** 40, alle mit Bad oder Dusche, Zentralheizung, Satelliten-TV **Kreditkarten** AE, MC, V **Geschlossen** nie

---

Stadthotel, Florenz

Hotel Casci

Seine Umgebung, ein Stück nördlich von San Lorenzo, ist relativ geschäftig, das einfache Hotel jedoch ungewöhnlich einladend und gut geführt. Das Alter des Gebäudes bezeugen intakte Originalfresken. Die Zimmer sind recht spartanisch, aber sauber, die nach hinten gelegenen sehr ruhig.

Via Cavour 13, 50129 Firenze **Tel.** (055) 211686 **Fax** (055) 239 6461 **Mahlzeiten** Frühstück **Preise** Zimmer L60.000-L120.000 inkl. Frühstück, Familienzimmer teurer **Zimmer** 25, alle mit Bad oder Dusche, Zentralheizung, Telefon, TV **Kreditkarten** AE, DC, MC, V **Geschlossen** nie

---

Stadthotel, Florenz

Hotel City

Die Innenräume mit ihren glänzend schwarzen und aus Bambus gefertigten Möbeln in Bar und Salon sowie den hübschen Vorlegern, Krügen und Pflanzen besitzen mehr großstädtische Eleganz, als das unauffällige Äußere vermuten läßt. Die Zimmer wirken adrett und gefällig und sind mit schönen Bädern ausgestattet.

Via S Antonio 18, 50123 Firenze **Tel.** (055) 211543 **Fax** (055) 295 451 **Mahlzeiten** Frühstück **Preise** Zimmer L145.000-L195.000 **Zimmer** 18, alle mit Bad oder Dusche, Zentralheizung, Klimaanlage, TV, Minibar, Telefon, Fön **Kreditkarten** AE, DC, MC, V **Geschlossen** nie

---

Stadthotel, Florenz

Hotel Principe

Anmutig proportioniertes, allerdings etwas verwohntes Herrenhaus. In den nach vorn gelegenen Zimmern mit Aussicht auf den Arno hört man den Verkehrslärm, in denen auf der Gebäuderückseite blickt man auf einen reizenden Garten. Die gemütlichen Zimmer ganz oben im Haus sind hübscher als die hohen, altmodischen in den unteren Etagen.

Lungarno Amerigo Vespucci 34, 50123 Firenze **Tel.** (055) 284848 **Fax** (055) 283458 **Mahlzeiten** Frühstück, Snacks **Preise** Zimmer L135.000-L365.000 inkl. Frühstück **Zimmer** 20, alle mit Bad, Zentralheizung, Klimaanlage, Telefon, Fön, TV, Radio, Minibar **Kreditkarten** AE, DC, MC, V **Geschlossen** nie

Toskana

Stadthotel, Florenz

Hotel Regency

Das Regency, ein Schwesternhotel des Lord Byron in Rom, verfolgt dasselbe Konzept eines intim-luxuriösen Fünf-Sterne-Hauses mit persönlichem Service für die Superreichen. Die Gemeinschaftsräume sind formal-elegant, die Gästezimmer erwartungsgemäß prächtig, die ruhige Lage und der Garten im Zentrum von Florenz wesentliche Pluspunkte.

Piazza Massimo d'Azeglio 3, 50121 Firenze **Tel.** (055) 245247 **Fax** (055) 245247 **Mahlzeiten** Frühstück, Mittag- und Abendessen **Preise** Zimmer L300.000-L540.000 inkl. Frühstück **Zimmer** 35, alle mit Bad, Telefon, TV, Minibar, Klimaanlage, Safe, Fön **Kreditkarten** AE, DC, MC, V **Geschlossen** nie

---

Stadthotel, Florenz

La Residenza

Die heimelige Atmosphäre dieses freundlichen, wenn auch nicht besonders eleganten Hauses wirkt sofort einnehmend. Der blumengeschmückte Dachgarten und der Salon sind sonnige Plätze zum Entspannen, die Zimmer mit ihren vielen Bildern schlicht und behaglich.

Via Tornabuoni 8, 50123 Firenze **Tel.** (055) 284197 **Fax** (055) 284197 **Mahlzeiten** Frühstück, Abendessen **Preise** Zimmer L95.000-L184.000 inkl. Frühstück, HP L143.000-L174.000; Kinder unter 3 kostenlos **Zimmer** 25, alle mit Zentralheizung, Telefon; 7 mit Klimaanlage; die meisten mit Bad oder Dusche **Kreditkarten** AE, DC, MC, V **Geschlossen** nie

---

Stadtpension, Florenz

Silla

Der imposante Innenhof und die Terrasse mit Blick auf den Arno sind die Hauptattraktionen dieses soliden Florentiner *palazzo*, die Zimmer dagegen recht düster und konventionell eingerichtet, obgleich einige vor kurzem renoviert wurden. An der Rezeption herrscht ein zuvorkommender, lockerer Ton.

Via dei Renai 5, 50125 Firenze **Tel.** (055) 2342888 **Fax** (055) 234 1437 **Mahlzeiten** Frühstück **Preise** Zimmer L115.000-L165.000 inkl. Frühstück **Zimmer** 32, alle mit Bad oder Dusche, Zentralheizung, TV, Telefon; die meisten mit Klimaanlage **Kreditkarten** AE, DC, MC, V **Geschlossen** 2 Wochen im Dez.

Stadtpension, Florenz

Splendor

Ruhige, immer noch erschwingliche, ein Stück vom Zentrum entfernte *pensione* mit sonniger Terrasse und historischen Bauelementen. Die Möbel und einige moderne Einbauten passen leider nicht ganz dazu.

Via San Gallo 30, 50129 Firenze **Tel.** (055) 483427 **Fax** (055) 461 276 **Mahlzeiten** Frühstücksbüffet **Preise** Zimmer L95.000-L160.000 inkl. Frühstück **Zimmer** 31, alle mit Zentralheizung, TV, Telefon; die meisten mit Bad oder Dusche **Kreditkarten** MC, V **Geschlossen** nie

Toskana

Stadthotel, Florenz

Unicorno

Hübsches, einfaches, zentral gelegenes Hotel, das mit seinen unebenen Wänden, Gewölben und italienischen Stilmöbeln etwas von einem Florentiner *palazzo* an sich hat. Oben befindet sich ein moderner Speiseraum, in dem "amerikanisches Frühstück" (also ein üppigeres Büffet als üblich) serviert wird.

Via dei Fossi 27, 50123 Firenze **Tel.** (055) 287313 **Mahlzeiten** Frühstück **Preise** Zimmer L118.000-L186.000 inkl. Frühstück **Zimmer** 28, alle mit Bad oder Dusche, Zentralheizung, Klimaanlage, Telefon, Fön, TV, Minibar **Kreditkarten** AE, DC, MC, V **Geschlossen** nie

---

Stadtvilla, Florenz

Villa Azalee

Westlich des Zentrums, aber günstig für Autofahrer und (besonders) Bahnreisende gelegen: eine Villa aus dem 19. Jhd. in laubreichem Garten mit gut ausgestatteten, individuell gestalteten Zimmern - schmucklose Wände, kühn geblümte Stoffe, verschiedene Bettenstile, darunter auch Himmelbetten. Garagenstellplätze und Fahrräder stehen zur Verfügung.

Viale Fratelli Rosselli 44, 50123 Firenze **Tel.** (055) 214242 **Fax** (055) 268264 **Mahlzeiten** Frühstück, Brunch **Preise** Zimmer L120.000-L258.000 inkl. Frühstück, Brunch L22.000 **Zimmer** 24, alle mit Bad oder Dusche, Klimaanlage, Telefon, Minibar, TV **Kreditkarten** AE, DC, V **Geschlossen** nie

---

Stadtvilla, Florenz

Villa Carlotta

Anmutiges Herrenhaus aus dem 19. Jhd. in einer hügeligen, von Bäumen gesäumten Straße an den Südosthängen der Stadt, die heute ein ruhiges, begehrtes Wohnviertel sind. Die Einrichtung ist um formale Eleganz bemüht; viele der ursprünglichen Bauelemente blieben erhalten. Das überdurchschnittlich gute Frühstück wird in einem schlichten, modernen Anbau oder auf der reizvollen Terrasse serviert.

Via Michele di Lando 3, 50125 Firenze **Tel.** (055) 220530 **Mahlzeiten** Frühstück, Abendessen **Preise** Zimmer L125.000-L350.000 **Zimmer** 26, alle mit Bad oder Dusche, Zentralheizung, Klimaanlage, Minibar, Safe, Farb-TV, Telefon **Kreditkarten** AE, DC, MC, V **Geschlossen** nie

---

Umgebautes Schloß, Giglio

Castello Monticello

Die hübsche kleine Insel Giglio lockt viele Tagesausflügler an; wenn Sie hier übernachten wollen, sind Sie mit diesem "Schloß" gut bedient - es wurde als Privathaus erbaut und ist innen weniger schmucklos als außen. Von Terrasse, Garten und den einfachen Zimmern schöne Aussicht auf die Küste.

Giglio Porto, 58013 Giglio (Grosseto) **Tel.** (0564) 809252 **Mahlzeiten** Frühstück, Mittag- und Abendessen **Preise** Zimmer L130.000 inkl. Frühstück, Mahlzeiten L35.000 **Zimmer** 37, alle mit Dusche, Zentralheizung, Telefon, TV, Kühlschrank **Kreditkarten** AE, DC, MC, V **Geschlossen** Mitte Nov. bis Mitte März

Toskana

Villa am Meer, Giglio

Pardinis Hermitage

Ein echtes Refugium: Federigo Pardinis weiße Villa, an einen Felsen über dem Meer geschmiegt, ist nur mit dem Boot (oder nach einer Stunde Fußweg) von Giglio Porto zu erreichen. Sie ist elegant und modern, und die Zimmer haben Balkons, aber sicher werden Sie die meiste Zeit auf der Terrasse oder beim Schwimmen von den Klippen aus verbringen wollen.

58013 Giglio (Grosseto) **Tel.** (0564) 809034 **Fax** (0564) 809177 **Mahlzeiten** Frühstück, Mittag- und Abendessen **Preise** HP L85.000-L130.000, VP L100.000-L150.000 **Zimmer** 11, alle mit Bad, Telefon, Fön, TV **Kreditkarten** V **Geschlossen** Okt. bis März

---

Dorfhotel, Greve in Chianti

Albergo del Chianti

Gegenüber vom Giovanni da Verrazzano an der Hauptpiazza von Greve liegt dieses so ganz andere Hotel - ein kühles, ruhiges, hübsch restauriertes und gut geführtes Haus, das zudem, sehr ungewöhnlich für ein bescheidenes dörfliches Quartier, im Garten über einen reizvollen Swimmingpool verfügt. Es wurde 1993 im rustikalen Stil umgestaltet.

Piazza Matteotti 86, 50022 Greve in Chianti (Firenze) **Tel.** (055) 853763 **Fax** (055) 853763 **Mahlzeiten** Frühstück, Abendessen **Preise** Zimmer L88.000, Frühstück L8.000, Mahlzeiten ab L20.000 **Zimmer** 16, alle mit Dusche, Zentralheizung, Klimaanlage, Telefon **Kreditkarten** AE, DC, MC, V **Geschlossen** Nov.

Restaurant mit Gästezimmern, Greve in Chianti

Giovanni da Verrazzano

Von der Terrasse des geschäftigen Restaurants im ersten Stock blickt man auf die ungewöhnlich geformte dreieckige Piazza, auf der sich das Leben von Greve abspielt. Die Zimmer sind hinsichtlich Dekor und Möblierung nur ausreichend zu nennen, aber ordentlich ausgestattet und recht preiswert.

Piazza Matteotti 28, 50022 Greve in Chianti (Firenze) **Tel.** (055) 853189 **Fax** (055) 853648 **Mahlzeiten** Frühstück, Mittag- und Abendessen **Preise** Zimmer L45.000-L85.000, Frühstück L12.000, HP L70.000 **Zimmer** 11, alle mit Dusche, Telefon, Minibar, TV, Fön **Kreditkarten** AE, DC, MC, V **Geschlossen** eine Zeitlang im Winter; Restaurant So abend und Mo

---

Umgebaute Festung, Lecchi in Chianti

San Sano

Die Deutsch-Italiener Matarazzo haben dieses solide, weitläufige Bauernhaus-Fort mit sicherer Hand umgestaltet. Alles ist wunderbar schlicht und stilvoll: die Steinbögen, die weißen Wände, freiliegenden Holzbalken, gefliesten Fußböden, eisernen Bettgestelle, streng modernen Bäder. Großzügige Frühstücksbüffets, weiter Blick auf die Landschaft von Chianti.

Località San Sano 21, 53010 Lecchi in Chianti (Siena) **Tel.** (0577) 746130 **Fax** (0577) 746156 **Mahlzeiten** Frühstück, Abendessen **Preise** Zimmer L140.000-L160.000 inkl. Frühstück, Abendessen L30.000 **Zimmer** 13, alle mit Bad, Zentralheizung, Telefon **Kreditkarten** AE, MC, V **Geschlossen** Nov. bis Mitte März

Toskana

Villa San Michele

Imposante Villa aus dem 14./17. Jhd., zwischen Wald und Olivenhainen nur 2 km von der Innenstadt von Lucca entfernt abseits der Straße nach Pisa gelegen. Im Gegensatz zu den Gemeinschaftsräumen sind die Gästezimmer eher im Hinblick auf Komfort denn auf Stil möbliert, harmonieren in ihrer Einrichtung aber ebenfalls wunderschön mit dem ganzen Haus. Hübscher Frühstücksraum.

Via della Chiesa 462, S Michele in Escheto, 55050 Lucca **Tel.** (0583) 370276 **Fax** (0583) 370277 **Mahlzeiten** Frühstück **Preise** Zimmer L115.000-L280.000, Suiten L240.000-L380.000, Frühstücksbüffet L20.000 **Zimmer** 22, alle mit Bad, Zentralheizung, Telefon, TV, Radio, Minibar **Kreditkarten** AE, DC, MC, V **Geschlossen** nie

---

La Chiusa

Den Michelin-Stern hat La Chiusa nicht mehr, ist aber immer noch für seine hervorragende Pasta und als angenehme Unterkunft bekannt. In dem stilvoll renovierten Bauernhaus hat man von den schlicht und geschmackvoll eingerichteten Zimmern mit den besonders eleganten Bädern einen Blick auf das benachbarte Montefollonico.

Via della Madonnina 88, 53040 Montefollonico (Siena) **Tel.** (0577) 669668 **Fax** (0577) 669593 **Mahlzeiten** Frühstück, Abendessen **Preise** Zimmer L264.000-L374.000 inkl. Frühstück, Suite L430.000 **Zimmer** 12, alle mit Bad oder Dusche, Telefon, TV, Minibar, Fön **Kreditkarten** AE, DC, MC, V **Geschlossen** Nov. bis März außer Weihnachten/Neujahr

---

La Saracina

Pienza ist ein unentdecktes Juwel, und das gilt in gewisser Weise auch für dieses Hotel: ein wunderschön restauriertes Bauernhaus, in dem eine begrenzte Anzahl von Gästen sich völlig ungestört fühlen kann. Alle Zimmer haben Sitzecken und Kamine, und auf dem herrlich gelegenen Grundstück befinden sich ein Tennisplatz und ein hübscher Pool. Die Restaurants von Pienza sind nur wenige Kilometer entfernt.

Strada Statale 146, km 29,7, 53026 Pienza (Siena) **Tel.** (0578) 748022 **Fax** (0578) 748022 **Mahlzeiten** Frühstück **Preise** Zimmer L190.000-L280.000 inkl. Frühstück **Zimmer** 5, alle mit Bad, Telefon, Minibar, TV **Kreditkarten** AE, DC, MC, V **Geschlossen** Mitte Jan. bis Feb. an Wochentagen

---

Relais La Suvera

Imposante Renaissancevilla (Landsitz von Papst Julius II.), umgeben von Olivenhainen, Weinbergen und stattlichen Zypressen. Die besten Zimmer - im Hauptgebäude, in den ehemaligen Ställen und der Oliviera - sind wunderschön möbliert. Lauschiger Swimmingpool, Tennisplatz.

53030 Pievescola (Siena) **Tel.** (0577) 960300 **Fax** (0577) 960220 **Mahlzeiten** Frühstück, Mittag- und Abendessen **Preise** Zimmer L220.000-L370.000 inkl. Frühstück, Suiten L290.000-L450.000, Mahlzeiten L50.000-L70.000 **Zimmer** 35, alle mit Bad, Klimaanlage, Telefon, TV, Minibar **Kreditkarten** AE, DC, MC, V **Geschlossen** Mitte Nov. bis Mitte März

Toskana

Landvilla, Prato

Villa San Cristina

In dieser eleganten Villa aus dem 18. Jhd. am Fuße der bewaldeten Hänge außerhalb Pratos scheinen oft Bankette abgehalten zu werden - also erwarten Sie keine Einsamkeit! Die Zimmer sind jedoch komfortabel und geschmackvoll ausgestattet (und dafür nicht einmal teuer), und es gibt einen hübschen Pool.

Via Poggio Secco 58, 50047 Prato (Firenze) **Tel.** (0574) 595951 **Fax** (0574) 572623 **Mahlzeiten** Frühstück, Mittag- und Abendessen **Preise** Zimmer L95.000-L170.000, HP L140.000-L160.000 **Zimmer** 23, alle mit Bad oder Dusche, Telefon, Minibar, TV **Kreditkarten** AE, DC, MC, V **Geschlossen** Mitte Aug.

Hotel am Meer, Punta Ala

Piccolo Hotel Alleluja

Das kleinste und einladendste der eleganten Hotels im exklusiven, sportlichen Punta Ala. Es wirkt von innen und außen stilvoll und gepflegt. Die Einrichtung ist schlicht, die Farben sind hell, die Atmosphäre ist freundlich. Einige Zimmer haben einen eigenen Salon.

58040 Punta Ala (Grosseto) **Tel.** (0564) 922050 **Fax** (0564) 920 734 **Mahlzeiten** Frühstück, Mittag- und Abendessen **Preise** HP L203.000-L393.000, VP L310.000-L590.000, **Zimmer** 42, alle mit Bad oder Dusche, Klimaanlage, Telefon, TV, Minibar, Radio **Kreditkarten** AE, DC, MC, V **Geschlossen** nie

---

Landgasthof, Radda in Chianti

Podere Terreno

Von Feldern, Weinbergen und Wald umgebener alter Bauernhof, der von einem französisch-italienischen Paar wie ein Privathaus geführt wird, das Gäste aufnimmt. In dem hübschen Wohnzimmer mit viel Gebälk und offenem Kamin ißt man zusammen an einem Refektoriumstisch. Die Gästezimmer sind einfach, aber zufriedenstellend.

Località Volpaia, 53017 Radda in Chianti (Siena) **Tel.** (0577) 738 312 **Fax** (0577) 738312 **Mahlzeiten** Frühstück, Abendessen **Preise** HP L100.000-L110.000 **Zimmer** 7, alle mit Dusche, Zentralheizung **Kreditkarten** MC, V **Geschlossen** nie

---

Landgasthof, Radda in Chianti

Villa Miranda

Dieses an einer Landstraße gelegene Gasthaus ist seit über 150 Jahren im Besitz derselben Familie und immer noch für seine schmackhafte toskanische Küche berühmt. Über dem Restaurant liegen hübsch eingerichtete Gästezimmer mit Steinwänden und massivem Gebälk - weitere befinden sich gegenüber in der modernen Residence S. Cristina, die über einen Swimmingpool und einen Tennisplatz verfügt.

53017 Radda in Chianti (Siena) **Tel.** (0577) 738021 **Fax** (0577) 738668 **Mahlzeiten** Frühstück, Mittag- und Abendessen **Preise** Zimmer L79.000-L140.000 inkl. Frühstück **Zimmer** 32, alle mit Bad oder Dusche, Zentralheizung, Minibar, Radio, Telefon **Kreditkarten** V **Geschlossen** nie

Toskana

Stadthotel, San Gimignano

L'Antico Pozzo

Das Antico Pozzo bringt endlich einmal frischen Wind in die Hotelszene von San Gimignano. Aus dem 15. Jhd. stammend und im Stadtzentrum gelegen, 1990 wunderschön restauriert und zurückhaltend-geschmackvoll möbliert, ist es möglicherweise das beste Haus am Platze.

Via S Matteo 87, 53037 San Gimignano (Siena) **Tel.** (0577) 942 014 **Fax** (0577) 942117 **Mahlzeiten** Frühstück **Preise** Zimmer L70.000-L120.000 **Zimmer** 18, alle mit Bad, Zentralheizung, Ventilator, Telefon, TV, Radio, Fön **Kreditkarten** AE, DC, MC, V **Geschlossen** nie

---

Stadthotel, San Gimignano

Bel Soggiorno

Dieses Haus aus dem 13. Jhd. innerhalb der Stadtmauern von San Gimignano ist heute ein sehr hübsches kleines Hotel. Hauptattraktion ist das Restaurant mit den Panoramafenstern und zufriedenstellender Küche. Die Zimmer sind modernisiert und etwas farblos, aber angenehm; manche bieten ebenfalls eine schöne Aussicht.

Via San Giovanni 91, 53037 San Gimignano (Siena) **Tel.** (0577) 940375 **Fax** (0577) 940375 **Mahlzeiten** Frühstück, Mittag- und Abendessen **Preise** Zimmer L100.000-L160.000 **Zimmer** 21, alle mit Bad, Zentralheizung, Telefon, TV; 11 mit Klimaanlage **Kreditkarten** AE, DC, MC, V **Geschlossen** Restaurant Mo

---

Bauernhof-Hotel, San Gimignano

Il Casolare di Libbiano

Zwei unternehmungslustige und spontane junge Einwohner von San Gimignano haben dieses wunderhübsche alte, 8 km von der Stadt entfernte Haus restauriert. Seine Markenzeichen sind Einfachheit, guter Geschmack und Ehrlichkeit. Von der Einrichtung bis zum Essen ist alles sorgfältig durchdacht. Herrlicher Salon, ruhiger Garten mit einigermaßen großem Pool. Ein "Juwel", das einen ausführlichen Beitrag verdient, sobald wir ein anständiges Photo davon haben.

Loc. Libbiano 3, 53037 San Gimignano (Siena) **Tel.** (0577) 955 102 **Fax** (0577) 955102 **Mahlzeiten** Frühstück, Abendessen **Preise** Zimmer L160.000, HP L220.000 **Zimmer** 7, alle mit Bad oder Dusche, Zentralheizung; die meisten mit TV **Kreditkarten** keine **Geschlossen** Nov. bis März

---

Stadthotel, San Gimignano

La Cisterna

Über dieses beliebte Hotel an San Gimignanos Hauptplatz erhalten wir unterschiedliche Berichte von unseren Lesern: nehmen Sie auf jeden Fall kein Zimmer, das über den Küchenräumen liegt. Herrlicher Blick von den besseren Zimmern und dem Restaurant. Kleiner, aber wunderhübscher Salon mit Steinbögen.

Piazza della Cisterna 24, 53037 San Gimignano (Siena) **Tel.** (0577) 940328 **Fax** (0577) 942080 **Mahlzeiten** Frühstück, Mittag- und Abendessen **Preise** Zimmer L80.000-L149.000 inkl. Frühstück, HP L100.000-L130.000, VP L140.000-L168.000, Suite L160.000 **Zimmer** 49, alle mit Bad oder Dusche, Zentralheizung, Telefon, Satelliten-TV, Fön **Kreditkarten** AE, DC, MC, V **Geschlossen** 10. Nov. bis 10. März; Restaurant Di und Mi mittag

Toskana

Stadthotel, San Gimignano

Hotel Leon Bianco

Direkt gegenüber dem bekannteren Cisterna an San Gimignanos Hauptplatz gelegen, bietet dieses einladende, tipptopp gepflegte Hotel ein besseres Preis-Leistungs-Verhältnis. Die Zimmer sind überwiegend geräumig und mit Pfiff eingerichtet. Auf der ummauerten Terrasse wird ein laut Leser "üppiges" Frühstücksbüffet aufgebaut.

Piazza della Cisterna, 53037 San Gimignano (Siena) **Tel.** (0577) 941294 **Fax** (0577) 942123 **Mahlzeiten** Frühstück **Preise** Zimmer L74.500-L114.000 inkl. Frühstück, Suiten L130.000 **Zimmer** 25, alle mit Bad oder Dusche, Telefon, Klimaanlage, Satelliten-TV **Kreditkarten** AE, DC, MC, V **Geschlossen** Jan. und Feb.

Landhotel, San Gimignano

Relais Santa Chiara

Ideal für San-Gimignano-Besucher, die mehr an Komfort, Platz und Bequemlichkeit als an historischem Flair interessiert sind: elegantes, makellos gepflegtes, modernes Hotel mit hübschem Pool, nur wenige hundert Meter außerhalb der Stadttore gelegen.

Via Matteotti 15, Loc. Santa Chiara, 53037 San Gimignano (Siena) **Tel.** (0577) 940701 **Fax** (0577) 942096 **Mahlzeiten** Frühstück, Snacks **Preise** Zimmer L140.000-L235.000, Suiten L265.000 **Zimmer** 41, alle mit Bad oder Dusche, Klimaanlage, Satelliten-TV, Radio, Minibar, Fön **Kreditkarten** AE, DC, MC, V **Geschlossen** Mitte Jan. bis Ende Feb.

Landvilla, San Gimignano

Villa San Paola

Ein französischer Leser lenkte unsere Aufmerksamkeit auf diese elegant restaurierte, 4 km von San Gimignano entfernte Villa, die erst 1989 als Hotel eröffnet wurde. Die Einrichtung wirkt hell, pfiffig und frisch; die Gästezimmer sind gut ausgestattet. Man kann Tennis spielen, und der Pool hat eine eigene Bar.

Strada Certaldo, 53037 San Gimignano (Siena) **Tel.** (0577) 955 100 **Fax** (0577) 955113 **Mahlzeiten** Frühstück, Snacks **Preise** Zimmer L155.000-L190.000 inkl. Frühstück **Zimmer** 15, alle mit Bad, Zentralheizung, Klimaanlage, Telefon, Fön, Satelliten-TV, Minibar **Kreditkarten** AE, DC, MC, V **Geschlossen** Anfang Jan. bis Mitte Feb.

Landvilla, San Gusmè

Villa Arceno

Stattliche Villa aus dem 17. Jhd. auf ausgedehntem, bewaldetem Anwesen auf halber Strecke zwischen Siena und Arezzo. Überwölbte, hell gestrichene und mit behaglichen Stilmöbeln eingerichtete Gemeinschaftsräume und herrlich geräumige Zimmer, zum Teil mit Terrasse. Makellos sauberer Swimmingpool in lauschigem Innenhof.

Località Arceno, 53010 San Gusmè (Siena) **Tel.** (0577) 359292 **Fax** (0577) 359276 **Mahlzeiten** Frühstück, Mittag- und Abendessen **Preise** Zimmer L170.000-L380.000 inkl. Frühstück, Suite L370.000-L490.000 **Zimmer** 16, alle mit Bad, Zentralheizung, Klimaanlage, Telefon, TV, Minibar, Fön **Kreditkarten** AE, DC, MC, V **Geschlossen** zeitweilig zwischen Nov. und Feb.

Toskana

Stadthotel, Siena

Santa Caterina

Ein Haus aus dem 18. Jhd., direkt außerhalb der Stadtmauern, das liebevoll restauriert, rustikal und passend zu seinem Alter eingerichtet wurde und von Lesern wärmstens empfohlen wird. Die Zimmer variieren in Stil und Größe, sind aber alle hübsch möbliert, zum Teil mit Antiquitäten. Vom Frühstücksraum blickt man auf den blumenbestandenen Garten.

Via Enea Silvio Piccolomini 7, 53100 Siena **Tel.** (0577) 221105 **Fax** (0577) 271087 **Mahlzeiten** Frühstück **Preise** Zimmer L75.000-L165.000 **Zimmer** 19, alle mit Bad oder Dusche, Zentralheizung, Klimaanlage, Telefon **Kreditkarten** AE, DC, MC, V **Geschlossen** Anfang Jan. bis Anfang März

---

Stadtvilla, Siena

Villa Patrizia

Diese schmucklos wirkende Villa könnte fast ein echter Treffer sein: sie besitzt aristokratisches Flair und zurückhaltende Würde, aber die Gästezimmer sind im 08/15-Stil eingerichtet, und es gibt keinen Salon. Zum Frühstück bedient man sich von einem ausreichend bestückten Büffet.

Via Fiorentina 58, 53100 Siena **Tel.** (0577) 50431 **Mahlzeiten** Frühstück, Mittag- und Abendessen **Preise** L215.000-L324.000 **Zimmer** 33, alle mit Zentralheizung, Telefon, Minibar, TV, Klimaanlage **Kreditkarten** AE, DC, MC, V **Geschlossen** nie

---

Landgut, Sovicille

Borgo Pretale

Komplettes Dörfchen mitten in der Landschaft südwestlich von Siena, das sehr geschmackvoll restauriert und ausgestattet wurde. Alte und neue Elemente sind harmonisch aufeinander abgestimmt. Zur Anlage gehören ein großer, abgeschieden gelegener Swimmingpool, ein Tennis- und Minigolfplatz und andere Einrichtungen.

Località Pretale, 53018 Sovicille (Siena) **Tel.** (0577) 345401 **Fax** (0577) 345625 **Mahlzeiten** Frühstück, Mittag- und Abendessen, Snacks **Preise** Zimmer L220.000-L350.000 inkl. Frühstück, HP L200.000-L295.000 **Zimmer** 30, alle mit Bad oder Dusche, Zentralheizung, Klimaanlage, Telefon, TV, Minibar **Kreditkarten** AE, DC, MC, V **Geschlossen** Mitte Nov. bis Mitte Feb.

Dorfhotel, Strove

Casalta

Dieses stilvolle, intime kleine Hotel versteckt sich in dem verschlafenen, auf einem Hügel gelegenen Dorf Strove. Das kühle, weiß gestrichene Restaurant ist auf Fisch spezialisiert. Darüber befindet sich ein gepflegter Salon, von dem die geschmackvoll und schlicht gestalteten Gästezimmer abgehen. Freundlicher, gutgelaunter Padrone.

53035 Strove (Siena) **Tel.** (0577) 301002 **Mahlzeiten** Frühstück, Mittagessen (nur So), Abendessen **Preise** Zimmer L97.000 inkl. Frühstück, HP L87.000 **Zimmer** 12, alle mit Bad, Zentralheizung **Kreditkarten** keine **Geschlossen** Mitte Nov. bis Feb.; Restaurant Mi

Toskana

<hr>

Landgasthof, Terontola di Cortona

Residenza di San Andrea

Ein Domizil, kein Hotel: in nur vier Zimmern ihres Herrenhauses aus dem 13. Jhd., aus sanft getöntem Stein und Ziegeln erbaut, zwischen bewaldeten Hügeln 8 km entfernt von Cortona in der Nähe des Trasimenischen Sees gelegen, beherbergt Patrizia Nappi ihre Gäste. Man fühlt sich wie auf einer Privatgesellschaft, und die Gastgeberin serviert echt toskanisches Essen. Sie hat zwei Hunde.

52044 Terontola di Cortona (Arezzo) **Tel.** (0575) 677736 **Mahlzeiten** Frühstück, Abendessen, Imbisse **Preise** Zimmer L180.000 inkl. Frühstück, Abendessen L35.000 inkl. Wein **Zimmer** 4, alle mit Bad oder Dusche, Zentralheizung, Fön, Radio, Ventilator **Kreditkarten** keine **Geschlossen** Feb.

<hr>

Landhotel, Volterra

Villa Nencini

Das wunderschöne, aus Stein erbaute Haus am Rande der auf einem Hügel gelegenen Stadt Volterra bietet einen eindrucksvollen Blick auf die herrliche, weite Landschaft. Ein Teil seines Charmes ging durch zwei große Anbauten verloren, die von dem zuvor existierenden Garten nicht viel übriggelassen haben. Großer Swimmingpool.

Borgo Santo Stefano 55, 56048 Volterra (Pisa) **Tel.** (0588) 86386 **Mahlzeiten** Frühstück **Preise** Zimmer L60.000-L116.000 **Zimmer** 14, alle mit Zentralheizung, Telefon; TV auf Anfrage; die meisten mit Bad oder Dusche **Kreditkarten** MC, V **Geschlossen** nie

Umbrien und die Marken

Die Hotels in Umbrien und den Marken

Immer mehr Reisende stellen fest, daß es in Umbrien mehr zu sehen gibt als nur Assisi. Die Stadt bleibt jedoch Hauptattraktion der Region, obwohl die Wahl eines Hotels nicht ganz einfach ist: viele Häuser sind lediglich Durchschnitt, die komfortableren dagegen meist zu groß, um sie hier ausführlich vorzustellen. Das Subasio (Tel. (075) 812206, Fax 816691, 70 Zimmer) zum Beispiel ist von recht förmlicher Eleganz, bietet aber einen schönen Blick von den besseren Zimmern und den herrlichen, blumenbewachsenen Terrassen. Wenn Sie lieber außerhalb übernachten möchten, sollten Sie sich das Poppy Inn-Locanda del Papavero (Tel. und Fax (075) 812206) im 9 km entfernten Petrignano, ein Restaurant mit 9 Gästezimmern, merken.

Perugia ist längst nicht so bekannt wie Assisi, lohnt jedoch durchaus einen Besuch, falls es Ihnen gelingt, sich einen Überblick über das äußerst verwirrende Verkehrssystem zu verschaffen. Das Brufani (Seite 165) liegt an einem Ende des sehr belebten Corso Vannucci in der Stadtmitte; direkt daneben befindet sich ein weiteres empfehlenswertes Hotel - La Rosetta (Tel. und Fax (075) 5720841), das zwar viel größer, aber nicht unzumutbar unpersönlich und wesentlich preiswerter ist. Ein anderer möglicher Ausgangspunkt zur Erkundung der Region ist das Da Sauro (Tel. (075) 826168, Fax 825130), ein Familienhotel auf der friedlichen Insel Maggiore im Trasimenischen See.

An der Küste der Marken gibt es wie überall an der Adria Urlaubsorte mit zahlreichen Hotels, von denen jedoch die meisten unseren Anforderungen nicht genügen. Pesaro, wenngleich ziemlich groß, ist eine interessantere Mischung aus Altstadt und Strandbad als viele andere vergleichbare Orte; hier empfehlen wir vor allem die Villa Serena auf Seite 159, aber auch das Vittoria, ein stilvolles, gut ausgestattetes Haus an der Strandpromenade im Ort selbst (Tel. (0721) 34343, Fax 68874) ist in Betracht zu ziehen. In Ancona, Regionalhauptstadt der Marken und großer Hafen, sollte man sicher nicht übernachten, aber für den beliebten Badeort Portonovo 12 km weiter südlich haben wir zwei ausführliche Empfehlungen und können außerdem noch das Internazionale (Tel. (071) 801001) vorschlagen. Das Eden Gigli (Tel. (071) 9330652, Fax 9330930, 30 Zimmer) im noch weiter südlich gelegenen Numana ist ein elegantes, modernes Hotel in schöner Umgebung und mit Blick aufs Meer.

Landeinwärts von Pesaro ist Urbino, ein Zentrum der Renaissancekunst, einen Besuch wert, doch es gibt dort kein Hotel, zu dem wir vorbehaltlos raten könnten. Unser bester Tip ist das Raffaello (Tel. (0722) 4896, Fax 328540), ein einfaches Haus mit 19 Zimmern; es hat kein Restaurant, aber das ist kein Problem, da es direkt in der Innenstadt liegt.

Gubbio lohnt ebenfalls einen Ausflug; hier können wir als Alternative zum Bosone auf Seite 164 das Torre dei Calzolari Palace (Tel. (075) 9256327, Fax 9256320) und das extravagante, etwas weiter außerhalb gelegene Park Hotel ai Cappuccini (Tel. (075) 9234, Fax 9220323) nennen.

Diese Seite dient als Einführung in die Landschaft und Hotellerie Umbriens und der Marken und enthält kurze Empfehlungen annehmbarer Unterkünfte, über die wir aus verschiedenen Gründen keinen gesonderten Beitrag verfaßt haben. Die ausführlichen Beiträge für diese Region - über die Hotels, die uns am besten gefielen - beginnen auf der nächsten Seite. Beachten Sie aber auch unsere Kurzbeiträge ab Seite 162: hier handelt es sich ebenfalls um Häuser, in denen wir uns gern aufgehalten haben.

Umbrien und die Marken

Landhotel, Assisi

Le Silve

Auch wenn Sie gar nicht vorhaben, hier zu übernachten, lohnt sich die Fahrt hinauf nach Le Silve - aber nur, wenn Sie nicht allzu ängstlich sind. Die Straße schlängelt sich über eine Reihe von Hügeln und Pässen, bevor Sie das Gebäude erreichen, das ganz allein 700 m über dem Meeresspiegel auf einem Bergkamm thront. Die Aussicht ist einfach wundervoll.

Le Silve ist ein altes Bauernhaus (wirklich sehr alt - zum Teil aus dem 10. Jhd.), das äußerst einfühlsam und gekonnt für seinen jetzigen Zweck umgestaltet wurde. Es ist herrlich weitläufig; seine Zimmer befinden sich auf mehreren Ebenen. Das rustikale Flair wurde durch die glänzenden Fliesenböden, die unverputzten oder weißen Wände, die Holzbalkendecken und Vorleger und die Möblierung mit ländlichen Antiquitäten geschickt bewahrt. Die Gemeinschaftsräume sind groß und luftig, die Zimmer stilvoll schlicht, die Suiten in etwa 1,5 km vom Hauptgebäude entfernten Villen untergebracht.

Das Essen ist schmackhaft und gut; Öl, Käse und Fleisch stammen von dem zum Anwesen gehörigen Bauernhof. Le Silve liegt nahe genug bei Assisi, um die dortigen Sehenswürdigkeiten zu besichtigen, aber auch so einsam, daß man hier völlig ungestört ist. Außerdem stehen etliche Sporteinrichtungen (darunter ein recht großer Pool) zur Verfügung. Für Leute mit Höhenangst ist es allerdings nicht geeignet.

Umgebung die Sehenswürdigkeiten von Assisi.

Località Armenzano, Assisi 06081, Perugia
Tel. (075) 8019000
Lage in offener Landschaft 12 km östlich von Assisi zwischen der S444 und der S3; großer Parkplatz
Mahlzeiten Frühstück, Mittag- und Abendessen
Preise Zimmer L130.000-L260.000 inkl. Frühstück, HP L170.000, VP 210.000; Ermäßigung für Kinder
Zimmer 11 Doppel-, 3 Einzelzimmer, 4 Suiten; alle mit Bad, Zentralheizung, Telefon, TV

Anlage Speiseraum, 2 Salons, Bar, Swimmingpool, Tennis, Sauna, Reiten, Bogenschießen, Minigolf, Motorräder
Kreditkarten AE, DC, V
Kinder willkommen
Behinderte keine speziellen Einrichtungen
Tiere nicht erlaubt
Geschlossen Mitte Jan. bis Mitte Feb.
Managerin Daniela Taddia

Umbrien und die Marken

Stadthotel, Assisi

Umbra

In einer kleinen Gasse, die von Assisis Hauptplatz abgeht, versteckt sich dieser hübsche kleine Familienbetrieb.

Das Umbra besteht aus mehreren Häuschen - die zum Teil aus dem 13. Jhd. datieren - und einem gekiesten und begrünten, von einer Pergola überschatteten Innenhof. Es ist komfortabel ausgestattet und erinnert oft mehr an ein Privathaus als an ein Hotel. In dem hellen, kleinen, im mediterranen Stil gefliesten Salon stehen brokatbezogene Sessel. Die Gästezimmer sind überwiegend recht einfach eingerichtet, aber jedes hat seinen spezifischen Charakter. Von manchen hat man außerdem einen herrlichen Blick über die umbrische Ebene. Der elegante Speiseraum gefiel uns besonders; bei schönem Wetter wird auch draußen serviert. Allerdings wurde dieses Jahr erneut eine wiederholte Beschwerde vorgebracht - daß das Essen mäßig sei. Zum Glück gibt es in der bei Touristen so populären Stadt genügend Alternativen.

Das Umbra bietet soviel Ruhe und Ungestörtheit, wie man sich in Assisi nur wünschen kann, und Alberto Laurenzi, dessen Familie das Hotel seit über 50 Jahren leitet, gibt sich für seine Gäste jede erdenkliche Mühe.

Umgebung Basilika San Francesco, Kirche Santa Chiara, Dom, mittelalterliche Burg.

Via degli Archi 6, Assisi 06081, Perugia
Tel. (075) 812240 **Fax** 813653
Lage im Zentrum nahe der Piazza del Comune; kleiner Garten, nächster Parkplatz in einiger Entfernung
Mahlzeiten Frühstück, Mittag- und Abendessen
Preise Zimmer L105.000-L155.000 inkl. Frühstück, Suiten L190.000
Zimmer 16 Doppel-, 5 Einzelzimmer, 4 Suiten, alle mit Bad, Telefon, Zentralheizung, TV
Anlage 3 Salons, Bar, Speiseraum
Kreditkarten AE, DC, MC, V

Kinder werden toleriert
Behinderte Zugang schwierig
Tiere nicht erlaubt
Geschlossen Mitte Nov. bis Mitte Dez., Mitte Jan. bis Mitte März
Besitzer Alberto Laudenzi

Umbrien und die Marken

Restaurant mit Gästezimmern, Campello sul Clitunno

Le Casaline

Dieses in freier Landschaft gelegene Restaurant lockt an Feiertagen viele Familien aus der Umgebung an - das sagt eigentlich schon alles über die Qualität des Essens aus (besonders empfehlenswert sind die Gerichte vom Holzkohlengrill). Die einfachen Gästezimmer, in umgebauten, ein Stück vom Lokal entfernten Nebengebäuden untergebracht, sind eher zweitrangig. "Schade, daß wir nicht länger bleiben konnten", meinte ein Besucher. Neulich berichtete uns allerdings ein Gast, seine bestätigte, per Fax übermittelte Buchung sei verwechselt worden, und man hätte ihm ohne Entschuldigung ein weit entlegenes Apartment zugewiesen. Wir bitten um weitere Berichte.

Umgebung Spoleto (14 km); Assisi (35 km).

Località Poreta, Campello sul Clitunno 06042, Perugia
Tel. (0743) 521113 **Fax** 275099
Lage 3 km östlich von Campello in offener Landschaft; Garten, Parkplatz
Mahlzeiten Frühstück, Mittag- und Abendessen
Preise Zimmer L55.000-L68.000, Frühstück L8.000, Mahlzeiten ab L35.000
Zimmer 7, 2 mit Bad, 5 mit Dusche
Anlage Speiseraum, Terrasse, Fernsehzimmer
Kreditkarten AE, DC, V
Kinder willkommen

Behinderte Zugang zu 2 Zimmern möglich
Tiere erlaubt
Geschlossen Restaurant Mo
Besitzer Benedetto Zeppadoro

Umgebautes Kloster, Orvieto

La Badia

Diese prachtvoll erhaltene ehemalige Benediktinerabtei *(badia)* aus dem 12. Jhd. ist wahrscheinlich der ideale Ausgangspunkt für Ausflüge nach Orvieto mit seinem herrlichen Dom. Mit ihrem zwölfeckigen Turm und den wunderbar harmonischen romanischen Bögen stellt sie selbst schon eine Sehenswürdigkeit dar. Die Bauten aus sanft getöntem Stein, der Blick auf die traumhaft gelegene Stadt und der Swimmingpool sind die großen Attraktionen.

Ein Besuch unsererseits bestätigte andere positive Berichte. Die Zimmer sind äußerst komfortabel, die Suiten sehr geräumig und ruhig. Die hervorragende Küche bietet umbrische Spezialitäten wie zum Beispiel über offenem Feuer Gegrilltes. Der Service ist freundlich und effizient; man spricht Englisch, Französisch, Deutsch und Spanisch.

Ein Gast aus jüngerer Zeit fand dagegen die Lage zwar auch "wunderschön" und seine Suite "ganz ausgezeichnet", die Gemeinschaftsräume dagegen düster und ungemütlich und die Bedienung unpersönlich.

Umgebung der Dom in Orvieto; Bolsena-See; Todi (40 km).

La Badia, Orvieto Scalo 05019, Terni
Tel. (0763) 90359 **Fax** 927 96
Lage 1 km südlich von Orvieto an der Viale 1 Maggio Richtung Viterbo; großer Park, Parkplatz für 200 Autos
Mahlzeiten Frühstück, Mittag- und Abendessen
Preise Zimmer L211.000-L246.000, Suiten L353.000-L388.000
Zimmer 16 Doppelzimmer, 14 mit Bad, 1 mit Dusche; 3 Einzelzimmer, 2 mit Bad, 1 mit Dusche; 7 Suiten, 2 mit Bad, 2 mit Dusche; alle Zimmer mit Telefon, Klimaanlage, Zentralheizung

Anlage Speiseraum, Bar, Salon mit Fernseher, Konferenzsaal, Swimmingpool, 2 Tennisplätze
Kreditkarten AE, V
Kinder willkommen
Behinderte Zugang schwierig
Tiere Hunde nicht erlaubt
Geschlossen Jan. und Feb.; Restaurant Mi
Besitzerin Luisa Fiumi

Umbrien und die Marken

Villa Ciconia

Bis vor wenigen Jahren war die Villa Ciconia in erster Linie ein Restaurant mit einigen einfachen Gästezimmern. Als wir sie entdeckten, waren wir im Zweifel, ob wir sie in diesen Führer aufnehmen sollten. Diese Zweifel sind jetzt behoben: Berichte aus jüngerer Zeit bestätigen, daß die freundliche Familie Petrangeli ihr Haus aus dem 16. Jhd., das seinem Originalstil entsprechend renoviert wurde, jetzt als komfortables und einladendes Landhotel führt.

Das solide alte Gebäude liegt in einem laubreichen, parkähnlichen Garten, der von zwei Flüssen bewässert wird, die in der Nähe aufeinanderstoßen. Hohe Pinien geben viel Schatten. Die Zimmer sind mit Himmelbetten mit Eisengestell und antiken ländlichen Möbeln schlicht, aber geschmackvoll eingerichtet. Diejenigen, die wir gesehen haben, waren geräumig. Allerdings funktioniert die Klimaanlage nicht in allen perfekt.

Der hohe Speiseraum ist mit seiner Kassettendecke, den umlaufenden Wandmalereien und dem riesigen Kamin prächtig wie eh und je. Die Küche bietet umbrische Spezialitäten, für die Öl und Wein vom benachbarten Bauernhof der Familie sowie frische Forellen und Schalentiere verwendet werden. Dr. Valentino Petrangeli ist ein Weinliebhaber, der seine Kenntnisse über Orvieto und seine Weine immer gern mit interessierten Gästen teilt.

Umgebung der Dom in Orvieto; Todi (40 km); Bolsena-See.

Via dei Tigli 69, 05019 Orvieto
Tel. (0763) 92982 **Fax** 90677
Lage in 5 Morgen großem Privatpark etwa 2 km von der Autobahn Florenz-Rom; Privatparkplatz
Mahlzeiten Frühstück, Mittag- und Abendessen
Preise Zimmer L110.000-L190.000
Zimmer 9 Doppel-, 1 Einzelzimmer, alle mit Bad (1 mit Jacuzzi), Zentralheizung, TV, Telefon, Minibar
Anlage Speiseraum, Salon, Bar, Konferenzraum
Kreditkarten AE, DC, MC, V
Kinder werden aufgenommen

Behinderte keine speziellen Einrichtungen
Tiere nicht erwünscht
Geschlossen Mitte Jan. bis Mitte Feb.; Restaurant Mo
Besitzer Dr. Valentino Petrangeli

Umbrien und die Marken

Mittelalterliches Herrenhaus, Ospedalicchio de Bastia

Lo Spedalicchio

Trotz der Attraktionen von Assisi spricht vieles dafür, daß der motorisierte Reisende in einem Hotel außerhalb der Stadt übernachtet, das gut mit dem Auto zu erreichen ist. Dieses an der Straße nach Perugia gelegene Haus ist das beste der Umgebung. Die Gemeinschaftsräume im Erdgeschoß haben hohe Deckengewölbe aus Backstein und geflieste, sparsam mit Läufern belegte Fußböden. Ob Sie nun zur "Hintertür" hereinkommen, wie es die meisten Autofahrer tun, oder durch die auf den Dorfplatz führende "Vordertür" eintreten - sofort herrscht der Eindruck Jahrhunderte während Ruhe. Das bei den Einheimischen sehr beliebte Restaurant ist stilvoll mit Bugholzstühlen und rosa Tischwäsche ausgestattet; im Gegensatz dazu wirkt der Salon mit Bar, der einen großen Teil des unteren Stockwerks einnimmt, mit seinen unverputzten Steinwänden traditionell karg. Die Gästezimmer sind sehr unterschiedlich - manche sind recht hoch, andere verlaufen über zwei Ebenen und haben Sitzecken, die für den Mangel an Sitzgelegenheiten in den Gemeinschaftsräumen entschädigen. Alle, die wir gesehen haben, waren jedoch groß und einladend. Das Personal ist freundlich und hilfsbereit; man spricht hier Französisch besser als Englisch. Laut Berichten, die ansonsten günstig ausfallen, sollten Sie sich um ein Zimmer in einiger Entfernung von den Kirchenglocken bemühen.

Umgebung Assisi (10 km); Perugia (10 km); Gubbio, Orvieto, Todi und Spoleto sind gut zu erreichen.

Piazza Bruno Buozzi 3, Ospedalicchio di Bastia 06080, Perugia
Tel. und Fax (075) 8010323
Lage zwischen Assisi und Perugia an der S147; Garten, Parkplatz
Mahlzeiten Frühstück, Mittag- und Abendessen
Preise Zimmer L90.000-L125.000, Mahlzeiten ab L38.000-L58.000
Zimmer 20 Doppel-, 2 Einzel-, 3 Familienzimmer, alle mit Dusche, Zentralheizung, Telefon, Farb-TV
Anlage Speiseraum, amerikanische Bar, Fernsehzimmer, Konferenzräume

Kreditkarten AE, DC, V
Kinder willkommen; spezielle Mahlzeiten, Babysitter, Kinderbetten auf Anfrage
Behinderte keine speziellen Einrichtungen
Tiere nur kleine erlaubt
Geschlossen nie
Manager Sg. G. Costarelli

Umbrien und die Marken

Landvilla, Pesaro

Villa Serena

An der Adriaküste südlich von Rimini herrscht kein Mangel an Hotels, aber es sind nur wenige darunter, die in diesen Führer passen. Deshalb ist das stattliche, mit Zinnen geschmückte Herrenhaus aus dem 17. Jhd., das sich in einem bewaldeten Park oberhalb des Getümmels der Küste erhebt, ein echter Glücksfall.

Die Villa ist seit eh und je im Besitz derselben Familie - nämlich der Grafen Pinto de Franca y Vergaes, denen sie als Sommerresidenz diente, bis sie sie 1950 in ein Hotel umwandelten, das wie ein Privathaushalt geführt wird. Renato Pinto fungiert als Küchenchef und serviert überdurchschnittliche Gerichte (die man außerhalb der Hochsaison vorbestellen muß). Stefano und Filippo sind für die Gäste und den Empfang zuständig, während ihre Mutter, Signora Laura, sich um Haus und Garten kümmert. Sie alle sind sehr bodenständig und legen mehr Wert auf Charakter, Einfachheit und Ruhe als auf Luxus. Die Salons sind prächtig ausgestattet, und in den Fluren stehen überall hübsche Topfpflanzen. Ein paar verwohnte Ecken erinnern daran, daß man sich hier im Haus einer verarmten Adelsfamilie befindet. Kein Gästezimmer gleicht dem anderen, doch die meisten weisen Antiquitäten und Kamine auf. Einige könnten einen neuen Anstrich vertragen sowie mehr Licht, wofür Bäume gestutzt werden müßten, aber wer will sich bei den Preisen groß beschweren?

Umgebung städtisches Museum, Herzogspalast in Pesaro.

Via San Nicola 6/3, 61100 Pesaro
Tel. (0721) 55211 **Fax** 55927
Lage 4 km von Pesaro und vom Strand entfernt; großer waldreicher Park an einem Hügel mit Privatparkplatz
Mahlzeiten Frühstück, Mittag- und Abendessen
Preise Zimmer L130.000-L210.000, Mahlzeiten ab L55.000
Zimmer 10 Doppelzimmer, alle mit Bad oder Dusche, Zentralheizung, Telefon
Anlage 4 Salons, Speiseraum, Bar, Terrasse, Swimmingpool

Kreditkarten AE
Kinder werden aufgenommen
Behinderte Zugang schwierig
Tiere erlaubt
Geschlossen die ersten 2 Wochen im Jan.
Besitzer Renato Pinto

Umbrien und die Marken

Hotel am Meer, Portonovo

Emilia

Man kann das Emilia zwar als Hotel am Meer bezeichnen, aber es erhebt sich abseits der Strände südlich von Ancona an der Flanke des Monte Conero oberhalb des kleinen Badeorts Portonovo, den man am besten mit dem Auto erreicht. Das moderne Gebäude ist architektonisch nicht sehr bemerkenswert. Allerdings hatten die Besitzer vor Jahren eine geniale Idee, wie sie aus dem Hotel etwas Besonderes machen könnten: sie luden Künstler ein und ließen sie ihre Rechnungen in "Naturalien" bezahlen. Die Ergebnisse, zahllose Gemälde (von denen, so versicherte man uns, bisher keins verkauft wurde), kann man an allen Wänden bewundern. Zwischen den italienischen Signaturen entdeckte unser Tester auch einen Graham Sutherland.

Auch ohne diese ungewöhnliche Wanddekoration wäre das Haus attraktiv. Ein langer, niedriger Salon mit wuchtigen, modernen Sesseln leitet von der Rezeption in den großen, hellen, schlicht möblierten Speiseraum über, dessen Fenster den Blick auf die passable Imitation eines *prato inglese* (englischer Rasen) freigeben. Die Küche ist, obwohl sie ihren Michelin-Stern verloren hat, um gute Qualität bemüht. Auf der Speisekarte dominiert Fisch, der kompetent zubereitet, aber teuer ist. Die Zimmer sind ausgesprochen schick und modern. Die meisten liegen im älteren Teil des Hotels und sind so angeordnet, daß jedes über einen Balkon mit Meerblick verfügt. Im letzten Jahr kamen 6 Zimmer mit Klimaanlage und 2 "wundervolle Suiten" hinzu.

Umgebung Kirche Santa Maria (in Portonovo), Monte Conero; Ancona (12 km).

Via Poggio 149/A, Portonovo, Ancona 60020
Tel. (071) 801145 **Fax** 801330
Lage 2 km westlich von Portonovo auf den Klippen; Privatparkplatz
Mahlzeiten Frühstück, Mittag- und Abendessen
Preise Zimmer L100.000-L220.000
Zimmer 29 Doppelzimmer, 2 mit Bad, 27 mit Dusche; 2 Einzelzimmer mit Dusche; 5 Familienzimmer, 1 mit Bad, 4 mit Dusche; 2 Suiten; alle Zimmer mit Zentralheizung, Telefon, Farb-TV, Minibar

Anlage Speiseraum, Fernsehzimmer, Konferenzraum, 2 Bars (1 mit schöner Aussicht), Swimmingpool, Tennis
Kreditkarten AE, DC, MC, V
Kinder werden aufgenommen
Behinderte einige Zimmer im Erdgeschoß
Tiere nicht erlaubt
Geschlossen Nov. bis März
Besitzer Lamberto Fiorini

Umbrien und die Marken

Stadthotel, Torgiano

Le Tre Vaselle

Mit seinen über 50 Zimmern und mehreren Konferenzräumen könnte das Tre Vaselle leicht unpersönlich wirken. Es ist jedoch völlig unprätentiös, der in einer engen Gasse befindliche Eingang kaum auszumachen, und der Konferenzbereich wurde inzwischen ganz abgetrennt. Das freundliche, hilfsbereite Personal vermittelt dem Gast sofort ein heimeliges Gefühl. Die Salons im Erdgeschoß bestechen durch ihre massiven Bögen, weißen Wände, rustikalen Balken, Terrakottafußböden, die schäbigen, aber farbenfrohen Sessel und Sofas, den Kartentisch und die Steinkamine.

Die Gästezimmer, einige in einem moderneren Bau hinter dem Hauptgebäude und andere in einem neuen, ein Stück entfernten Luxusanbau gelegen, sind elegant und gepflegt. Es gibt zwei hübsche Speiseräume, aber bei gutem Wetter ißt man am schönsten in dem kürzlich hergerichteten Innenhof. Die Küche ist hervorragend und wird ausgezeichnet ergänzt durch die Weine, durch die Dr. Lungarotti, der Besitzer des Hauses, Torgiano bekannt gemacht hat. Lassen Sie sich das faszinierende Weinmuseum eine Straße weiter nicht entgehen. Das Tre Vaselle verläßt der Reisende nur ungern, weil er genau weiß, daß sein nächstes Quartier nicht so gut sein wird.

Umgebung Perugia; Assisi (25 km).

Via Garibaldi 48, Torgiano 06089, Perugia
Tel (075) 9880447 **Fax** 9880214
Lage in einer Seitenstraße des Dorfes, 12 km südöstlich von Perugia; reichlich Parkplätze in der Nähe
Mahlzeiten Frühstück, Mittag- und Abendessen
Preise Zimmer L150.000-L280.000
Zimmer 52 Doppel-, 2 Einzelzimmer, 7 Suiten, die meisten mit Bad, einige mit Dusche; alle Zimmer mit Zentralheizung, Klimaanlage, Telefon, Minibar

Anlage Salons, Speiseräume, Kartenspiel- und Fernsehzimmer, Frühstücksraum, Bar, Konferenzräume
Kreditkarten AE, DC, MC, V
Kinder werden aufgenommen
Behinderte Zugang möglich - Lift zu den Zimmern
Tiere nicht erlaubt
Geschlossen nie
Manager Romano Sartore

Umbrien und die Marken

Hotel O'Viv

Wunderschön restaurierter mittelalterlicher *palazzo* in auf einem Hügel gelegenen Dorf ein Stück landeinwärts von der Adriaküste, der 1976 als Hotel eröffnet und 1984 von einem englisch-italienischen Paar übernommen und daraufhin ein großer Erfolg wurde. Schlichter Speiseraum, prächtige Gästezimmer, Terrasse mit herrlichem Ausblick für sommerliche Mahlzeiten.

Via Marziale 43, 63030 Aquaviva Picena (Ascoli Piceno) **Tel.** (0735) 764649 **Fax** (0735) 83697 **Mahlzeiten** Frühstück, Mittag- und Abendessen **Preise** Zimmer L82.000, Frühstück L8.000, Mahlzeiten L31.500 **Zimmer** 12, alle mit Bad, Zentralheizung, Telefon, TV **Kreditkarten** AE, MC, V **Geschlossen** 3 Wochen im Okt.

Castel San Gregorio

Exzentrisches Hotel, untergebracht in einem kleinen, burgartigen Gebäude auf einer Anhöhe wenige Kilometer von Assisi. Die Einrichtung ist irgendwo zwischen schottisch-würdevoll und Märchenschloßkitsch angesiedelt. Interessante Gästezimmer. Man ißt gemeinsam an einem riesigen Tisch.

San Gregorio, 06081 Assisi (Perugia) **Tel.** (075) 8038009 **Fax** (075) 8038904 **Mahlzeiten** Frühstück, Mittag- und Abendessen **Preise** HP L90.000 **Zimmer** 12, alle mit Bad oder Dusche, Zentralheizung, Telefon **Kreditkarten** AE, DC, MC, V **Geschlossen** Ende Jan.

Country House

Bescheidenes Gasthaus zwischen Feldern und Obstgärten, nicht weit im Westen von Assisi gelegen. Silvana Ciammarughi betreibt im Erdgeschoß ein Antiquitätengeschäft und bestückt die Zimmer aus ihrem Vorrat. Manche Besucher finden sie großartig, andere unfreundlich; bitte weitere Berichte.

San Pietro Campagna 178, 06081 Assisi (Perugia) **Tel.** (075) 816 363 **Fax** (075) 816363 **Mahlzeiten** Frühstück **Preise** Zimmer L75.000–L110.000 **Zimmer** 15, alle mit Bad, Zentralheizung **Kreditkarten** AE, V **Geschlossen** nie

---

Hotel Fontebella

Makellos gepflegtes Hotel in einem alten *palazzo* an einer der vielbenutzten Straßen vom Hauptplatz zur Basilika, was für die nach vorn gelegenen Zimmer auch spät abends noch Lärm bedeutet. Einige andere Zimmer sollen sehr klein sein, aber man äußert sich positiv über die Besitzer.

Via Fontebella 25, 06081 Assisi (Perugia) **Tel.** (075) 812883 **Fax** (075) 812941 **Mahlzeiten** Frühstück, Mittag- und Abendessen **Preise** Zimmer L128.000–L294.000 inkl. Frühstück, Suite L300.000 **Zimmer** 38, alle mit Bad oder Dusche, Zentralheizung, Telefon, TV **Kreditkarten** AE, DC, MC, V **Geschlossen** nie

Umbrien und die Marken

Stadthotel, Assisi

Hotel dei Priori

Gut geführtes Hotel in historischem *palazzo* im Herzen von Assisi in der Nähe der touristischen Sehenswürdigkeiten. Geschmackvoll und behaglich möblierte Zimmer, eleganter Salon und mit anmutigen Bögen geschmückter Speiseraum - lassen Sie sich von der modernisierten Lobby und Bar nicht abschrecken.

Corso Mazzini 15, 06081 Assisi (Perugia) **Tel.** (075) 812237 **Fax** (075) 816804 **Mahlzeiten** Frühstück, Mittag- und Abendessen **Preise** Zimmer L105.000-L152.000, HP L105.000-L126.000 **Zimmer** 34, alle mit Bad oder Dusche, Zentralheizung, Telefon **Kreditkarten** AE, DC, MC, V **Geschlossen** Mitte Nov. bis Mitte März

---

Umgebaute Mühle, Campello sul Clitunno

Il Vecchio Molino

Alte Mühle, auf einer Insel im Fluß Clitunno unterhalb eines noch älteren (römischen) Tempels gelegen, auf den man von Garten und Terrasse einen guten Blick hat. Die geräumigen Zimmer wurden mit geschmackvoller Zurückhaltung harmonisch gestaltet.

Via del Tempio 34, Località Pissignano, 06042 Campello sul Clitunno (Perugia) **Tel.** (0743) 521122 **Fax** (0743) 275097 **Mahlzeiten** Frühstück **Preise** Zimmer L142.000-L195.000 **Zimmer** 13, alle mit Bad, Zentralheizung, Telefon, Minibar; die meisten mit Klimaanlage **Kreditkarten** AE, DC, MC, V **Geschlossen** Nov. bis März

---

Stadthotel, Città di Castello

Tiferno

An einem kleinen Platz nahe dem Zentrum einer hübschen, kaum von Touristen besuchten Renaissancestadt gelegen: Kloster aus dem 17. Jhd., das kürzlich mit gebührender Zurückhaltung und Geschmack renoviert wurde. Die Gemeinschaftsräume haben mehr Charakter als die großen, gut ausgestatteten Zimmer.

Piazza R Sanzio 13, 06012 Città di Castello (Perugia) **Tel.** (075) 8550331 **Fax** (075) 8521196 **Mahlzeiten** Frühstück, Mittag- und Abendessen **Preise** Zimmer L98.000-L160.000 inkl. Frühstück, HP L107.000-L125.000 **Zimmer** 38, alle mit Bad, Klimaanlage, Radio, Satelliten-TV, Telefon, Minibar, Fön **Kreditkarten** AE, DC, MC, V **Geschlossen** nie

---

Umgebautes Schloß, Deruta

Nel Castello

Hoch über Deruta (berühmt für seine Keramiken) liegt das ummauerte Dorf Castelleone; noch weiter oben befindet sich das zinnengeschmückte, wahrscheinlich aus dem 11. Jhd. stammende Schloß. 1993 wurde es komplett renoviert - wir sind gespannt auf das Ergebnis. Schöner Blick aus dem schattigen Garten.

Castelleone, 06053 Deruta (Perugia) **Tel.** (075) 9711302 **Mahlzeiten** Frühstück, Mittag- und Abendessen **Preise** HP L127.000 **Zimmer** 10, alle mit Bad oder Dusche, Telefon; einige mit TV, Minibar **Kreditkarten** AE, DC, V **Geschlossen** Nov. bis März

Umbrien und die Marken

Villa Pigna

Hotel für Geschäftsreisende - das Frühstück besteht aus Gebäck und Kaffee von der Bar und wird oft sogar im Stehen eingenommen; den Zimmern fehlt es an Charakter. Die Salons im Erdgeschoß sind jedoch außerordentlich einladend, und in dem modernen Speiseraum wird zufriedenstellendes Essen serviert.

Viale Assisi 33, 63040 Folignano (Ascoli Piceno) **Tel.** (0736) 491 868 **Mahlzeiten** Frühstück, Mittag- und Abendessen **Preise** Zimmer L116.000-L170.000, Mahlzeiten um L44.000 **Zimmer** 52, alle mit Telefon, TV, Minibar, Balkon **Kreditkarten** AE, DC, V **Geschlossen** Restaurant 20. Juli bis 23. Aug.

Villa Roncalli

Foligno mag nicht unbedingt erwähnenswert sein, aber diese hübsche kleine Villa in dem bewaldeten Garten ist es mit Sicherheit. Die leckeren regionaltypischen Gerichte, phantasievoll zubereitet, werden in einem hellen, überwölbten Speiseraum serviert. Die Zimmer im ersten Stock sind bemerkenswert groß. Hervorragender Service. Mittlerweile müßte es auch einen Pool geben.

Via Roma 25, 06034 Foligno (Perugia) **Tel.** (0742) 391091 **Mahlzeiten** Frühstück, Mittag- und Abendessen **Preise** Zimmer L70.000-L120.000, HP L120.000 **Zimmer** 10, alle mit Bad oder Dusche, TV, Telefon **Kreditkarten** AE, DC, V **Geschlossen** 2 Wochen im Aug.; Restaurant Mo

---

Hotel Bosone

Die beste Möglichkeit, die Atmosphäre des historischen Gubbio zu genießen: Das Bosone befindet sich in einem *palazzo*, der so alt ist wie die Sehenswürdigkeiten, deretwegen Sie hergekommen sind. Zwei Gästezimmer sind mit ihrer überladenen Dekoration auffallend prächtig, die übrigen relativ durchschnittlich. Gut gefiel uns die Taverna del Lupo, wo die Hauptmahlzeiten eingenommen werden.

Via XX Settembre 22, 06024 Gubbio (Perugia) **Tel.** (075) 929 2113 **Fax** (075) 9271269 **Mahlzeiten** Frühstück; Mittag- und Abendessen werden in der nahen Taverna del Lupo serviert **Preise** Zimmer L80.000-L140.000, HP L68.000 **Zimmer** 30, alle mit Bad, Telefon **Kreditkarten** AE, DC, MC, V **Geschlossen** Jan. oder Feb.

Villa Montegranelli

Ländliche Alternative zu einem Aufenthalt in Gubbio selbst: recht streng wirkendes Steingebäude, 4 km südwestlich in hügeligem Gelände gelegen. Die Zimmer sind sehr unterschiedlich in der Größe, einfach möbliert, zurückhaltend und stilvoll gestaltet. Der bogenübergspannte Speiseraum datiert aus dem 13. Jhd.

Loc. Monteluiano, 06024 Gubbio (Perugia) **Tel.** (075) 9220185 **Fax** (075) 9273372 **Mahlzeiten** Frühstück, Mittag- und Abendessen **Preise** Zimmer L128.000-L180.000 inkl. Frühstück, Suite L226.000, HP L135.000 **Zimmer** 21, alle mit Bad oder Dusche, Telefon, Minibar, TV, Radio **Kreditkarten** AE, DC, MC, V **Geschlossen** nie

Umbrien und die Marken

Umgebaute Burg, Monte Vibiano

Castello di Monte Vibiano

Trotz seiner Größe nimmt dieses auf einem Hügel gelegene, im 17. Jhd. wiederaufgebaute Schloß nur 12 Gäste auf - es besteht also nicht die Gefahr, daß man in den überwölbten Gemeinschaftsräumen oder auf den makellos gepflegten Rasenflächen übereinander stolpert. Die Atmosphäre ist die einer Privatgesellschaft; alle Getränke sind im Preis eingeschlossen.

Mercatello, 06050 Monte Vibiano (Perugia) **Tel.** Buchungsbüro Florenz (055) 218112 **Fax** (055) 287157 **Mahlzeiten** Frühstück, Mittag- und Abendessen **Preise** HP L250.000, VP L300.000; Einzelzimmerzuschlag L50.000 **Zimmer** 6, alle mit Bad, Zentralheizung, Klimaanlage, Telefon **Kreditkarten** keine **Geschlossen** Okt. bis Juni

---

Landvilla, Montecassiano

Villa Quiete

Solides Hotel mit Vor- und Nachteilen: farblose Salons, eleganter Speiseraum im Caféhausstil, Zimmer, die zum Teil durchschnittlich, zum Teil prachtvoll mit Antiquitäten ausgestattet sind. Hauptattraktion ist der nicht sehr große Garten mit seinen Pinien, Palmen und Geranien.

Vallecascia di Montecassiano, 62010 Montecassiano (Macerata) **Tel.** (0733) 599559 **Mahlzeiten** Frühstück, Mittag- und Abendessen **Preise** Zimmer L75.000-L110.000, Frühstück L8.000, Suite L200.000 **Zimmer** 38, alle mit Bad oder Dusche, Zentralheizung, Telefon, TV **Kreditkarten** AE, DC, V **Geschlossen** nie

---

Stadthotel, Orvieto

Virgilio

Liebenswert schäbig wirkendes Gebäude, dessen Hauptvorteil seine Lage im Herzen der Stadt ist. Das Innere wurde leider elegant, jedoch unpersönlich modernisiert, aber das Hotel ist komfortabel, und die Preise sind mäßig.

Piazza del Duomo 5/6, 05018 Orvieto (Terni) **Tel.** (0763) 41882 **Mahlzeiten** Frühstück **Preise** Zimmer L120.000-L160.000 **Zimmer** 16, alle mit Bad oder Dusche, Telefon **Kreditkarten** keine **Geschlossen** 20 Tage im Jan./Feb.

Stadthotel, Perugia

Hotel Brufani

Ruhiges, elegantes Hotel an einem Ende des Corso in herrlicher Lage auf einer der Klippen, die Perugia umgeben. Besonders attraktive Gemeinschaftsräume mit großer Eingangshalle und schicker amerikanischer Bar.

Piazza Italia 12, 06100 Perugia **Tel.** (075) 5732541 **Fax** (075) 572 0210 **Mahlzeiten** Frühstück, Mittag- und Abendessen **Preise** Zimmer L180.000-L380.000, Frühstück L20.000, Suiten L280.000-L500.000 **Zimmer** 25, alle mit Bad, Zentralheizung, Telefon, TV, Fön, Minibar **Kreditkarten** AE, DC, MC, V **Geschlossen** nie

Stadthotel, Perugia

Locanda della Posta

Perugias ältestes Hotel, vor über 200 Jahren eröffnet, ist nach einer gründlichen Renovierung vor ein paar Jahren heute eines seiner reizvollsten. Die Zimmer sind gepflegt und komfortabel, die Gemeinschaftsräume nicht sehr groß, aber elegant - und direkt vor der Tür befindet sich die berühmte Fußgängerzone der Stadt, der Corso.

Corso Vannucci 97, 06100 Perugia **Tel.** (075) 5728925 **Fax** (075) 5722413 **Mahlzeiten** Frühstück **Preise** Zimmer L120.000-L275.000, Suiten L300.000-L350.000 **Zimmer** 40, alle mit Bad, Zentralheizung, Klimaanlage, Telefon, Fön, TV, Minibar **Kreditkarten** AE, DC, MC, V **Geschlossen** nie

Hotel am Meer, Portonovo

Fortino Napoleonico

Äußerst ungewöhnliches Hotel, untergebracht in einer einstöckigen Festung am Meer, die offensichtlich (wie der Name vermuten läßt) Anfang des 19. Jhds. erbaut wurde. Es ist durchweg einfach, sauber und geräumig und sehr gut für Familien geeignet - in vielen der von den Festungsmauern umschlossenen Zimmer können drei oder vier Personen übernachten.

60020 Portonovo (Ancona) **Tel.** (071) 801124 **Fax** (071) 801314 **Mahlzeiten** Frühstück, Mittag- und Abendessen **Preise** Zimmer L180.000, Suiten L300.000 **Zimmer** 30, alle mit Bad oder Dusche, Zentralheizung, Telefon **Kreditkarten** AE, DC, MC, V **Geschlossen** nie

Stadthotel, Santa Vittoria in Matenano

Farfense

Freundliches, einfaches, von einer Familie geführtes Hotel in abseits gelegenem Ort, der sich auf einem Hügel erhebt und von einer hübschen, für diese Gegend typischen Landschaft mit schachbrettartig angeordneten winzigen Feldern umgeben ist. Blitzsaubere Zimmer (manche mit schöner Aussicht) und nettes kleines Restaurant unten im Kellergewölbe.

Corso Matteoti 41, 63028 Santa Vittoria in Matenano (Ascoli Piceno) **Tel.** (0734) 780171 **Mahlzeiten** Frühstück, Mittag- und Abendessen **Preise** Zimmer L45.000-L70.000, VP L65.000, Mahlzeiten L30.000 **Zimmer** 10, alle mit Bad oder Dusche, Zentralheizung, 4 mit Balkon **Kreditkarten** AE, DC, MC, V **Geschlossen** 2 Wochen Ende Sep./ Anfang Okt.; Restaurant Mo

Umgebautes Kloster, Sirolo

Monteconero

Ehemaliger Sakralbau in herrlicher Lage - direkt auf dem Gipfel des Monte Conero, 500 m überhalb der Adriaküste - mit traumhaftem Blick übers Meer von der Terrasse. Die Zimmer sind einfach, modern, ordentlich. Im Untergeschoß befindet sich ein stimmungsvolles kleines Restaurant mit Steingewölbe.

Monte Conero, 60020 Sirolo (Ancona) **Tel.** (071) 9330592 **Fax** (071) 9330365 **Mahlzeiten** Frühstück, Mittag- und Abendessen **Preise** Zimmer L85.000-L140.000 **Zimmer** 47, alle mit Dusche, Telefon **Kreditkarten** AE, DC, MC, V **Geschlossen** Nov. bis Ostern

Umbrien und die Marken

Umgebaute Mühle, Spello

La Bastiglia

Komfortables Quartier in einer malerischen, kleinen mittelalterlichen Stadt - eine geschickt restaurierte alte Mühle, deren Charakter erhalten blieb, mit weitem Ausblick aus nahezu allen Zimmern; 7 davon sind Suiten mit eigenen Gartenterrassen.

Piazza Vallegloria, 06038 Spello (Perugia) **Tel.** (0742) 651277 **Fax** (0742) 651277 **Mahlzeiten** Frühstück, Mittag- und Abendessen **Preise** L70.000-L95.000, Suiten L130.000, HP L95.000-L100.000 **Zimmer** 26, alle mit Bad, Klimaanlage, Minibar, TV, Telefon **Kreditkarten** AE, DC, MC, V **Geschlossen** Restaurant Mitte Jan. bis Mitte Feb.

Stadthotel, Spoleto

Hotel Gattapone

Das hübsche kleine Hotel wurde nach dem Erbauer von Spoletos beeindruckend hoher Ponte delle Torri aus dem 14. Jhd. benannt, auf die seine Gäste einen großartigen Blick haben. Die Zimmer sind geräumig und elegant, die Lage ist ebenso ruhig wie schön.

Via del Ponte 6, 06049 Spoleto (Perugia) **Tel.** (0743) 223447 **Fax** (0743) 223448 **Mahlzeiten** Frühstück **Preise** L190.000-L270.000 inkl. Frühstück **Zimmer** 13, alle mit Bad oder Dusche, Minibar, TV **Kreditkarten** AE, DC, MC, V **Geschlossen** nie

---

Landhotel, Todi

Hotel Bramante

Kein ausgeprägt stilvolles, aber angenehmes Hotel in idealer Lage direkt außerhalb von Todi im Schatten von Bramantes Kirche Santa Maria. Der Kernbau ist ein altes Steinhaus, die moderne Einrichtung zurückhaltend und komfortabel.

Via Orvietana 46, 06059 Todi (Perugia) **Tel.** (075) 8948381 **Fax** (076) 8948074 **Mahlzeiten** Frühstück, Mittag- und Abendessen **Preise** Zimmer L140.000-L190.000 inkl. Frühstück, VP L160.000-L190.000 **Zimmer** 45, alle mit Bad, Telefon, Klimaanlage, TV, einige mit Minibar **Kreditkarten** AE, DC, MC, V **Geschlossen** nie

Latium und die Abruzzen

Die Hotels in Latium und den Abruzzen

Rom ist eher die Stadt der großen prächtigen als der kleinen reizvollen Hotels. Zu den Häusern, die wir uns angesehen, aber nicht mit einem gesonderten Beitrag aufgenommen haben, gehört das Sant'Anselmo (Tel. (06) 5743547, Fax 5783604), ein einfaches, aber angemessen komfortables Haus in der ruhigen Wohngegend Aventino. Weitere Möglichkeiten sind das Cesari (Tel. (06) 6792386, Fax 0882, 50 Zimmer, altmodisch, jedoch behaglich), das elegante Borgognoni (Tel. (06) 6780041, Fax 6841501, 50 Zimmer) und das Piazza di Spagna (Tel. (06) 6796412, Fax 0654). Am oberen Ende der Preisskala (und der Spanischen Treppe) liegt das luxuriöse Lord Byron (Tel. (06) 3220404, Fax 0405, 50 Zimmer) - sicherlich weniger unpersönlich als die meisten schicken römischen Hotels, aber doch beeindruckend mondän und entsprechend teuer.

Ein paar Kilometer außerhalb Roms finden Sie in Grottaferrata die Villa Fiorio (Tel. (06) 943 15369, Fax 9413482), die wir aufgrund negativer Berichte seit einigen Jahren hier nicht mehr ausführlich vorstellen, die jedoch in anderen Führern immer noch hoch gelobt wird. Kommentare erbeten.

Nach Palestrina (der Geburtsort des gleichnamigen Komponisten aus dem 16. Jhd.) und Tivoli (mit den Villen von Kaiser Hadrian und dem Kardinal d'Este aus dem 16. Jhd.) kann man von Rom aus einen Tagesausflug machen. Wenn Sie in Palestrina übernachten wollen, versuchen Sie es im Stella - modernes, ausgezeichnetes Restaurant, saubere, geräumige Zimmer (Tel. (06) 9538172, Fax 9573360). Nördlich der Hauptstadt kommt man um Viterbo und den Lago di Vico in eine hübsche, waldreiche Landschaft. Ein durchschnittliches Stadthotel im Herzen Viterbos ist das Leon d'Oro (Tel. und Fax (0761) 344444).

Die Abruzzen sind eine unwegsame, bewaldete Bergregion und Teil der Apenninen. Nette kleine Hotels sind hier schwer zu finden, und Sie tun möglicherweise am besten daran, das Gebiet von einem näher an Rom gelegenen Ausgangspunkt zu erkunden. Einige kurze Empfehlungen haben wir trotzdem zu bieten - in Balsorano (Seite 178) und Scanno (Seite 181). Erwähnenswert ist in Scanno überdies das Del Lago (Tel. und Fax (0864) 74343) an einem See 3 km außerhalb des Ortes.

L'Aquila, die Hauptstadt der Region, ist groß und noch weiter nördlich angesiedelt, aber immer noch mitten im Gebirge. Obgleich heute überwiegend Handelszentrum, kann es mit den umliegenden Bergen und seinen imposanten historischen Bauten durchaus als interessant gelten. Übernachten Sie im Grand Hotel del Parco (Tel. (0862) 413248, Fax 65938, 36 Zimmer), das kleiner und weniger auf Geschäftsreisende ausgerichtet ist als die meisten anderen Häuser der Stadt.

Diese Seite dient als Einführung in die Landschaft und Hotellerie Latiums und der Abruzzen und enthält kurze Empfehlungen annehmbarer Unterkünfte, über die wir aus verschiedenen Gründen keinen gesonderten Beitrag verfaßt haben. Die ausführlichen Beiträge für diese Region - über die Hotels, die uns am besten gefielen - beginnen auf der nächsten Seite. Beachten Sie aber auch unsere Kurzbeiträge ab Seite 178: hier handelt es sich ebenfalls um Häuser, in denen wir uns gern aufgehalten haben.

Latium und die Abruzzen

Hotel Carriage

Das elegante kleine Hotel steht in einer der engen Straßen nahe der Piazza di Spagna, die für ihre schicken Boutiquen mit den wahnwitzig teuren Kleidern berühmt sind. Das Carriage paßt durchaus in diese Umgebung, obgleich die Preise für diesen Stadtteil nicht einmal übermäßig hoch sind.

Der Empfangsbereich mit den dick gepolsterten, kostspielig wirkenden Sofas und den golden und blau gestreiften Sesseln, der hübsche Frühstücksraum mit den schwarzen Bugholzstühlen, Rattanmöbeln und Goldschnörkeln, die schönen Blumensträuße - all das scheint geradezu auf den Fotografen und seine Modelle zu warten. Die in Blau-Weiß gehaltenen Gästezimmer im oberen Stock mit den hübschen, gediegenen, französisch anmutenden Stilmöbeln sind weniger pompös. In den sauberen, modernen Bädern findet man gut beleuchtete Spiegel und das übliche Zubehör vor.

Die kleine Dachterrasse wirkt nicht ganz so adrett wie der Rest des Hotels, bietet sich aber für ein sommerliches Frühstück in frischer Luft an. Soweit wir sehen konnten, hat das Frühstück mit einer Auswahl warmer und kalter Speisen überdurchschnittliches Niveau. An der Rezeption wurden wir von angenehm professionellem, Englisch sprechendem Personal bedient.

Umgebung Piazza di Spagna, Via del Corso.

Via della Carrozze 36, 00187 Roma
Tel. (06) 6990124 **Fax** (06) 6788279
Lage zwischen Via del Corso und Piazza di Spagna
Mahlzeiten Frühstück
Preise Zimmer L110.000-L255.000 inkl. Frühstück
Zimmer 17 Doppelzimmer mit Bad und Dusche, 3 Einzelzimmer mit Dusche, 2 Suiten; alle Zimmer mit Zentralheizung, Telefon, Fön, TV, Radio, Minibar
Anlage Frühstücksraum, Sitzecke an der Rezeption
Kreditkarten AE, DC, MC, V

Kinder werden aufgenommen
Behinderte keine speziellen Einrichtungen
Tiere nicht erlaubt
Geschlossen nie
Manager Sg. Trau

Latium und die Abruzzen

Hotel Condotti

Dieses erst kürzlich von neuen Besitzern übernommene, total renovierte, ehemals bescheidene Hotel in einer ruhigen Seitenstraße wurde erheblich verschönert, ohne jetzt steif und ungemütlich zu wirken - und ohne seine traditionell mit Fensterläden versehene Fassade zu verlieren.

Der elegante kleine Empfangsbereich dient mit seinen weichen, freigebig mit Kissen überhäuften Sofas gleichzeitig als Sitzecke. Im Untergeschoß befindet sich der nicht sehr große, aber gepflegte Frühstücksraum, der mit Porzellan und neutralen Damasttapeten dekoriert ist.

Die Zimmer sind harmonisch und modern, allerdings etwas unpersönlich gestaltet; in den Bädern findet man, für ein Hotel dieser Kategorie erstaunlich, keinen Fön. Die ein oder zwei Zimmer, die über eine eigene hübsche, große Terrasse verfügen, sind bei Stammgästen verständlicherweise sehr begehrt.

Das Frühstück ist mit Käse und anderen Extras üppiger als üblich. Bei unserem Besuch war der Empfangsleiter ein höchst professioneller Amerikaner, und das Haus schien gute Geschäfte mit Reisenden aus Übersee zu machen. Die Lage ist hervorragend geeignet für die Erkundung der schicken kleinen Läden am Corso.

Umgebung Spanische Treppe, Via del Corso.

Via Mario De'Fiori 37, 00187 Roma
Tel. (06) 6794661 **Fax** (06) 6790457
Lage zwischen Via del Corso und
Piazza di Spagna
Mahlzeiten Frühstück
Preise Zimmer L169.000-L300.000,
Suiten L260.000-L400.000 inkl.
Frühstück
Zimmer 17 Doppelzimmer, 12 mit
Bad, 5 mit Dusche, alle mit
Zentralheizung, Klimaanlage,
Telefon, TV, Minibar
Anlage Rezeption, Frühstücksraum
Kreditkarten AE, MC, V
Kinder werden aufgenommen

Behinderte Lift
Tiere nicht erlaubt
Geschlossen nie
Manager Sg. Massimo Funaro

Latium und die Abruzzen

Stadthotel, Rom

La Residenza

Die Via Veneto ist eine der gefragtesten Adressen Roms, in der auch einige seiner vornehmsten Hotels stehen. Dazu zählt das Residenza nicht, aber es liegt nur eine Straße von der berühmten Allee entfernt.

Es gehört zur kleinen Giannetti-Kette, die sich hauptsächlich im langweiligen Lido di Jesolo konzentriert - eigentlich keine Empfehlung. Signor d'Arezzo ist jedoch ein guter Manager, das Personal am Empfang freundlich und hilfsbereit.

Weitere Vorzüge des Hauses sind die im Hochparterre gelegene Bar und die Sitzecken, die geräumig und mit einer Mischung aus modernen und antiken Möbeln geschmackvoll ausgestattet sind. Das überdurchschnittlich üppige Frühstücksbüffet wird in einem einfacheren, fensterlosen Raum an der Gebäuderückseite aufgebaut. Die Zimmer sind komfortabel und gut, wenn auch ohne besonderes Flair und im 08/15-Stil eingerichtet. Die nach hinten gelegenen sind ruhiger als die auf der Vorderseite des Hauses, in denen man trotz der Schallschutzfenster den Lärm aus einem benachbarten Nachtclub hört. Manche Zimmer haben eine eigene recht große Terrasse. Außerdem gibt es eine Dachterrasse mit interessanter Aussicht.

Umgebung Spanische Treppe, Villa Borghese.

Via Emilia 22, Roma 00187
Tel. (06) 4880789 **Fax** 485721
Lage in einer Seitenstraße der Via Veneto; begrenzte Parkmöglichkeiten
Mahlzeiten Frühstück
Preise Zimmer L120.000-L270.000 inkl. Frühstück
Zimmer 24 Doppelzimmer mit Bad, 3 Einzelzimmer mit Dusche; alle Zimmer mit Zentralheizung, Minibar, Satelliten-TV, Klimaanlage, Fön, Telefon
Anlage Salons, Bar, Frühstücksraum, Innenhof, Terrasse
Kreditkarten keine

Kinder werden aufgenommen
Behinderte Zugang schwierig
Tiere nicht erlaubt
Geschlossen nie
Manager Adriano d'Arezzo

Latium und die Abruzzen

Stadtpension, Rom

Scalinata di Spagna

Die Spanische Treppe gehört zu den Lieblingsplätzen der Rom-Touristen, die hier gern die Atmosphäre und die Nachmittagssonne genießen. An ihrem oberen Ende stehen zwei Hotels - das Hassler (wo die Übernachtung um L500.000 kostet) und, auf der gegenüberliegenden Seite der Piazza, diese sehr individuelle kleine *pensione* (die inzwischen 3 Sterne hat).

Der etwas exzentrische Charakter des Hauses wird bereits deutlich, wenn man durch die Tür kommt und sich Cacao, dem Papagei des Besitzers, gegenübersieht. Hinter dem Empfangsbereich führt ein Korridor mit Antiquitäten und Gemälden zu den unterschiedlich großen, altmodischen Zimmern, deren Bäder für italienische Verhältnisse recht einfach sind. Acht Monate im Jahr wird das Frühstück auf der Dachterrasse serviert, von der aus man über den Dächern der benachbarten Häuser viele der berühmten Sehenswürdigkeiten Roms ausmachen kann; ein Besucher fühlte sich allerdings durch die Tauben an den freigewordenen Tischen gestört. Während der übrigen Zeit frühstückt man in einem winzigen Raum neben der Rezeption.

Signore Bellia ist charmant und hilfsbereit. Seine Preise sind nicht mehr niedrig, trotzdem übersteigt die Nachfrage nach Zimmern weiterhin das Angebot. Es wäre eine verständliche Reaktion, die Preise noch mehr zu erhöhen; hoffen wir, daß er dieser Versuchung widersteht. Man sollte unbedingt frühzeitig buchen.

Umgebung Spanische Treppe, Villa Borghese, Via Veneto.

Piazza Trinità dei Monti 17, Roma
00187
Tel. (06) 6793006 **Fax** 6840598
Lage am oberen Ende der Spanischen
Treppe; Parkplatz 50 m entfernt
Mahlzeiten Frühstück
Preise Zimmer L200.000-L320.000
inkl. Frühstück
Zimmer 15 Doppelzimmer , alle mit
Bad oder Dusche, Zentralheizung,
Minibar, Radio, Telefon,
Klimaanlage, Safe, TV
Anlage Frühstücksraum, Dachgarten
Kreditkarten AE, MC, V
Kinder werden aufgenommen

Behinderte keine speziellen
Einrichtungen
Tiere erlaubt
Geschlossen nie
Besitzer Giuseppe Bellia

Latium und die Abruzzen

Stadthotel, Rom

Sole al Pantheon

Nach der gründlichen Renovierung von 1988 wird dieses alte *albergo* in Ausstattung und Atmosphäre nun endlich seiner privilegierten Lage an der einen Seite des Platzes vor dem Pantheon gerecht, einem der wenigen vollständig erhaltenen antiken Bauten Roms. Heute ist das Sole zweifellos eines der reizvollsten kleinen Hotels der Stadt, allerdings zum Bedauern der Gäste inzwischen auch eins der teuersten.

Die Zimmer - nach bekannten Persönlichkeiten benannt - weisen faszinierende bemalte oder Kassettendecken auf und sind phantasievoll und elegant eingerichtet. Jedes hat sein charakteristisches Gepräge, obgleich allen eine zurückhaltende Farbgebung, stoffgerahmte Spiegel und schöne Antiquitäten gemeinsam sind. Die Gemeinschaftsräume wirken ebenso ansprechend: der Salon mit den weißen Ledersesseln auf terrakottagefliestem Fußboden und die kleine, gemütliche Bar im Untergeschoß scheinen geradewegs einem Hochglanzmagazin entsprungen. Das Frühstück wird entweder auf einer ummauerten Terrasse oder in einem hübschen kleinen Raum daneben serviert. Die Ecken des Hotels sind geschickt mit Pflanzen, Krügen, Statuen oder plätschernden Springbrunnen ausgefüllt.

Umgebung Pantheon, Villa Borghese

Piazza della Rotonda 63, 00186 Roma
Tel. (06) 6780441 **Fax** (06) 6840689
Lage an der Piazza vor dem Pantheon
Mahlzeiten Frühstück
Preise Zimmer L280.000-L400.000
inkl. Frühstück, Suiten
L400.000-L500.000
Zimmer 22 Doppel-, 3
Einzelzimmer, alle mit Bad,
Zentralheizung, Klimaanlage,
Telefon, TV, Fön, Radio, Minibar
Anlage Frühstücksraum, Bar
Kreditkarten AE, DC, MC, V
Kinder werden aufgenommen
Behinderte Lift

Tiere nicht erlaubt
Geschlossen nie
Besitzer A. Giraudini

Latium und die Abruzzen

Stadthotel, Rom

Valadier

Die Metamorphose des Valadier von verfallender Pracht zu seiner gegenwärtigen raffinierten Form - die dem Inneren einer Millionärsjacht (oder unserer Vorstellung davon) ähnelt - begann vor ein oder zwei Jahren. Fortgesetzt wurde sie mit der Einrichtung eines elegant-intimen Restaurants, das jetzt die ohnehin reichlich vorhandenen recht kleinen, aber hübschen Gemeinschaftsräume ergänzt. Marmor, Spiegelglas und auf Hochglanz poliertes Holz bedecken jede Oberfläche.

Eigentlich sind es die kabinenartigen Zimmer, die an eine Jacht erinnern. Nicht nur wurde der etwas knappe Raum optimal genutzt, sondern es wimmelt hier auch von elektronischen Spielereien. Neben dem Bett erwarten den Besucher alle möglichen Armaturen, so daß das Einschalten des Lichts mitten in der Nacht zu einem abenteuerlichen Unternehmen werden kann. Sie können sogar Ihren Rechnungsstand auf einem Bildschirm ablesen. Diese feudale Atmosphäre wird durch das gehorsame Summen der Klimaanlage, das wie das Surren einer Schiffsmaschine klingt, noch verstärkt.

Reizvoll? Nicht unbedingt - dafür aber etwas ganz Besonderes und sehr komfortabel. Das Personal ist freundlich, und auch die Lage direkt im Herzen des Geschehens ist gut.

Umgebung Spanische Treppe, Villa Borghese.

Via della Fontanella 15, Roma 00187
Tel. (06) 3610559 **Fax** 320 1558
Lage abseits der Via del Corso nahe der Piazza del Popolo; Garage 100 m entfernt
Mahlzeiten Frühstück, Mittag- und Abendessen
Preise Zimmer L230.000-L330.000, Suiten bis L510.000, Mahlzeiten um L50.000
Zimmer 24 Doppel-, 12 Einzelzimmer, 3 Suiten, alle mit Bad und Dusche, Zentralheizung, Telefon, Minibar, TV, Musik, Klimaanlage, elektronischem Safe, Fön

Anlage amerikanische/Piano-Bar, Speiseraum, Salon, Konferenzräume, Solarium
Kreditkarten AE, DC, MC
Kinder willkommen
Behinderte Zugang schwierig, aber 2 Fahrstühle
Tiere nur kleine erlaubt
Geschlossen nie
Besitzerin Simonetta Battistini

Latium und die Abruzzen

Stadtvilla, Rom

Villa Florence

Das gut geführte Hotel liegt an der breiten Via Nomentana im Nordosten des Stadtzentrums und ist besonders für Autofahrer ideal, die dem schlimmsten Verkehrschaos entrinnen möchten. Außerdem gibt es im Garten hinter dem Haus einen Privatparkplatz.

Ein weiterer Vorzug des Hotels sind die einladenden Gemeinschaftsräume. Man hat sich sehr bemüht, die kleine Sitzecke neben der Rezeption und den angrenzenden caféähnlichen Frühstücksraum ansprechend zu gestalten. Überall stehen interessante archäologische Funde, die auf dem Grundstück der Villa ausgegraben wurden.

Auf der kleinen, lauschigen Terrasse hinter dem Haus findet man Liegestühle, Tische und Stühle; hübsche weiße Sonnenschirme liefern Schatten. Die Gästezimmer (einige liegen in Nebengebäuden mit direktem Zugang zum Garten) sind schlicht und funktional, aber komfortabel eingerichtet.

Der nette Besitzer macht das Frühstück zu einer appetitlichen Mahlzeit, indem er neben den üblichen Zutaten auch Joghurt, Käse und Schinken serviert.

Umgebung Villa Borghese, Via Veneto, Piazza di Spagna.

Via Nomentana 28, Roma 00161 (Porta Pia)
Tel. (06) 4403036 **Fax** (06) 4402709
Lage ca. 1 km nordöstlich der Via Veneto; Privatparkplatz
Mahlzeiten Frühstück
Preise Zimmer L170.000-L220.000; 30% Ermäßigung für Kinder im elterlichen Zimmer
Zimmer 32 Doppel-, 1 Einzel-, 4 Familienzimmer, alle mit Bad oder Dusche, Farb-TV, Minibar, Klimaanlage, Telefon, Fön; einige mit Whirlpool

Anlage Frühstücksraum, Fernsehzimmer, Bar
Kreditkarten AE, DC
Kinder werden aufgenommen
Behinderte keine speziellen Einrichtungen
Tiere nicht erlaubt
Geschlossen nie
Besitzer Tullio Cappelli

Latium und die Abruzzen

Stadtvilla, Rom

Villa del Parco

Diese hübsche Villa aus dem frühen 20. Jhd. ist mit dem Bus vom Stadtzentrum in 15 Minuten zu erreichen, aber die ruhige Lage - an einer baumbestandenen Straße in einer netten Wohngegend mit Parks und Gärten in der Nähe - entschädigt reichlich dafür. Vom Straßenverkehr ist das Gebäude partiell durch ummauerte Gärten auf beiden Seiten abgeschirmt.

Innen ist es von stiller Vornehmheit. Vom einladenden Empfangsbereich führen Stufen in einen hellen, schön eingerichteten, aus zwei Teilen bestehenden Salon hinab, an dessen anderem Ende sich der Frühstücksraum befindet. Das Ambiente wirkt erholsam und geschmackvoll zugleich: hellblaue Sofas, Antiquitäten, Pflanzen, ein Schachbrett und eine Menge hübsch gerahmter Bilder (Erinnerungen an das Theater des *fin de siècle* und vergilbte Fotos aus dem alten Paris).

Die Zimmer sind unterschiedlich, manche recht klein, andere größer und mit einem Anflug von Eleganz, alle jedoch in zurückhaltendem Stil mit schlichten, leicht strukturierten Tapeten und modern ausgestatteten Bädern gestaltet. An sonnigen Tagen werden im Garten die Tische für ein Frühstück im Freien unter Sonnenschirmen gedeckt.

Umgebung Villa Torlonia, Villa Borghese.

Via Nomentana 110, Roma 00161
Tel. (06) 864115 **Fax** (06) 854 0410
Lage in einem Wohnviertel nordöstlich der Innenstadt; Garten, Parkplatz
Mahlzeiten Frühstück, Snacks
Preise Zimmer L136.000-L206.000
Zimmer 12 Doppel-, 12 Einzelzimmer, alle mit Bad oder Dusche, Zentralheizung, Klimaanlage, Telefon, TV, Radio, Minibar
Anlage 2 Salons, Frühstücksraum, kleine Bar
Kreditkarten AE, DC, V

Kinder werden aufgenommen
Behinderte keine speziellen Einrichtungen
Tiere erlaubt
Geschlossen nie
Besitzerin Elisabetta Bernardini

Latium und die Abruzzen

Hotel am Meer, San Felice Circeo

Punta Rossa

Das hübsche Dorf San Felice liegt am Fuß des 550 m hohen Monte Circeo. Dieser einsame Felsen erhebt sich am Ende einer flachen Region, die früher Marschland war und jetzt bis auf einige Zonen, die als Nationalpark die heimische Fauna und Flora bewahren sollen, trockengelegt ist. Das Punta Rossa gruppiert sich in Form eines Miniaturdorfes über einem ungeschützten, steinigen Strand um den Berg.

Die Rezeption befindet sich in einem Häuschen gleich hinter dem Torbogen, an das sich eine kleine, von weiß getünchten Bauten in mediterranem Stil umgebene Piazza anschließt. Die Zimmer verteilen sich auf niedrige Gebäude an oder nahe dem oberen Ende eines Gartens, der jenseits der Piazza steil zum Meer hin abfällt. Sie sind hübsch, aber unterschiedlich groß und oft in Farbkombinationen gehalten, die etwas antiquiert wirken. Alle haben jedoch einen Balkon mit Seeblick. Hauptattraktion der Suiten ist ihre bewundernswerte Größe. Das Restaurant liegt im Garten, der bei unserem Besuch im Frühjahr schon in voller Blüte stand, auf halbem Weg zum Meer und zum Swimmingpool. Von seiner Terrasse hat man eine schöne Aussicht.

Umgebung Terracina (20 km); Circeo-Nationalpark.

San Felice Circeo, 04017 Latina
Tel. (0773) 548085 **Fax** 548075
Lage 4 km westlich von San Felice einsam an felsigem Strand; Garten, großer Parkplatz
Mahlzeiten Frühstück, Mittag- und Abendessen
Preise Zimmer L220.000-L350.000 inkl. Frühstück, Suiten L420.000-L590.000
Zimmer 27 Doppel-, 6 Einzelzimmer, 7 Suiten; alle mit Bad oder Dusche, Telefon, Minibar, Farb-TV; alle Doppelzimmer mit Balkon oder Terrasse mit Meerblick, Klimaanlage

Anlage Bar, Speiseraum, Terrasse, Innenhof, beheizter Meerwasser-Swimmingpool im Freien
Kreditkarten AE, DC, V
Kinder willkommen
Behinderte Zugang schwierig
Tiere kleine Hunde nach Absprache erlaubt
Geschlossen nie
Managerin Maria Fiorella Battaglia

Latium und die Abruzzen

Umgebaute Burg, Balsorano

Castello di Balsorano

Nachdem es einige Zeit geschlossen war, wurde das schöne, auf einem Hügel gelegene Hotel unter neuer Leitung wiedereröffnet. Soweit wir wissen, blieb das mittelalterliche Innere mit den Waffen und Wandbehängen und den reich verzierten antiken Betten erhalten. Berichte über die jetzigen Besitzer wären uns sehr willkommen.

Piazza Piccolomini, 67025 Balsorano (L'Aquila) **Tel.** (0863) 951 236 **Mahlzeiten** Frühstück, Mittag- und Abendessen **Preise** Zimmer L120.000, Suiten L150.000 **Zimmer** 6, alle mit Bad, Zentralheizung **Kreditkarten** keine **Geschlossen** Nov.

Umgebautes Schloß, Formia

Castello Miramare

Dieses in den 70er Jahren umgebaute "Schloß" aus dem 19. Jhd. erhebt sich hoch über Formia und bietet einen traumhaften Blick über die weite Bucht von Gaeta. Die Zimmer sind hübsch im spanischen Stil möbliert. Im Sommer genießt man das Frühstück auf den kleinen Gartenterrassen.

Balze di Pagnano, 04023 Formia (Latina) **Tel.** (0771) 700138 **Fax** (0771) 700139 **Mahlzeiten** Frühstück, Mittag- und Abendessen **Preise** Zimmer L120.000-L140.000, Mahlzeiten um L65.000, Frühstück L11.600, **Zimmer** 10, alle mit Bad oder Dusche, Minibar, TV, Fön, Klimaanlage **Kreditkarten** AE, DC, MC, V **Geschlossen** Nov.

Landvilla, Palo Laziale

La Posta Vecchia

Sehen Sie sich zuerst die Preise an; zählen Sie die Nullen, bevor Sie eine Übernachtung in Betracht ziehen. Dies ist mit großem Abstand das teuerste Hotel in unserem Führer. Es wurde von dem verstorbenen John Paul Getty restauriert und eingerichtet und ist erwartungsgemäß luxuriös und geschmackvoll, ohne steif zu wirken. Nahezu perfekt.

00055 Palo Laziale (Roma) **Tel.** (06) 9949501 **Fax** (06) 9949507 **Mahlzeiten** Frühstück, Mittag- und Abendessen **Preise** Zimmer und Suiten L1.570.000-L2.070.000 **Zimmer** 12, alle mit Bad oder Dusche, Telefon, TV, Klimaanlage **Kreditkarten** AE, DC, MC, V **Geschlossen** nie

---

Bungalowsiedlung, Poggio Mirteto Scalo

Borgo Paraelios

Ein Leser empfahl uns diese sehr schön im rustikalen Stil ausgeführte Anlage in den Hügeln auf halber Strecke zwischen Rom und Rieti. Die fast ausschließlich ebenerdigen Häuschen, in denen sich die individuell eingerichteten Zimmer und Suiten befinden, gruppieren sich um Gärten und blumenbestandene Höfe. Hübscher kleiner Pool. Den Weg dorthin müssen Sie sich genau erklären lassen.

Località Valle Collichia, 02040 Poggio Mirteto Scalo (Rieti) **Tel.** (0765) 26267 **Fax** (0765) 26268 **Mahlzeiten** Frühstück, Mittag- und Abendessen **Preise** Zimmer L250.000-L350.000 inkl. Frühstück, HP L340.000-L530.000, VP L430.000-L660.000 **Zimmer** 15, alle mit Bad oder Dusche, Zentralheizung, Klimaanlage, eigener Veranda, Telefon, TV, Fön **Kreditkarten** AE, V **Geschlossen** nie

Latium und die Abruzzen

Stadtpension, Rom

Gregoriana

Die freundliche Aufnahme und ganz besondere Ausstattung entschädigen für den Mangel an Gemeinschaftsräumen in diesem hübschen, mit Fensterläden versehenen, 300 Jahre alten Haus in einer Straße, die zur Kirche Trinità dei Monti am oberen Ende der Spanischen Treppe führt. Einige Zimmer haben bepflanzte Balkons und eine Aussicht über die Dächer Roms.

Via Gregoriana 18, 00187 Roma **Tel.** (06) 6797988 **Fax** (06) 678 4258 **Mahlzeiten** Frühstück **Preise** Zimmer L165.000-L250.000 **Zimmer** 19, alle mit Bad oder Dusche, Zentralheizung, Klimaanlage, TV, Telefon **Kreditkarten** keine **Geschlossen** nie

---

Stadthotel, Rom

Internazionale

Speiseraum und Salon im dritten Stock lassen das ehrwürdige Alter dieses ehemaligen Klosters am deutlichsten erkennen; ansonsten sind die Zimmer des weitläufigen Hotels sehr unterschiedlich in Stil und Größe, aber alle komfortabel - manche sogar außergewöhnlich elegant und geräumig.

Via Sistina 79, 00187 Roma **Tel.** (06) 6793047 **Fax** (06) 6784764 **Mahlzeiten** Frühstück **Preise** Zimmer L185.000-L260.000 inkl. Frühstück **Zimmer** 42, alle mit Bad oder Dusche, Zentralheizung, Klimaanlage, Satelliten-TV, Telefon, Minibar; die meisten mit Fön **Kreditkarten** AE, MC, V **Geschlossen** nie

---

Stadthotel, Rom

Locarno

Durch Verschönerungen in jüngster Zeit ist dieses stilvolle, mit Glyzinien berankte Gebäude mit den herrlichen *fin-de-siècle*-Türen und der zauberhaften, geschützten Terrasse, auf der man frühstücken kann, wahrscheinlich noch reizvoller geworden. Im Gegensatz zu dem etwas düsteren Salon sind die Zimmer behaglich und interessant eingerichtet; 21 wurden vor kurzem renoviert. Dachgarten.

Via della Penna 22, 00186 Roma **Tel.** (06) 3216030 **Fax** (06) 321 5249 **Mahlzeiten** Frühstück **Preise** Zimmer L138.500-L193.000 inkl. Frühstück, Suite L270.000 **Zimmer** 38, alle mit Bad, Zentralheizung, Klimaanlage, Telefon, TV, Minibar, Fön **Kreditkarten** AE, DC, MC, V **Geschlossen** nie

---

Stadthotel, Rom

Hotel Madrid

Durch den eleganten, mit Topfpalmen und einer klassischen Statue geschmückten Eingang betritt man die gepflegte Lobby und wird freundlich empfangen. Die Zimmer sind unaufdringlich modern gestaltet. Von den weißen Gartenmöbeln auf der Dachterrasse können die Gäste über die malerischen Kuppeln und Dächer dieses historischen Innenstadtviertels blicken.

Via Mario de Fiori 93-95, 00187 Roma **Tel.** (06) 6991510 **Fax** (06) 6791653 **Mahlzeiten** Frühstück **Preise** Zimmer L160.000-L220.000 **Zimmer** 24, alle mit Bad oder Dusche, Zentralheizung; die meisten mit Klimaanlage, TV, Telefon **Kreditkarten** AE, DC, MC, V **Geschlossen** nie

Latium und die Abruzzen

Stadthotel, Rom

Margutta

Von außen schäbig, innen jedoch tipptopp gepflegt und kürzlich renoviert. Hinter der Rezeption liegt ein dunkler, funktional gestalteter Frühstücksraum mit Tischen aus imitiertem Marmor und modernen Stühlen. Die Zimmer im Obergeschoß sind unerwartet sauber, hell und luftig; mehrere bieten einen hübschen Blick über die Dächer des alten Rom.

Via Laurina 34, 00187 Roma **Tel.** (06) 6798440 **Mahlzeiten** Frühstück **Preise** Zimmer L130.000 inkl. Frühstück **Zimmer** 21, alle mit Bad oder Dusche, Zentralheizung; die meisten mit Telefon **Kreditkarten** AE, DC, MC, V **Geschlossen** nie

---

Stadthotel, Rom

Mozart

Unauffällig in einer engen Seitenstraße nahe der Spanischen Treppe gelegenes Hotel. Die Lobby wirkt mit ihren cremefarbenen Türbögen und Palmen kühl und ruhig. Die Zimmer sind traditionell, aber gut und mit viel modernem Zubehör ausgestattet.

Via dei Greci 23b, 00187 Roma **Tel.** (06) 6840041 **Fax** 6784271 **Mahlzeiten** Frühstück **Preise** Zimmer L148.000-L203.000 inkl. Frühstück **Zimmer** 31, alle mit Bad oder Dusche, Klimaanlage, TV, Telefon, Minibar **Kreditkarten** AE, DC, MC, V **Geschlossen** nie

---

Stadtpension, Rom

Pensione Parlamento

Bei dem schäbig wirkenden Eingang würde man kaum vermuten, daß hier, in der Nähe des Parlamentsgebäudes, so mancher bekannte Politiker übernachtet. Die Zimmer sind sehr einfach, aber es herrscht eine angenehme, freundliche Atmosphäre. Das Frühstück wird in einem hübschen, recht persönlich eingerichteten Raum mit Terrasse serviert.

Via delle Convertite 5, 00187 Roma **Tel.** (06) 69921000 **Mahlzeiten** Frühstück (nur auf Wunsch) **Preise** L63.000-L105.000, Frühstück L20.000 **Zimmer** 22, alle mit Telefon, Fön, Safe; Doppelzimmer mit Bad oder Dusche **Kreditkarten** keine **Geschlossen** nie

---

Stadthotel, Rom

Portoghesi

In Venedig oder Florenz alltäglich, in Rom dagegen selten: ein zentral gelegenes Hotel, das unprätentiös, hübsch altmodisch und einigermaßen preiswert ist. Die entzückende Piazza Navona und der faszinierende Pantheon sind nur wenige Meter entfernt. Die Einrichtung ist schlicht, das Personal hilfsbereit, wenn auch nicht sonderlich freundlich. Netter Frühstücksraum mit kleiner Terrasse.

Via dei Portoghesi 1, 00186 Roma **Tel.** (05) 6864231 **Fax** (05) 6876976 **Mahlzeiten** Frühstück **Preise** Zimmer L120.000-L190.000 inkl. Frühstück **Zimmer** 27, alle mit Bad oder Dusche, Telefon, Klimaanlage, TV **Kreditkarten** MC, V **Geschlossen** nie

Latium und die Abruzzen

Stadthotel, Rom

Teatro di Pompeo

Das kleine Hotel versteckt sich in einer wenig frequentierten Ecke abseits des Campo di Fiori. Das grob behauene Tonnengewölbe über Bar und Frühstücksraum hat im Gegensatz zu den modernen Möbeln ein eher altertümliches Flair, aber alle Räume sind makellos sauber und in hervorragendem Zustand. Ab und zu finden hier kleine Konferenzen statt.

Largo del Pallaro 8, 00186 Roma **Tel.** (06) 6872566 **Fax** (06) 688 05531 **Mahlzeiten** Frühstück **Preise** Zimmer L190.000-L220.000 inkl. Frühstück **Zimmer** 12, alle mit Bad oder Dusche, Klimaanlage, Radio, TV, Telefon, Minibar **Kreditkarten** AE, DC, MC, V **Geschlossen** nie

---

Stadtvilla, Rom

Villa delle Rose

Der tatkräftige Schweizer Besitzer dieser ruhigen alten Villa nimmt ständig Verbesserungen an ihr vor. Sie besticht durch ein unerwartet prächtiges Foyer mit Bar, das Marmorsäulen und Deckenfresken aufweist. Die meisten Gästezimmer sind dagegen eher praktisch als elegant. Zum Haus gehört ein kleiner, hübscher Garten.

Via Vicenza 5, 00185 Roma **Tel.** (06) 4451788 **Fax** (06) 4451639 **Mahlzeiten** Frühstück **Preise** Zimmer L120.000-L195.000 **Zimmer** 37, alle mit Bad oder Dusche, Zentralheizung, Telefon, TV **Kreditkarten** AE, DC, MC, V **Geschlossen** nie

---

Gebirgschâlet, Scanno

Mille Pini

"Wirklich ein sehr einladendes Haus", meint ein Leser und bestätigt damit unsere Empfehlung dieses einfachen, hübschen Châlets am Fuße des Sessellifts zum Monte Rotondo im höchsten Teil der Apenninen. Für weniger Unternehmungslustige bietet sich der nahegelegene Lago di Scanno an.

Via Pescara 2, 67038 Scanno (L'Aquila) **Tel.** (0864) 74387 **Mahlzeiten** Frühstück, Mittag- und Abendessen **Preise** Zimmer L115.000-L150.000 inkl. Frühstück, HP L120.000, VP 130.000 **Zimmer** 21, alle mit Bad, Zentralheizung, Telefon **Kreditkarten** keine **Geschlossen** Restaurant Di

---

Villa am Meer, Vasto

Villa Vignola

Etwas ganz Besonderes in Italien: ein wirklich kleines Haus - mit nur fünf Zimmern -, das dabei jeden hotelüblichen Service bietet. Die auf einem Hügel gelegene, makellos gepflegte weiße Villa hat äußerlich etwas Spanisch-Marokkanisches an sich, aber die Einrichtung ist eine Mischung aus englischem Landhausstil und italienischem Schick. Das Grundstück erstreckt sich bis zu einem Privatstrand.

Loc. Vignola, 66054 Vasto (Chieti) **Tel.** (0873) 310050 **Fax** (0873) 310060 **Mahlzeiten** Frühstück, Mittag- und Abendessen **Preise** Zimmer L120.000-L260.000 inkl. Frühstück **Zimmer** 5, alle mit Bad oder Dusche, Telefon, TV, Minibar **Kreditkarten** AE, DC, V **Geschlossen** nie

Kampanien

Die Hotels in Kampanien

Kampanien läßt sich in drei Teile gliedern: das hektische Neapel (wo wir zu unserer Überraschung ein nettes kleines Hotel entdeckten - das Miramare, Seite 196), die äußerst beliebten Urlaubsorte auf der Halbinsel von Sorrent und den Inseln Capri und Ischia (wo es derartige Häuser in Hülle und Fülle gibt) und die Küste und das Landesinnere hinter Neapel, wo wir überhaupt keinen Erfolg hatten - Sie könnten es allerdings mit dem ruhigen, komfortablen Hermitage versuchen (Tel. (0825) 674788, Fax 674 772, 30 Zimmer, Swimmingpool), das außerhalb Avellinos 50 km landeinwärts von Neapel liegt.

Auf Ischia findet man nur schwer ein kleines Hotel. Hier war und ist nämlich der Tourismus eng mit der Nutzung der Thermalquellen verbunden, so daß große Häuser mit Kureinrichtungen, die überwiegend von Deutschen besucht werden, die Norm sind. Das Bagattella (Tel. (081) 986072, Fax 989637) ist eine reich verzierte Villa an der Westküste der Insel nahe Forio. Eines der populärsten Ausflugsziele ist das an einem engen Isthmus an der Südküste gelegene winzige Fischerdorf Sant'Angelo. Sicher könnte man sich hier auch einmal länger als für eine oder zwei Stunden aufhalten, denn am schönsten ist der Ort, bevor morgens die Busse ankommen und nachdem sie wieder abgefahren sind. Neben dem San Michele (Seite 195) gibt es hier ein paar weitere akzeptable Hotels. Das Miramare (Tel. (081) 999219, Fax 999325) liegt fast auf Meereshöhe im Ostteil des Dorfes und hat eine große Terrasse, die morgens von der Sonne beschienen wird. Direkt dahinter erhebt sich an einem steilen Hang das La Palma (Tel. (081) 999 215, Fax 999526), von dessen kleinen Terrassen man einen Blick über die Dächer genießt.

Auf Capri können wir außer den auf Seite 194 und 195 beschriebenen Häusern noch das Pazziella empfehlen (Tel. (081) 837 0044, Fax 0085), eine elegante, ehemals privat bewohnte Villa mit blumengeschmückten Terrassen und Garten sowie das luxuriöse, einsam gelegene Punta Tragara (Tel. (081) 8370844, Fax 7790), das hoch über dem Meer in den Felsen gebaut ist und eine herrliche Aussicht auf die Küste gewährt. Am anderen Ende der Skala ist der einfache Familienbetrieb Quattro Stagioni (Tel. (081) 8370041, 12 Zimmer) angesiedelt, der reelle Preise in einer teuren Gegend bietet. An der Festlandsküste hat man vom Delfino (Tel. (081) 8789261, Fax 8089074), das in einer ruhigen Bucht bei Massa Lubrense liegt, einen hervorragenden Blick auf Capri.

Hotels auf der Halbinsel von Sorrent sind auf den folgenden Seiten reichlich vertreten; eine zusätzliche Möglichkeit ist die Villa Garden (Tel. (081) 8781387, Fax 4192) in einem stillen Vorort von Sorrent selbst. Weiter südlich, in der Nähe von Paestum (wo die besterhaltenen griechischen Tempel Festlanditaliens stehen), ist es schwieriger, empfehlenswerte Häuser zu finden, aber man kann es im Schuhmann (Tel. (0828) 851151, Fax 851183), einem modernen, gut ausgestatteten Hotel, probieren.

Diese Seite dient als Einführung in die Landschaft und Hotellerie Kampaniens und enthält kurze Empfehlungen annehmbarer Unterkünfte, über die wir aus verschiedenen Gründen keinen gesonderten Beitrag verfaßt haben. Die ausführlichen Beiträge für diese Region - über die Hotels, die uns am besten gefielen - beginnen auf der nächsten Seite. Beachten Sie aber auch unsere Kurzbeiträge ab Seite 194: hier handelt es sich ebenfalls um Häuser, in denen wir uns gern aufgehalten haben.

Kampanien

Umgebautes Kloster, Amalfi

Cappuccini Convento

Ein altersschwach wirkender Lift auf der Straßenseite ist das erste, was man von diesem außergewöhnlichen Hotel, das sich an einem unmöglich erscheinenden Platz an die Klippen über Amalfi schmiegt, zu Gesicht bekommt. Deshalb überascht es nicht, daß der traumhafte Blick, der sich von der blumengeschmückten und mit Kletterpflanzen bewachsenen Terrasse und aus vielen Zimmern bietet, die Hauptattraktion ist.

Das aus dem 12. Jhd. stammende ehemalige Kloster hat jedoch noch andere Vorzüge. Die Gemeinschaftsräume sind hell und luftig und vermitteln ein perfektes Raumgefühl. Viele der ursprünglichen Bauelemente blieben erhalten, und Antiquitäten säumen die Korridore. Im Salon, der auch die Bar beherbergt, bedecken Orientteppiche den gefliesten Fußboden, auf dem rosa bezogene Sessel und Sofas stehen. Der neu eingebaute Backsteinkamin und das Piano verstärken die intime Atmosphäre. Der Speiseraum besticht durch herrliche Deckengewölbe und Säulen, gestärkte weiße Tischwäsche und die Bugholz- und Korbstühle auf dem Fliesenfußboden. Die Zimmer sind überwiegend groß und hübsch mit antiken Stücken möbliert. Die meisten haben mit Läufern belegte Fliesenböden, einige einen Balkon mit Meerblick.

Der kürzlich restaurierte Kreuzgang bildet einen würdigen Rahmen für Klavierkonzerte und andere Veranstaltungen.

Umgebung Grotta dello Smeraldo (4 km); Ravello (7 km).

Amalfi 84011, Salerno
Tel. (089) 871877 **Fax** 871886
Lage 300 m vom Zentrum Amalfis entfernt hoch oben auf den Klippen, erreichbar mit einem Lift von der Hauptstraße aus; Garten und Privatparkplatz auf Straßenniveau
Mahlzeiten Frühstück, Mittag- und Abendessen
Preise Zimmer L120.000-L200.000, HP L140.000-L180.000
Zimmer 43 Doppel-, 9 Einzelzimmer, 2 Suiten, alle mit Bad oder Dusche, Telefon

Anlage Speiseraum, Salon, Bar, Solarium, Konferenzeinrichtungen, Strand
Kreditkarten AE, DC, V
Kinder werden aufgenommen
Behinderte keine speziellen Einrichtungen
Tiere erlaubt
Geschlossen nie
Besitzer Alfredo Aielli

Kampanien

Umgebautes Kloster, Amalfi

Luna Convento

Das Zentrum von Amalfi ist überlaufen und betriebsam, deshalb liegen die besseren Hotels entweder außerhalb oder auf den Felsen über der Stadt. Zum Luna Convento muß man vom Dom etwa fünf Minuten hügelan gehen. Es besteht aus zwei durch die kurvenreiche Küstenstraße getrennten Gebäuden - das eine ein alter Sarazenenturm direkt am Meer.

Das 1825 eröffnete Hotel ist eines der ältesten Amalfis und seit fünf Generationen im Besitz derselben Familie. Aber schon beim Betreten des Hauses merkt man, daß seine Geschichte viel weiter zurückreicht. Eine Besonderheit ist der byzantinische Kreuzgang, der einen Garten mit altem Brunnen umschließt. Unter den Arkaden sitzt man sehr gemütlich, und das Frühstück wird im Kreuzgang selbst serviert - ein reizendes Fleckchen, um den Tag zu beginnen. Man hat die Wahl zwischen traditionell und modern eingerichteten Zimmern, und für einen Zuschlag bekommt man seinen eigenen Salon. Mittag- und Abendessen werden entweder in dem überwölbten Restaurant im Hauptgebäude aufgetischt, wo man durch hohe Bogenfenster einen herrlichen Blick auf die Bucht hat, oder, noch schöner, auf der anderen Straßenseite, wo sich Terrasse und Sonnenschirme des Speiselokals im Turm bis ans Meer ziehen. Zu diesem Komplex gehören auch der Swimmingpool und die etwas deplaziert wirkende Disco.

Umgebung Dom Sant'Andrea und Chiostro del Paradiso in Amalfi; Valle dei Mulini (1 Stunde zu Fuß); Ravello (6 km).

Via P Comite 19, Amalfi 84011, Salerno
Tel. (089) 871002 **Fax** 871333
Lage einen kurzen Fußweg vom Ortszentrum entfernt mit Meerblick; Privatgarage
Mahlzeiten Frühstück, Mittag- und Abendessen
Preise Zimmer L120.000-L170.000, VP L150.000-L190.000; 20% Ermäßigung für Kinder unter 6 im elterlichen Zimmer
Zimmer 45 Doppel-, 5 Einzel-, 5 Familienzimmer, alle mit Bad, Minibar, Telefon, TV

Anlage 2 Salons, 2 Bars, byzantinischer Kreuzgang, Swimmingpool, Disco
Kreditkarten AE, DC, MC, V
Kinder willkommen
Behinderte 2 Lifts
Tiere nicht erlaubt
Geschlossen nie
Manager A. Milone

Kampanien

Villa am Meer, Baia Domizia

Hotel della Baia

Baia Domizia ist ein moderner, recht eleganter Badeort, der sich an einem herrlichen breiten Sandstrand nördlich von Neapel entlangzieht. Im Hotel della Baia, einem niedrig gelegenen, weißen Gebäude, ist man jedoch angenehm weit vom Ortszentrum entfernt und gelangt durch den üppigen Garten am Tennisplatz vorbei direkt ans Wasser.

Das Hotel wurde vor 25 Jahren von den drei Sello-Schwestern aus Venedig eröffnet, die es schafften, hier die Atmosphäre einer stilvollen, wenn auch ziemlich großen Privatvilla zu erzeugen. Vasen mit frischen Blumen und Topfpflanzen heben sich wirkungsvoll von den blendend weiß verputzten Wänden, den kühlen Steinfußböden und weißen Sofas ab; antike und moderne Möbel sind geschmackvoll miteinander kombiniert. Mit seinen Büchern und Zeitschriften und den interessanten Bildern macht das Haus einen bewohnten Eindruck.

Nicht weniger attraktiv sind die Gästezimmer, die alle einen Balkon haben. Eine schöne Veranda leitet vom Haus zum Garten über; auf dem Rasen stehen Liegestühle und extravagante weiße Sonnenschirme.

Die Küche des Hotels strebt seit jeher ein hohes Niveau an. Leider haben wir keine Berichte aus jüngerer Zeit, die darüber Auskunft geben, ob dieses Niveau auch erreicht wird.

Umgebung Gaeta (29 km); Neapel ist gut zu erreichen.

Via dell'Erica, Baia Domizia 81030, Caserta
Tel. (0823) 721344 **Fax** 721566
Lage im Südteil des Ortes; Garten, der zu einem langen Sandstrand hinunterführt, großer Parkplatz
Mahlzeiten Frühstück, Mittag- und Abendessen
Preise Zimmer L115.000-L145.000, VP L125.000-L145.000; Ermäßigung für Kinder
Zimmer 54 Doppelzimmer, 18 mit Bad, 36 mit Dusche; 2 Einzelzimmer, 1 mit Bad, 1 mit Dusche; alle Zimmer mit Zentralheizung, Balkon, Telefon

Anlage 2 Salons, Fernsehzimmer, Bar, Terrasse, Speiseraum, Tennis, Bowling, Strand
Kreditkarten AE, DC, MC, V
Kinder willkommen
Behinderte keine speziellen Einrichtungen
Tiere kleine, gut erzogene erlaubt
Geschlossen Okt. bis Mitte Mai
Besitzerinnen Elsa, Velia und Imelde Sello

Kampanien

Hotel am Meer, Capri

Scalinatella

Der kleine Ort Capri ist schick und mondän und voller Boutiquen, in denen mit Straß bestickte Jeans verkauft werden. Wer sich in dieser Szene zu Hause fühlt, übernachtet vielleicht gern im luxuriösen Grand Hotel Quisiana, oder, wenn es etwas kleiner, aber ebenso luxuriös sein soll, in dessen Ableger - dem Scalinatella, das der Sohn des Besitzers des Quisiana leitet.

Bei der Einrichtung dieses exklusiven kleinen Hotels wurden keine Kosten gescheut. Das makellos weiße Gebäude hat mit seinen zahllosen Bögen und orientalischen Ornamenten ein ausgeprägt maurisches Flair. Im Inneren erwartet den Gast eine Welt des kühlen Luxus. Die Klimaanlage erreicht jeden Winkel, und die Zimmer verfügen über alles, was man bei den sehr hohen Preisen erwarten kann - Telefon im Bad, eigene Terrassen und Betten, die tagsüber in Alkoven verschwinden und den Raum in ein Wohnzimmer verwandeln. Die Möblierung ist raffiniert schlicht bis extravagant und manchmal etwas überladen. Sonst gibt es jedoch wenig zu bemängeln. Die Lage mit Blick auf das Kartäuserkloster San Giacomo ist einzigartig; Garten und Pool (an dem mittags ein Büffet aufgebaut wird) wirken sehr gepflegt. Das Hotel wurde 1989 renoviert.

Umgebung Kloster San Giacomo (vom Hotel aus zu sehen).

Via Tragara 10, Capri 80073, Napoli
Tel. (081) 8370633 **Fax** 8291
Lage an der Punta-Tragara-Straße; Garten, großer Parkplatz
Mahlzeiten Frühstück, mittags Büffet am Pool
Preise Zimmer L160.000-L440.000 inkl. Frühstück
Zimmer 30 Doppelzimmer, alle mit Bad, Jacuzzi, Klimaanlage, Telefon, TV, Minibar
Anlage Salons, Frühstücksraum, Bar, Swimmingpool, Tennis
Kreditkarten keine

Behinderte keine speziellen Einrichtungen
Tiere erlaubt
Geschlossen Nov. bis Mitte März
Besitzer Familie Morgano

Kampanien

Umgebautes Kloster, Ischia

Il Monastero

Ischia Ponte hat seinen Namen von der niedrigen Brücke, die das "Festland" von Ischia mit dieser vorgelagerten kleinen Insel verbindet, auf deren Spitze sich die erste Siedlung Ischias erhebt, die allgemein Castello genannt wird, obwohl sie aus mehreren Gebäuden besteht. Eines davon ist ein altes Kloster, das heute eine einfache, aber sehr hübsche *pensione* beherbergt.

Ein in den Felsen gegrabener Tunnel führt zu einem Fahrstuhl, der Sie hinauf nach Castello bringt (Sie können statt dessen natürlich auch Treppen steigen). Mit Hilfe diskret angebrachter Hinweisschilder gelangen Sie zur verschlossenen Tür der Pension, und ein Druck auf den Klingelknopf ruft den freundlichen *padrone* herbei. Noch ein paar Stufen, dann ist man endlich am Ziel. Zahlreiche Bilder schmücken die Wände des Korridors und des netten kleinen Salons. Im kürzlich renovierten Speiseraum stehen schöne, solide Holzmöbel. Die Zimmer sind klösterlich schlicht; einige erreicht man von innen, andere über die Terrasse, von der sich ein atemberaubender Blick über Stadt und Insel bietet. Das Essen haben wir nicht selbst probiert, und Halbpension ist obligatorisch, aber auf jeden Fall ist das Monastero auch im Frühjahr und Sommer voll, wenn andere Hotels halb leer stehen.

Umgebung Castello d'Ischia.

Castello Aragonese 3, Ischia Ponte 80070, Napoli
Tel. (081) 992 435
Lage auf einer Insel östlich der Stadt Ischia, mit dieser durch einen Damm verbunden
Mahlzeiten Frühstück, Abendessen
Preise HP L58.000-L78.000
Zimmer 21 Doppel-, 1 Einzelzimmer, die meisten mit Bad oder Dusche
Anlage Speiseraum, Bar, Fernsehzimmer, große Terrasse
Kreditkarten keine
Kinder werden aufgenommen

Behinderte nicht geeignet
Tiere nicht erlaubt
Geschlossen Mitte Okt. bis Mitte März
Besitzer Ciro Eletto

Kampanien

Stadtvilla, Porto d'Ischia

La Villarosa

Dieses Haus ist in jeder Hinsicht das krasse Gegenteil vom Monastero. Es versteckt sich in einem dschungelartigen Garten mitten im Herzen der kleinen Stadt Ischia. Neben dem Garten und dem hübschen Thermalschwimmbecken (das 1991 erheblich vergrößert wurde) sind die schönen, mit gemütlichen Sesseln und reich verzierten antiken Möbeln ausgestatteten Salons die Hauptattraktion. Im Vergleich dazu wirken die Zimmer recht einfach, aber durchaus akzeptabel.

Durch das helle, einladende Restaurant im Obergeschoß gelangt man auf eine Terrasse, auf der man im Sommer essen und den Blick über den Garten und die Dächer der Stadt genießen kann. Früher war Vollpension obligatorisch, aber inzwischen bietet Sg. Amalfitano auch "nur" Übernachtungen an. Über die Qualität der Küche haben wir keine Informationen.

Wie so viele Häuser auf der Insel kann man sich auch im Villarosa einer Wamwasserbehandlung unterziehen - die von einem eigenen "Thermal-Badearzt" überwacht wird -, aber die Atmosphäre ist keineswegs die eines traditionellen Kurhotels, und ein Gast, der keine Kur machen will, fühlt sich hier nicht fehl am Platze.

Umgebung der Hafen von Ischia (500 m); Castello d'Ischia (2 km).

Via Giacinto Gigante 5, Porto d'Ischia 80077, Napoli
Tel. (081) 991316 **Fax** 992425
Lage 200 m vom Strand entfernt; kleiner Parkplatz
Mahlzeiten Frühstück, Mittag- und Abendessen
Preise Zimmer L110.000-L210.000 inkl. Frühstück, HP L120.000-L160.000, VP L135.000-L175.000
Zimmer 34 Doppelzimmer, 20 mit Bad, 14 mit Dusche; 6 Einzelzimmer mit Dusche; alle Zimmer mit Zentralheizung, Telefon

Anlage Salon, Bar, Speiseraum, Fernsehzimmer, Terrasse, Swimmingpool, Sauna
Kreditkarten AE, MC, V
Kinder nicht geeignet
Behinderte Zugang möglich - Lift zu den Zimmern
Tiere in den Gemeinschaftsräumen nicht erlaubt
Geschlossen Nov. bis März
Besitzer Paolo Amalfitano

Kampanien

Hotel am Meer, Positano

Miramare

Welches Zimmer Sie im Miramare auch bekommen, es hat immer eine eigene, dem Meer zugewandte Terrasse, die von Wein oder Bougainvillea überschattet und mit Tisch und Liegestühlen möbliert ist. Die Zimmer selbst wirken mit ihren weißen Wänden und den hübsch gefliesten Fußböden schlicht, aber elegant. Die Bäder (manche ebenfalls mit Seeblick) sind geräumig und mit handbemalten Kacheln ausgestattet.

Der Salon mit dem Deckengewölbe, den orientalischen Läufern, antiken Möbeln, vielen Blumen und anderen Pflanzen ist ein attraktiver Aufenthaltsort. Besonders hübsch ist auch der Speiseraum, in dem das Essen zubereitet und stilvoll präsentiert wird: eine verglaste Veranda, von deren Decke Bougainvillea in prachtvollen Kaskaden herunterhängt und man eine Aussicht auf den Strand in der Tiefe hat.

Das an einem steilen Hügel westlich vom Strand und den Fischerbooten gelegene Miramare besteht aus einer Reihe ehemaliger Fischerhäuser, die in ein reizvolles und durchweg komfortables Hotel umgewandelt wurden. Es befindet sich nahe dem Ortszentrum und dabei doch weit genug entfernt vom schlimmsten Lärm. Wenn Sie im Auto anreisen, stellen Sie es beim Schild "Miramare Parking" ab, und steigen Sie dann auf den Hügel bis zu der Stelle, von der das Hotel, das Sie über eine lange Treppe erreichen, ausgeschildert ist. Über weitere Stufen gelangen Sie vom Haus zum Meer.

Umgebung Amalfi (17 km); Ravello (23 km).

Via Trara Genoino 25-27, Positano
84017, Salerno
Tel. (089) 875 002
Lage 3 Minuten westlich des
Hauptstrandes; Privatparkplatz für 10
Autos
Mahlzeiten Frühstück, Mittag- und
Abendessen
Preise Zimmer L100.000-L300.000
inkl. Frühstück, Abendessen L50.000
Zimmer 10 Doppel-, 3
Einzelzimmer, 5 Suiten, alle mit Bad
und Dusche, Zentralheizung
Anlage Speiseraum, Bar, 3 Salons
Kreditkarten AE, MC, V

Kinder nicht erwünscht
Behinderte nicht geeignet
Tiere im Speiseraum nicht erlaubt
Geschlossen nie; Restaurant Nov. bis
Mitte März
Besitzer Sg. Attanasio

Kampanien

Hotel am Meer, Positano

Palazzo Murat

Die meisten Hotels in Positano liegen an den steilen Hängen zu beiden Seiten der zum Meer abfallenden Schlucht. Im Gegensatz dazu befindet sich der Palazzo Murat direkt im Ortszentrum - ein Stück landeinwärts vom Dom in einer von schicken Boutiquen gesäumten Fußgängerzone.

Das Hauptgebäude ist ein prächtiger, L-förmiger *palazzo* aus dem 18. Jhd. Innerhalb des Ls befindet sich ein reizender Innenhof mit einem Brunnen in der Mitte, Bougainvilleen, die sich an den Mauern hochranken, Palmen und anderen exotischen Gewächsen. Hier wird das Frühstück serviert, das Frühaufsteher allerdings im Schatten einnehmen müssen. An einer Seite dieses Hofs ziehen sich die ineinander übergehenden, wunderschön mit Antiquitäten möblierten Salons entlang.

Die Gästezimmer im eigentlichen Palazzo sind im traditionellen Stil mit bemalten oder glänzend polierten Holzmöbeln hübsch ausgestattet und haben Balkons, auf denen man jedoch nur Platz zum Stehen hat. Die in dem moderneren Anbau auf der Meerseite befindlichen Zimmer verfügen über größere Balkons.

Positanos zahlreiche Restaurants konzentrieren sich überwiegend, nur einen kurzen Fußweg entfernt, hinter dem Strand. "Hervorragendes Preis-Leistungs-Verhältnis, traumhafte Lage", war das Urteil eines Besuchers.

Umgebung Ausflüge entlang der Küste von Amalfi und der Halbinsel von Sorrent.

Via dei Mulini 23, Positano 84017, Salerno
Tel. (089) 875177 **Fax** 811419
Lage im Ortszentrum; gebührenpflichtiger Parkplatz in der Nähe
Mahlzeiten Frühstück
Preise Zimmer L200.000 inkl. Frühstück
Zimmer 28 Doppelzimmer, alle mit Bad und Dusche, Telefon, Balkon, Radio, Minibar
Anlage Salon, Fernsehzimmer, Terrasse, Bar
Kreditkarten AE, DC, MC, V

Kinder werden aufgenommen
Behinderte Zugang schwierig
Tiere nur kleine erlaubt
Geschlossen Nov. bis Osterwoche; Weihnachtswoche geöffnet
Besitzerin Carmela Cinque

Kampanien

Hotel am Meer, Positano

Villa Franca

Wenn Sie keine Höhenangst haben und die Entfernung zum Zentrum nicht scheuen, spricht vieles für dieses elegante, traditionelle Hotel. Hoch oben am Westhang der Schlucht von Positano gelegen, bietet es durch seine Fenster und von den Terrassen einen wunderbaren Blick auf den Ort und die Küste. Allerdings muß man einige Minuten Fußweg ins Zentrum und zum Strand in Kauf nehmen, und der Anstieg zurück ist anstrengend. Zum Glück verkehrt zu bestimmten Zeiten zwischen Hotel und Strand ein Privatbus.

Neben der traumhaften Lage ist eine weitere Attraktion der schicke, kühle Salon, der aus mehreren ineinander übergehenden, durch Türbögen verbundenen Räumen mit weiß gefliesten Böden und weiß gestrichenen Wänden besteht. Bequeme, leuchtend blau bezogene Sessel gruppieren sich um niedrige Tische; überall stehen riesige Topfpflanzen. Der Speiseraum ist im selben Stil gestaltet.

Die Gästezimmer sind geräumig und komfortabel und haben zum Teil eine eigene Terrasse mit Meerblick. Eine schöne Aussicht hat man auch vom kleinen Pool. Berichte aus jüngster Zeit liegen uns nicht vor, aber der Gast, der uns die Villa Franca ursprünglich empfahl, fand Besitzer und Personal freundlich und die Speisen zufriedenstellend und frisch.

Umgebung Amalfi (17 km); Sorrent (17 km); Ravello (23 km).

Via Pasitea 318, Positano 84017, Salerno
Tel. (089) 875655 **Fax** 875735
Lage an der Hauptstraße über dem Ortszentrum; schöner Meerblick
Mahlzeiten Frühstück, Snacks, Abendessen
Preise Zimmer L165.000–L240.000 inkl. Frühstück, Mahlzeiten um L40.000
Zimmer 28 Doppel-, 1 Einzelzimmer, alle mit Bad oder Dusche, Zentralheizung, Radio, Satelliten-TV, Telefon, Klimaanlage

Anlage Speiseraum, Bar/Salon, Swimmingpool
Kreditkarten AE, DC, MC, V
Kinder willkommen
Behinderte nicht geeignet
Tiere erlaubt, außer im Speiseraum
Geschlossen nie
Besitzer Mario Russo

Kampanien

Stadthotel, Ravello

Caruso Belvedere

Das Caruso Belvedere gehört zu den Hotels dieses zu Recht so beliebten Ortes, die in einem umgebauten *palazzo* untergebracht sind. Seit seiner Eröffnung im Jahre 1893 ist es im Besitz der Familie Caruso. Die einstige Pracht mag etwas verblichen sein, und nicht alle Zimmer kann man luxuriös nennen - Berichte bestätigen unseren Eindruck, daß manche einfacher sind, als man bei den Preisen erwarten sollte -, aber der natürliche, zwanglose Charme des Hauses besticht nach wie vor. Man hat uns versichert, daß sämtliche Elektrizitäts- und die meisten Sanitärprobleme inzwischen behoben sind.

Viele originale Bauelemente wie korinthische Säulen und Marmorpfeiler blieben erhalten. Die antiken Möbel, leicht abgewetzten Sofas und offenen Kamine passen gut dazu. Das Restaurant ist schlicht, hell und geräumig, aber der schönste Platz des Hotels ist die Sommerterrasse, von der man einen atemberaubenden Blick auf die zerklüftete Küste und den Golf von Salerno hat. Das Essen ist Berichten zufolge "recht gut", die Weine, die aus den eigenen Kellereien der Carusos stammen, sind "ausgezeichnet". Das Personal ist "ausnahmslos hilfsbereit und freundlich".

Der romantischste Ort ist vielleicht der terrassenförmig angelegte Garten mit seiner traumhaften Aussicht auf das Meer in der Tiefe.

Umgebung Villa Rufolo, Villa Cimbrone; Amalfi (7 km).

Via San Giovanni del Toro 52, Ravello 84010, Salerno
Tel. (089) 857111 **Fax** 857372
Lage 500 m vom Hauptplatz entfernt; Garten, öffentlicher Parkplatz vor dem Hotel
Mahlzeiten Frühstück, Mittag- und Abendessen
Preise HP L140.000-L190.000, VP L150.000-L208.000
Zimmer 20 Doppel-, 2 Einzelzimmer, alle mit Dusche; 2 Suiten; alle Zimmer mit Zentralheizung, Telefon

Anlage Speiseraum, Bar, Fernsehzimmer, Solarium
Kreditkarten AE, DC, MC, V
Kinder willkommen
Behinderte keine speziellen Einrichtungen
Tiere kleine erlaubt, außer in den Gemeinschaftsräumen
Geschlossen nie
Besitzer Gino Caruso

Kampanien

Stadthotel, Ravello

Palumbo

Der maurisch inspirierte, im 12. Jhd. für einen Edelmann erbaute *palazzo* wurde Mitte des 19. Jhds. von einem Schweizer Hotelier erworben und ist heute im Besitz seiner Nachkommen. Bei der Umwandlung in ein Fünf-Sterne-Hotel hat man keine Kosten gescheut, aber was ihn von den meisten anderen Häusern dieser Kategorie unterscheidet, sind sein diskreter Luxus und die verhaltene Eleganz.

Die Gemeinschaftsräume öffnen sich gegen einen Innenhof aus dem 13. Jhd., den Säulen mit korinthischen Kapitellen, orientalische Bögen und eine Unmasse blühender Pflanzen zu einem kühlen, lauschigen Winkel machen. Auch das Restaurant wirkt vornehm, mit seinen pfirsichfarbenen Tischdecken, den Spiegeln in vergoldeten Rahmen, Stuckornamenten und Bugholzstühlen allerdings eher französisch als maurisch. An schönen Tagen ist jedoch der Balkon der begehrteste Platz, von dem man über terrassenförmig angelegte Weingärten auf das wunderbar blaue Meer blickt. Zahlreiche weitere mit Wein und Rosen bewachsene Balkons und Terrassen eröffnen ebenfalls eine traumhafte Aussicht. Überall im Hotel trifft man auf herrliche Antiquitäten und Gemälde - eines davon wird sogar Caravaggio zugeschrieben. Die 1993 renovierten Zimmer wurden geschmackvoll mit antiken Möbeln, gefliesten Fußböden und Vorlegern ausgestattet. Diejenigen im Anbau sind moderner, dafür aber wesentlich billiger.

Umgebung Villa Cimbrone, Villa Rufolo; Amalfi (7 km).

Via San Giovanni del Toro 28, Ravello 84010, Salerno
Tel. (089) 857244 **Fax** 858133
Lage auf den Klippen; Garten, Sonnenterrasse, Privatparkplatz
Mahlzeiten Frühstück, Mittag- und Abendessen
Preise Zimmer L336.000-L525.000, HP L236.000-L330.000
Zimmer 21 Doppelzimmer, 3 Suiten, alle mit Bad, Telefon, TV, Minibar; 7 Zimmer liegen im Anbau nahe dem Hauptgebäude
Anlage Salons, Bar, Speiseraum

Kreditkarten AE, DC, MC, V
Kinder werden aufgenommen
Behinderte nicht geeignet
Tiere Hunde im Speiseraum nicht erlaubt
Geschlossen nie
Besitzer Familie Vuilleumier

Kampanien

Hotel am Meer, Amalfi

Hotel Lido Mare

Dieses kürzlich eröffnete kleine Hotel abseits der Piazza del Duomo von Amalfi gehört derselben Familie wie das Parsifal in Ravello (Seite 197). Die bogengeschmückten Räume mit den weißen Wänden sind hübsch mit antiken Stücken möbliert, und einige Zimmer bieten einen Blick auf das nur wenige Meter tiefer gelegene Meer.

Largo Ducci Piccolomene 9, 84011 Amalfi (Salerno) **Tel.** (089) 871332 **Fax** (089) 857972 **Mahlzeiten** Frühstück **Preise** Zimmer L47.800-L78.000, Frühstück L10.000 **Zimmer** 13, alle mit Bad oder Dusche, Klimaanlage **Kreditkarten** AE, DC, MC, V **Geschlossen** nie

---

Hotel am Meer, Capri

Flora

Das Flora versteckt sich am Rande des mondänen kleinen Orts Capri zwischen grünen und blühenden Pflanzen. Es ist ein sehr gepflegtes Hotel mit ruhigen, geräumigen Zimmern, viele mit Balkon und Meerblick, und einer hübschen Terrasse. Vor ein paar Jahren kamen ein neues Restaurant und andere Einrichtungen hinzu.

Via Federico Serena 26, 80073 Capri (Napoli) **Tel.** (081) 837 0211 **Fax** (081) 8378949 **Mahlzeiten** Frühstück, Mittag- und Abendessen **Preise** Zimmer L250.000-L360.000 **Zimmer** 24, alle mit Bad, TV, Minibar, Klimaanlage; die meisten mit Terrasse, Telefon **Kreditkarten** AE, DC, MC, V **Geschlossen** Feb.

Hotel am Meer, Capri

Luna

Erfrischender Kontrast zu den Nobelherbergen von Capri - ein etwas altmodisches Hotel in einer der schönsten Gegenden der Insel, wo es sich an die Felsen der Südküste schmiegt. Die Zimmer sind geräumig und komfortabel, der Pool ist für hiesige Verhältnisse groß.

Viale Matteotti 3, 80073 Capri (Napoli) **Tel.** (081) 8370433 **Fax** (081) 8377459 **Mahlzeiten** Frühstück, Mittag- und Abendessen **Preise** Zimmer L190.000-L410.000 inkl. Frühstück, Mahlzeiten L55.000 **Zimmer** 54, alle mit Bad, Klimaanlage, Telefon, TV, Minibar; die meisten mit Terrasse **Kreditkarten** AE, DC, MC, V **Geschlossen** Nov. bis März

---

Villa am Meer, Capri

Villa Brunella

Reizvolles, modernes Hotel, wunderschön im Grünen an einem steilen, terrassierten Hang gelegen. Von den geräumigen Zimmern, der Restaurantterrasse und dem Pool hat man einen herrlichen Blick aufs Meer. Man erreicht es über steil hinabführende Stufen (über 150 zu den meisten Zimmern).

Via Tragara 24, 80073 Capri (Napoli) **Tel.** (081) 8370122 **Fax** (081) 8370430 **Mahlzeiten** Frühstück, Mittag- und Abendessen **Preise** Zimmer L295.000, Suiten L370.000, Mahlzeiten um L37.000 **Zimmer** 18, alle mit Bad, Zentralheizung, Klimaanlage, Telefon, TV; 8 davon Suiten **Kreditkarten** AE, MC, V **Geschlossen** Nov. bis Mitte März

Kampanien

Villa am Meer, Capri

Villa Krupp

Diese friedliche weiße Villa, in der schon Lenin und Gorki wohnten, ist ein willkommener Zufluchtsort vor dem Getümmel der Stadt. Sie liegt an einem sanft abfallenden Hang über den nackten Felsen von Marina Piccola. Die Zimmer sind hell, sauber und überwiegend groß; Gemeinschaftsräume gibt es nicht.

Via Matteotti 12, 80073 Capri (Napoli) **Tel.** (081) 8370362 **Fax** (081) 8376489 **Mahlzeiten** Frühstück **Preise** Zimmer L90.000-L180.000 inkl. Frühstück **Zimmer** 12, alle mit Bad oder Dusche, Balkon **Kreditkarten** V **Geschlossen** nie

---

Villa am Meer, Capri

Villa Sarah

Eine Zufahrt zum Haus gibt es nicht: man muß, Gepäck oder nicht, zu Fuß zu dem weiß getünchten, zwischen Weingärten gelegenen Gebäude gehen. Belohnt wird man mit Ruhe und Einfachheit, die das Gewimmel und die Vulgarität der Stadt vergessen lassen. Die Zimmer sind hübsch und gepflegt. Im Garten kann man frühstücken oder einfach nur Sonne tanken.

Via Tiberio 3a, 80073 Capri (Napoli) **Tel.** (081) 8377817 **Mahlzeiten** Frühstück **Preise** Zimmer L85.000-L190.000 inkl. Frühstück **Zimmer** 20, alle mit Bad oder Dusche, Telefon, TV **Kreditkarten** AE **Geschlossen** Nov. bis März

---

Hotel am Meer, Conca dei Marini

Hotel Belvedere

Die schöne Lage ist zwar nicht alles, was das Belvedere zu bieten hat, aber doch seine Hauptattraktion - am Rand einer Klippe mit herrlichem Blick auf die Küste von Amalfi. Mit einem Lift gelangen Sie hinunter zum einigermaßen großen Meerwasserpool, über eine Treppe zum felsigen Privatstrand.

Strada Statale 163, 84010 Conca dei Marini (Salerno) **Tel.** (089) 831282 **Fax** (089) 831439 **Mahlzeiten** Frühstück, Mittag- und Abendessen **Preise** Zimmer L90.000-L190.000 inkl. Frühstück, VP L155.000-L180.000 **Zimmer** 36, alle mit Bad, Balkon, Zentralheizung, Telefon **Kreditkarten** AE, MC, V **Geschlossen** Mitte Okt. bis März

---

Hotel am Meer, Ischia

San Michele

Das Gebäude im Villenstil liegt friedlich an einem Hang über dem kleinen, autofreien Dorf Sant'Angelo in wunderschönen Gärten, zu denen ein herrlicher Pool, Terrassen und (natürlich) Thermaleinrichtungen gehören. Die Möblierung ist überwiegend hübsch und modern, nur der Speiseraum ist traditioneller eingerichtet.

Sant'Angelo, 80070 Ischia (Napoli) **Tel.** (081) 999276 **Fax** (081) 999149 **Mahlzeiten** Frühstück; in der Saison Mittag- und Abendessen **Preise** VP L165.000-L175.000 **Zimmer** 44, alle mit Bad oder Dusche, Telefon; einige mit Minibar **Kreditkarten** keine **Geschlossen** Nov. bis März

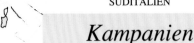

Kampanien

Miramare

Nettes, kleines Hotel in hervorragender Lage am Wasser nahe den Inselfähren und einigen wichtigen Sehenswürdigkeiten. Etwas beengte, aber komfortable Zimmer. Das herzhafte Frühstück wird in einem eleganten, hellen Dachgeschoßraum mit Blick auf die Bucht serviert, der von einer Terrasse umschlossen ist. Hilfsbereites Personal.

Via Nazario Sauro 24, 80132 Napoli **Tel.** (081) 427388 **Fax** (081) 416775 **Mahlzeiten** Frühstück, Abendessen **Preise** Zimmer L195.000-L320.000 inkl. Frühstück **Zimmer** 31, alle mit Bad oder Dusche, Klimaanlage, Telefon, TV, Minibar, Hosenbügler **Kreditkarten** AE, DC, MC, V **Geschlossen** nie

---

Albergo L'Ancora

Modernes, unprätentiöses Hotel neben dem berühmten und überteuerten Syrenuse, mit dem es den traumhaften Blick und die Nähe zum Ortszentrum gemeinsam hat. Geräumige, einfach möblierte Zimmer und Speiseraum mit schattiger Terrasse. Parkplatz.

Via C Colombo 36, 84017 Positano (Salerno) **Tel.** (089) 875318 **Fax** (089) 811784 **Mahlzeiten** Frühstück, Abendessen **Preise** Zimmer L140.000-L185.000 inkl. Frühstück, HP L100.000-L125.000 **Zimmer** 18, alle mit Bad, Telefon, Minibar, TV; einige mit Klimaanlage **Kreditkarten** AE, DC, MC, V **Geschlossen** Mitte Okt. bis März

---

Marincanto

Die Zimmer im Hauptteil des bescheidenen Hotels sind überraschend geräumig und gut möbliert; der Blick auf das farbenfrohe Positano von den blumenbestandenen Terrassen (wo man frühstücken kann) ist unvergeßlich. Der Parkplatz ist ein weiterer - allerdings gebührenpflichtiger - Vorzug. Sorgen Sie sich nicht über das Fehlen eines Restaurants - Sie werden gern zum Essen ausgehen.

84017 Positano (Salerno) **Tel.** (089) 875130 **Fax** (089) 875760 **Mahlzeiten** Frühstück **Preise** Zimmer L140.000 inkl. Frühstück, Parkplatz L10.000 **Zimmer** 26, alle mit Bad oder Dusche, Telefon, Minibar **Kreditkarten** AE, DC, MC, V **Geschlossen** Mitte Okt. bis Osterwoche

---

Giordano Villa Maria

Das schattige Gartenrestaurant dieser reizenden alten Villa am Weg zur Villa Cimbrone ist verständlicherweise populär. Für kühlere Tage gibt es einen traditionell gestalteten Speiseraum. Die Zimmer sind einfach, haben jedoch neu ausgestattete Bäder. Die Gäste können den Pool des nahegelegenen Hotel Giordano benutzen.

Via Santa Chiara 2, 84010 Ravello (Salerno) **Tel.** (089) 857170 **Fax** (089) 857071 **Mahlzeiten** Frühstück, Mittag- und Abendessen **Preise** Zimmer L85.000-L180.000 inkl. Frühstück, Suiten L185.000-L330.000 **Zimmer** 17, alle mit Bad oder Dusche, Zentralheizung, Telefon, TV, Minibar, Klimaanlage **Kreditkarten** AE, MC, V **Geschlossen** nie

Kampanien

Stadthotel, Ravello

Graal

Die große Attraktion des unprätentiösen, Ende der 80er Jahre komplett renovierten Hotels ist der herrliche Swimmingpool, von dem man den traumhaften Blick hat, der Ravello so beliebt macht. Einfaches, aber zufriedenstellendes Essen, beginnend mit eindrucksvollem Frühstücksbüffet, und preiswerte Zimmer.

Via della Repubblica 8, 84010 Ravello (Salerno) **Tel.** (089) 857 222 **Fax** (089) 857551 **Mahlzeiten** Frühstück **Preise** Zimmer L.55.000-L.130.000 **Zimmer** 35, alle mit Bad, Zentralheizung, Telefon, Klimaanlage, TV **Kreditkarten** AE, DC, MC, V **Geschlossen** nie

---

Hotel am Meer, Ravello

Marmorata

Trotz seiner Adresse liegt das Marmorata nicht in den Hügeln, sondern unten an der Küste. Bei der Umgestaltung der ehemaligen Papiermühle stand das Thema Seefahrt im Vordergrund. Durch die großen Fenster hat man einen schönen Blick aufs Meer; die Hauptterrasse erhebt sich direkt über dem Wasser.

Strada Statale 163, Località Marmorata, 84010 Ravello (Salerno) **Tel.** (089) 877777 **Fax** (089) 851189 **Mahlzeiten** Frühstück, Mittag- und Abendessen **Preise** Zimmer L110.000-L325.000 inkl. Frühstück **Zimmer** 41, alle mit Bad oder Dusche, Zentralheizung, Satelliten-TV, Radio, Minibar, Klimaanlage, Telefon **Kreditkarten** AE, DC, MC, V **Geschlossen** nie

---

Umgebautes Kloster, Ravello

Parsifal

Neben seinem Kreuzgang aus dem 13. Jhd. weist dieses kleine Hotel auch immer noch eine gewisse klösterliche Kargheit auf. Die Zimmer sind schlicht möbliert und zum Teil recht klein; fragen Sie nach dem mit Terrasse und Meerblick - der atemberaubend ist, und den man ebenfalls von der mit Kletterpflanzen berankten Terrasse hat, wo schmackhaftes, einfaches Essen serviert wird.

Via G d'Anna 5, 84010 Ravello (Salerno) **Tel.** (089) 857144 **Fax** (089) 857972 **Mahlzeiten** Frühstück, Mittag- und Abendessen **Preise** Zimmer L105.000-L123.000 inkl. Frühstück, HP L120.000 **Zimmer** 19, alle mit Zentralheizung; die meisten mit Bad oder Dusche **Kreditkarten** AE, DC, MC, V **Geschlossen** erste Okt.-Woche bis Ende März

---

Stadthotel, Ravello

Hotel Rufolo

Der Blick auf die Küste ist die große Attraktion dieses einfachen, aber "wundervoll gelegenen" Hotels, das uns von einem Leser sehr empfohlen wurde. Der terrassierte Garten enthält einen schmalen, aber ausreichend langen Pool. Das Frühstücksbüffet ist "reichlich", das Personal "freundlich und auf Drängen hilfsbereit".

Via San Francesco 3, 84010 Ravello (Salerno) **Tel.** (089) 857133 **Fax** (089) 857935 **Mahlzeiten** Frühstück, Mittag- und Abendessen, Snacks **Preise** Zimmer L125.000-L230.000 inkl. Frühstück, HP L130.000-L160.000 **Zimmer** 30, alle mit Bad, Zentralheizung, TV, Telefon, Minibar **Kreditkarten** AE, DC, MC, V **Geschlossen** 10. Jan. bis Ende Feb.

Kampanien

Stadtvilla, Ravello

Villa Cimbrone

Garten und Aussicht von der Villa Cimbrone, zu Fuß zehn Minuten vom Ortszentrum entfernt, gehören zu den Touristenattraktionen Ravellos. Gästen steht die Villa schon seit langem offen. Wir haben sie bereits früher vorgestellt; 1990 war sie wegen Renovierung geschlossen. Über das Resultat liegen uns positive Berichte vor.

84010 Ravello (Salerno) **Tel.** (089) 857459 **Fax** (089) 857777 **Mahlzeiten** Frühstück **Preise** Zimmer L160.000-L250.000 inkl. Frühstück, Suiten L270.000 **Zimmer** 19, alle mit Bad, Telefon **Kreditkarten** AE, MC, V **Geschlossen** Nov. bis Apr.

Hotel am Meer, Sorrent

Bellevue Syrene

Eine der alten Nobelherbergen von Sorrent in herrlicher Lage auf den Felsen, von denen ein Lift zum Strand und zum Pier hinunterführt. Die Zimmer wurden vor kurzem wunderschön renoviert, und ein Leser meint, das würde auch den Gemeinschaftsräumen guttun; uns gefiel ihre verblichene Pracht. "Durchschnittliches" Essen, lautet ein Bericht.

Piazza della Vittoria 5, 80067 Sorrento (Napoli) **Tel.** (081) 878 1024 **Fax** (081) 8783963 **Mahlzeiten** Frühstück, Mittag- und Abendessen **Preise** Zimmer L140.000-L200.000 inkl. Frühstück, Mahlzeiten um L50.000 **Zimmer** 59, alle mit Bad, Telefon, TV, Radio **Kreditkarten** AE, DC, MC, V **Geschlossen** nie

---

Hotel am Meer, Vico Equense

Capo la Gala Hotel

Das gepflegte, moderne Hotel liegt auf dem schmalen Stück Land unterhalb der Küstenstraße von Sorrent und zieht sich terrassenförmig von der Rezeption bis zum am Wasser gelegenen Restaurant. Die Zimmer sind mit Fliesenböden, schmucklosen Wänden und hübschen Rohrmöbeln einheitlich gestaltet. Einigermaßen großer Pool.

Via Luigi Serio 7, Capo la Gala, 80069 Vico Equense (Napoli) **Tel.** (081) 8015758 **Fax** (081) 8798747 **Mahlzeiten** Frühstück, Mittag- und Abendessen **Preise** Zimmer L155.000-L220.000 inkl. Frühstück, HP L170.000-L215.000, VP L220.000-L265.000 **Zimmer** 18, alle mit Bad, Telefon, Minibar, Balkon mit Meerblick **Kreditkarten** AE, MC, V **Geschlossen** Nov. bis März

Stiefelabsatz und -spitze

Die Hotels im »Stiefelabsatz« und der »Stiefelspitze«

Zu sagen, es sei schwer, in Italiens Stiefelabsatz und -spitze reizvolle kleine Hotels zu finden, ist eine glatte Untertreibung. Eigentlich existieren sie hier nämlich überhaupt nicht. Die Häuser, die wir auf den nächsten Seiten ausführlich beschreiben, sind die besten, die es gibt. Einige Alternativen, insbesondere im Stiefelabsatz, möchten wir aber doch noch vorstellen.

So ist etwa das San Nicola (Tel. (080) 8705199, Fax 844752, 30 Zimmer), ein elegantes Hotel im Herzen von Altamura, eine Möglichkeit, desgleichen die moderne Villa Ducale (Tel. (080) 705 055, Fax 705885) in Martina Franca. Wenn Sie den Ehrgeiz haben, ganz bis zur Südspitze des Absatzes vorzudringen, könnten Sie das Terminal (Tel. und Fax (0833) 753242), ein gut geführtes Urlaubshotel am Meer in Marina di Léuca, ansteuern.

Keine der größeren Städte dieser Region ist sonderlich attraktiv; in jeder gibt es eine Handvoll großer 08/15-Hotels. Falls die Umstände Sie aber zu einer Übernachtung in Foggia zwingen, sollten Sie es im Cicolella (Tel. (0881) 3890, Fax 678984) versuchen, das ein hübsches Restaurant hat. Weiter nördlich, in Peschici, befinden sich auf der Mattinata gegenüberliegenden Seite der Halbinsel von Gargano das Paradiso (Tel. (0884) 964201, Fax 964 203, 50 Zimmer) und das Solemar (Tel. (0884) 964186, Fax 964 188, 45 Zimmer), beides ruhige, zwischen Pinien gelegene Strandhotels.

Für Reisende, die in der Stiefelspitze nach Süden unterwegs sind und es nicht eilig haben, ist die SS18 eine gemütliche Alternative zur A3. Sie verläuft südlich von Lagonegro, wo die Autobahn landeinwärts abschwenkt, weiter entlang der Ostküste. Zwei der von uns empfohlenen Häuser liegen am Nordende dieser Strecke, und auch weiter südlich gibt es noch ein paar Hotels, die man sich merken sollte. In Diamante finden Sie das im mediterranen Stil erbaute Ferretti (Tel. (0985) 81428, Fax 81114) mit hoch über dem Meer gelegenen Terrassen und einem sehr bekannten Restaurant. Das Grand Hotel San Michele (Tel. (0982) 91012, Fax 91430, 65 Zimmer) in Cetraro ist eleganter - ein schön restauriertes altes Haus in hübschem, zwanglos gestaltetem Garten auf Felsen oberhalb des Strandes. 90 km landeinwärts stoßen Sie auf das Barbieri (Tel. (0981) 948072, Fax 948073), das hervorragende kalabresische Küche und eine wunderbare Aussicht auf das mittelalterliche Dorf Altomonté bietet.

Hauptattraktion der Gegend ist jedoch die andere Seite der A3 - die herrlich wilde Landschaft der Sila-Berge östlich von Cosenza und nördlich von Catanzaro. In beiden Ortschaften gibt es eine Reihe akzeptabler Hotels.

Diese Seite dient als Einführung in die Landschaft und Hotellerie des »Stiefelabsatzes« und der »Stiefelspitze« von Italien und enthält kurze Empfehlungen annehmbarer Unterkünfte, über die wir aus verschiedenen Gründen keinen gesonderten Beitrag verfaßt haben. Die ausführlichen Beiträge für diese Region - über die Hotels, die uns am besten gefielen - beginnen auf der nächsten Seite. Beachten Sie aber auch unsere Kurzbeiträge ab Seite 202: hier handelt es sich ebenfalls um Häuser, in denen wir uns gern aufgehalten haben.

Stiefelabsatz und -spitze

Trulli-Hotel, Alberobello

Dei Trulli

Im Stiefelabsatz gibt es eigentlich nur eine große Touristenattraktion: die *trulli*, kleine Steinhäuser mit mehreren Räumen und konischen, spitz zulaufenden Dächern, die gewöhnlich zu einem Ensemble gruppiert sind. Ein ganzer Teil von Alberobello besteht aus solchen *trulli* und ist daher das Hauptziel der meisten Reisenden, obgleich es auch überall in der Umgebung einzelne ähnliche Bauten gibt. Das Dei Trulli bietet seinen Gästen die Möglichkeit, ein derartig merkwürdiges Gebäude nicht nur zu besichtigen, sondern auch zu bewohnen und ist eine Art Ferienlager für gehobene Ansprüche. Es besteht aus mehreren kleinen, teilweise in *trulli* einbezogenen Bungalows, die sich zwischen Pinien und gepflegten Blumenbeeten verteilen. Dem Besucher stehen ein kleines Wohnzimmer, ein geräumiger Schlafraum, ein recht enges Bad und Sitzgelegenheiten vor der Tür zur Verfügung. Im ziemlich einfachen Restaurant wird man von Personal bedient, dessen freundliche Miene sich schnell verdüstert, wenn Probleme auftauchen. Das Essen ist ordentlich und der Preis für Halbpension (anders als vor ein paar Jahren) einigermaßen angemessen im Vergleich zur bloßen Übernachtung mit Frühstück. Abwechslung bieten mehrere Speiselokale im Ort, die man, vorbei an zahlreichen *trulli*, bequem zu Fuß erreicht.
Umgebung Küste (15-20 Minuten mit dem Auto).

Via Cadore 28, Alberobello 70011, Bari
Tel. (080) 9323555 **Fax** 3560
Lage zu Fuß 5 Minuten vom Ortszentrum entfernt; Privatparkplatz
Mahlzeiten Frühstück, Mittag- und Abendessen
Preise Zimmer L150.000-L220.000, HP L175.000
Zimmer 28 Doppel-Apartments, 11 mit Bad, 17 mit Dusche; 11 Familien-Apartments mit Bad und Dusche; alle Apartments mit TV, Telefon, Wohnzimmer, Minibar

Anlage Speiseraum, Bar, Swimmingpool, Spielplatz
Kreditkarten AE, V
Kinder willkommen
Behinderte keine speziellen Einrichtungen
Tiere nur kleine erlaubt
Geschlossen nie
Manager Riccardo Cottino

Stiefelabsatz und -spitze

Hotel am Meer, Maratea

Villa Cheta Elite

Die entlegene Gebirgsregion der Basilikata besitzt nicht viel Küste, aber der winzige Küstenstreifen im Westen, wo eine Straße die wild zerklüfteten Felsen durchschneidet, ist eine der spektakulärsten Gegenden im tiefen Süden Italiens. Über dieser Steilküste erhebt sich die Villa Cheta Elite mit einer traumhaften Aussicht. Wenn sie sonst nichts zu bieten hätte, würde allein schon die Lage viele Reisende anlocken; sie hat jedoch noch andere Reize.

Das anmutige Jugendstilgebäude ist eine Augenweide: der ocker- und cremefarbene Stuck ist mit verschnörkelten Ornamenten verziert, die in einen hochherrschaftlichen edwardianischen Salon passen würden. Es liegt zwischen üppig mit Blumen bewachsenen Terrassen, von der eine mit Stühlen im Caféhausstil und hübsch gedeckten Eßtischen ausgestattet ist. Im Inneren erzeugen Spitzentücher, Chintzsofas, sorgfältig ausgewählte Stilmöbel und viele Bilder die Atmosphäre eines Privathauses.

Die Strände sind in dieser Gegend nicht sehr schön, aber das Wasser ist klar und in wenigen Minuten von der Villa aus zu erreichen. Die Aquadros sind ungezwungene, charmante Gastgeber, die sich um jeden Aspekt ihres Hotels, das Essen eingeschlossen, selbst kümmern.

Umgebung Maratea (8 km); spektakuläre Küstenstraße.

Via Nazionale, Acquafredda di Maratea 85041, Potenza
Tel. (0973) 878134
Lage 1,5 km südlich von Acquafredda; Garten mit Meerblick, Privatparkplatz
Mahlzeiten Frühstück, Mittag- und Abendessen
Preise Zimmer L110.000-L140.000, HP L120.000-L165.000
Zimmer 16 Doppelzimmer, 1 mit Bad, 15 mit Dusche; 2 Familienzimmer mit Dusche; alle Zimmer mit Zentralheizung, Telefon

Anlage Speiseraum mit Terrasse mit Meerblick, Fernseh- und Lesezimmer, Bar
Kreditkarten AE, DC, MC, V
Kinder willkommen, wenn gut erzogen
Behinderte Zugang schwierig
Tiere nur kleine erlaubt, im Speiseraum nur außerhalb der Saison
Geschlossen Mitte Okt. bis März
Besitzer Marisa und Lamberto Aquadro

Stiefelabsatz und -spitze

Hotel am Meer, Castro Marina

Orsa Maggiore

Konventionelles Hotel ohne viel Charme, in dieser Gegend aber sicherlich empfehlenswert. Das moderne, hoch über dem Meer am Ende von Italiens Stiefelabsatz gelegene Haus wird freundlich und kompetent von den fünf Gebrüdern Ciccarese geführt. Es ist sehr gepflegt, und die Küche hat bei den Einheimischen einen guten Ruf.

Litoranea per Santa Cesarea 303, 73030 Castro Marina (Lecce) **Tel.** (0836) 97029 **Fax** (0836) 97766 **Mahlzeiten** Frühstück, Mittag- und Abendessen **Preise** HP L82.000, VP L118.000 **Zimmer** 30, alle mit Bad oder Dusche, Zentralheizung, Telefon **Kreditkarten** AE, DC. MC, V **Geschlossen** nie

---

Landvilla, Cisternino

Villa Cenci

Ruhige, abgelegene Alternative zum Dei Trulli (Seite 200), mit dem es die Unterbringung in schlicht eingerichteten *trulli* gemeinsam hat. Auch im Hauptgebäude gibt es neben dem stilvoll möblierten Restaurant Gästezimmer. Der hübsche Garten umfaßt einen schönen Swimmingpool.

Via per Ceglie Messapica, 72014 Cisternino (Brindisi) **Tel.** (080) 718208 **Fax** (080) 718208 **Mahlzeiten** Frühstück, Mittag- und Abendessen **Preise** Zimmer L52.000-L140.000, HP L75.000-L93.000 **Zimmer** 22, alle mit Bad oder Dusche, Zentralheizung, TV **Kreditkarten** V **Geschlossen** Okt. bis Apr.

Landhotel, Fasano

La Silvana

Zweckmäßige und preiswerte Ausgangsbasis zur Erkundung des *trulli*-Gebietes - modern, sauber und geräumig mit einfach möblierten Zimmern (manche mit Aussicht), von freundlicher, hilfsbereiter Familie geführt. Ihre Bemühungen locken auch viele Gäste, die nicht im Hotel wohnen, in das große Restaurant. Verwechseln Sie das Haus nicht mit dem viel größeren, nahegelegenen Sierra Silvana.

Viale de Pini 87, Selva di Fasano, 72010 Fasano (Brindisi) **Tel.** (080) 9331161 **Fax** (080) 9331980 **Mahlzeiten** Frühstück, Mittag- und Abendessen **Preise** Zimmer L65.000-L97.000 inkl. Frühstück, HP L80.000 (Mindestaufenthalt 3 Tage) **Zimmer** 18, alle mit Zentralheizung, die meisten mit Bad oder Dusche **Kreditkarten** V **Geschlossen** Restaurant Fr im Winter

---

Hotel am Meer, Maratea

Santavenere

Eines der anspruchsvollsten Hotels im tiefen Süden, herrlich in der Nähe der felsigen Küste und direkt außerhalb der reizenden alten Stadt gelegen. Das niedrig liegende, bogengeschmückte Gebäude ist von Rasenflächen und Bäumen umgeben und mit geschmackvoller Zurückhaltung eingerichtet. Geräumige Zimmer, manche mit Meerblick von der eigenen Terrasse.

Fiumicello di Santa Venere, 85040 Maratea (Potenza) **Tel.** (0973) 876910 **Fax** (0973) 876985 **Mahlzeiten** Frühstück, Mittag- und Abendessen **Preise** HP L220.000-L290.000 **Zimmer** 44, alle mit Bad, Telefon, Terrasse oder Balkon, TV, Minibar **Kreditkarten** AE, DC, MC, V **Geschlossen** Okt. bis Apr.

Stiefelabsatz und -spitze

Hotel am Meer, Mattinata

Alba del Gargano

Niedriges, modernes Hotel im Zentrum einer kleinen, geschäftigen Stadt (die Busfahrt zum Strand ist kurz und kostenlos), mit Innenhof, in dem die Mahlzeiten serviert werden - insbesondere frischer Fisch. Schlichte, aber recht stilvolle Einrichtung.

Corso Matino 102, 71030 Mattinata (Foggia) **Tel.** (0884) 4771 **Fax** (0884) 4772 **Mahlzeiten** Frühstück, Mittag- und Abendessen **Preise** Zimmer L55.000-L190.000 inkl. Frühstück, Klimaanlage L15.000, VP L100.000-L252.000; Ermäßigung für Kinder unter 6 **Zimmer** 39, alle mit Dusche, Telefon; 9 mit Klimaanlage **Kreditkarten** V **Geschlossen** nie

---

Landvilla, Monópoli

Il Melograno

"Der Granatapfel" war bis vor kurzem als Bauernhof in Betrieb. Heute umfaßt er Konferenz- und Banketteinrichtungen, hat aber seinen Charme behalten - abgelegen hinter weißen Mauern, das Gelände voller lauschiger Innenhöfe, die Zimmer wunderschön dekoriert und mit Antiquitäten eingerichtet.

Contrada Torricella 345, 70043 Monópoli (Bari) **Tel.** (080) 690 9030 **Fax** (080) 747908 **Mahlzeiten** Frühstück, Mittag- und Abendessen **Preise** Zimmer L190.000-L440.000 inkl. Frühstück, Suiten L355.000-L680.000, Mittag-/Abendessen L50.000 **Zimmer** 37, alle mit Bad, Zentralheizung, Klimaanlage, Telefon, Satelliten-TV, Fön, Radio, Minibar, Safe **Kreditkarten** AE, DC, MC, V **Geschlossen** Feb.

Stadthotel, Otranto

Albania

Nicht so sehr reizvoll, aber mit Stil und blitzsauber - ein modernes, mit Schweizer Effizienz geführtes Haus am äußersten Ende der Adriaküste, wo schöne Hotels selten sind. Gemeinschaftsräume und Zimmer sind groß, hell und ruhig. Als Spezialität gibt es Meeresfrüchte.

Via S Francesco di Paola 10, 73028 Otranto (Lecce) **Tel.** (0836) 801183 **Mahlzeiten** Frühstück, Mittag- und Abendessen, Snacks **Preise** Zimmer L50.000-L80.000 inkl. Frühstück **Zimmer** 10, alle mit Bad oder Dusche, Zentralheizung, Klimaanlage, Telefon, Radio, TV **Kreditkarten** DC, MC, V **Geschlossen** nie

---

Feriendorf, Parghelia

Baia Paraelios

Ungewöhnliches Hotel, bestehend aus 72 Bungalows auf einem bewaldeten Hügel am Meer. Man hat einen herrlichen Blick auf die weiße, von blauem Wasser umspülte Sandbucht. Es gibt drei Pools, eine Bar im Freien und einen Speiseraum mit Terrasse direkt am Ufer.

Fornaci, 88035 Parghelia (Catanzaro) **Tel.** (0963) 600300 **Fax** (0963) 600074 **Mahlzeiten** Frühstück, Mittag- und Abendessen **Preise** VP L170.000-L300.000; Ermäßigung für Kinder **Zimmer** 72, alle mit Bad, Wohnzimmer, Terrasse, Telefon, Deckenventilator; einige mit Heizung **Kreditkarten** AE, DC, MC, V **Geschlossen** nie

---

Dorfhotel, Stilo

San Giorgio

Das schöne Steingebäude aus dem 17. Jhd., ein ehemaliger Kardinalspalast, beherbergt heute ein kleines, in hübschem Dorf gelegenes Hotel in einem landschaftlich reizvollen Teil Kalabriens. Das Innere enttäuscht nicht, und die am Theater beschäftigten Freunde des Besitzers Francesco Careri sorgen für heitere Stimmung. Das Parken ist schwierig.

Via Citarelli 8, 89049 Stilo (Reggio di Calabria) **Tel.** (0964) 775 047 **Fax** (0964) 629306 **Mahlzeiten** Frühstück, Mittag- und Abendessen, Snacks **Preise** Zimmer L60.000 inkl. Frühstück, HP L80.000 **Zimmer** 14, alle mit Bad oder Dusche, Zentralheizung **Kreditkarten** keine **Geschlossen** nie

---

Hotel am Meer, Vieste del Gargano

Seggio

Vieste ist ein kleiner Ort, der sich dicht auf den Klippen an der Spitze der Halbinsel von Gargano zusammendrängt. Das Seggio liegt mit seiner winzigen Terrasse direkt am Ufer und bietet eine entsprechend schöne Aussicht. Es ist überwiegend in elegant-einheitlichem, modernem Stil eingerichtet; nur das überwölbte Restaurant wurde traditioneller gestaltet.

Via Veste 7, 71019 Vieste del Gargano (Foggia) **Tel.** (0884) 708 123 **Fax** (0884) 708727 **Mahlzeiten** Frühstück, Mittag- und Abendessen **Preise** Zimmer L70.000-L120.000 inkl. Frühstück **Zimmer** 22, alle mit Bad, Zentralheizung, Telefon **Kreditkarten** AE, MC, V **Geschlossen** Mitte Okt. bis Mitte März

Die Inseln

Die Hotels auf den Inseln

Sizilien, die größte und bevölkertste Insel des Mittelmeers, hat ungewöhnlich verschiedenartige Sehenswürdigkeiten zu bieten - eine spektakuläre Landschaft, antike griechische Ruinen, mittelalterliche Städte, herrliche Kathedralen, geschäftige Straßenmärkte und, nicht zu vergessen, einen tätigen Vulkan - und lockt daher in den Sommermonaten Scharen von Besuchern an. Der wichtigste Urlaubsort ist Taormina, dessen Hotels auf den folgenden Seiten gut vertreten sind. Eine weitere Möglichkeit ist hier die elegante Villa Riis (Tel. (0942) 24874, Fax 626254) mit eigenem Swimmingpool. In Palermo und Siracusa, den beiden bedeutendsten Städten, haben wir bisher noch kein kleines, reizvolles Hotel entdeckt. Wenn Sie Palermo besichtigen wollen, könnten Sie in Cefalu übernachten, einem hübschen, 60 km östlich gelegenen Fischerhafen. Das Riva del Sole (Tel. (0921) 21230, Fax 21984) ist ein komfortables Hotel in der Nähe von Strand und Hafen, das Baia del Capitano (Tel. (0921) 20003, Fax 20163, 39 Zimmer) liegt 5 km außerhalb der Stadt.

Falls Sie einen ruhigeren Urlaub planen, sollten Sie sich vielleicht für eine der sieben wunderschönen Äolischen (oder Liparischen) Vulkaninseln nördlich von Sizilien entscheiden. Auf Lipari können wir Ihnen die Villa Diana (siehe Seite 213) vorstellen; weitere Vorschläge sind die Villa Meligunis (Tel. (090) 9812426, Fax 9880149), das Giardino sul Mare (Tel. (090) 9811004, Fax 9880150) und das Oriente (Tel. (090) 9811493, Fax 9880198). Auf der benachbarten Insel Salina empfehlen wir das auf einer Felsspitze gelegene Punta Scario (Tel. (090) 9844139) oder das L'Ariana (Tel. (090) 9809075), ein Restaurant mit Gästezimmern.

Sardinien unterscheidet sich erheblich von Sizilien, obwohl es fast dieselbe Größe hat: es ist spärlich besiedelt, hat weniger bedeutende Sehenswürdigkeiten und keine sehr großen Städte oder Urlaubsorte. Außerdem stößt man nirgendwo auf Menschenmassen, nicht einmal an der Costa Smeralda, der für Touristen am stärksten erschlossenen Gegend. Dort finden Sie auch die meisten der von uns beschriebenen Hotels. Der Tourismus breitet sich von hier allmählich nach beiden Seiten der Küste aus. Für Santa Teresa Gallura an der Nordküste ist außer dem Shardana (Seite 214) noch das Li Nibbari (Tel. (0789) 754453, 38 Zimmer) zu erwähnen.

An der Ostküste findet man in Dorgali die Pensione l'Oasi (Tel. (0784) 93111, Fax 93444), ein gut ausgestattetes, auf einem Hügel zwischen Gärten und Pinienhainen gelegenes Haus mit Meerblick. Wenn Sie allerdings wirklich "alles hinter sich lassen" wollen, gefallen Ihnen vielleicht zwei kleine Inseln vor der Südwestküste Sardiniens: Sant'Antioco - versuchen Sie es dort im Club Ibisco Farm (Tel. (0781) 809003, Fax 809003) - und die Isola San Pietro - hier steht an der Strandpromenade von Carloforte das Hieracon (Tel. (0781) 854028, 24 Zimmer) zur Verfügung.

Diese Seite dient als Einführung in die Landschaft und Hotellerie Siziliens, Sardiniens und der Äolischen Inseln und enthält kurze Empfehlungen annehmbarer Unterkünfte, über die wir aus verschiedenen Gründen keinen gesonderten Beitrag verfaßt haben. Die ausführlichen Beiträge für diese Region - über die Hotels, die uns am besten gefielen - beginnen auf der nächsten Seite. Beachten Sie aber auch unsere Kurzbeiträge ab Seite 212: hier handelt es sich ebenfalls um Häuser, in denen wir uns gern aufgehalten haben.

Die Inseln

Landvilla, Agrigento, Sizilien

Villa Athena

Agrigento war eine der reichsten Städte der Antike, und das Tal der Tempel, wo die Ruinen in einsamer Pracht aufragen, gehört zu den faszinierendsten Stätten (und Sehenswürdigkeiten) aus jener Zeit in Europa. Da dies zweifellos der Grund ist, warum Sie den Ort besuchen, spricht viel für eine Übernachtung in der Villa Athena: sie liegt mitten im Tal mit direktem Blick auf den Tempel der Eintracht.

Das im 18. Jhd. errichtete Gebäude wurde zu einem vornehmen Vier-Sterne-Hotel umgestaltet. Die schöne klassizistische Fassade, der an ein oder zwei Stellen dorische Säulen vorgelagert sind, ist zum Teil einem griechischen Tempel nachempfunden. Leider sind die Innenräume relativ modern - allerdings recht komfortabel, und lange werden Sie sich hier wahrscheinlich sowieso nicht aufhalten. Von manchen Zimmern hat man eine Aussicht auf den Tempel der Eintracht.

Nachteilig ist auch, daß es keinen richtigen Salon gibt; das wird jedoch durch die herrliche Lage aufgewogen, in der Sie, umgeben von Pool und Palmen, auf den Terrassen speisen und dabei den Blick auf die zeitlos schönen Tempel genießen können. Besonders zauberhaft ist er nachts, wenn sie erleuchtet sind.
Umgebung Tal der Tempel.

Via dei Templi 33, Agrigento 92100
Tel. (0922) 596288 **Fax** 402 180
Lage 3 km südlich von Agrigento im Tal der Tempel; Garten, großer Parkplatz (bewacht)
Mahlzeiten Frühstück, Mittag- und Abendessen
Preise Zimmer L130.000-L200.000 inkl. Frühstück, HP L140.000
Zimmer 34 Doppel-, 6 Einzelzimmer, alle mit Dusche, Zentralheizung, Klimaanlage, Radio, TV, Telefon
Anlage Speiseraum, Bars, Terrasse, Swimmingpool

Kreditkarten AE, MC, V
Kinder werden aufgenommen; Babysitter verfügbar
Behinderte keine speziellen Einrichtungen
Tiere erlaubt
Geschlossen nie
Besitzer Francesco d'Alessandro

Die Inseln

Landhotel, Oliena, Sardinien

Su Gologone

In der Gebirgsregion Barbagia im Inneren Sardiniens ist die Landschaft wild, sind die Dörfer einsam und treiben Banditen immer noch ihr Unwesen - obwohl man sie als Tourist wohl kaum zu Gesicht bekommt. Das Hotel, eine niedrig gelegene weiße Villa, von Kletterpflanzen berankt, ist von blühenden Sträuchern und unberührter Natur umgeben: bewaldeten Schluchten, Olivenhainen, Pinienwäldern und den zackigen Gipfeln der Supramonte-Berge. Hier fühlt man sich ungestört und ist es auch, aber das Su Gologone ist keineswegs ein Geheimtip. Einst fanden nur wenige abenteuerlustige Fremde den Weg hierher; heute kommen sie der Ruhe und der typisch sardischen Gerichte wegen, die aus einheimischen Fleischsorten zubereitet werden, etwa Lammbraten und als besondere Spezialität Spanferkel. Der Gast kann zusehen, wie es am Spieß über einem riesigen Feuer langsam gar wird. Die Weine stammen aus örtlichem Anbau. Der Speiseraum breitet sich in alle Richtungen aus - in den mit Wein bewachsenen Innenhof, auf die Terrasse und in andere Räume, die alle passend im rustikalen Stil gehalten sind. Die ebenfalls rustikal und einfach eingerichteten Zimmer wirken mit ihren weiß getünchten Wänden und den Fliesenböden hell und bieten eine schöne Aussicht. Trotz seiner Größe herrscht im Su Gologone eine freundliche und überwiegend typisch sardische Atmosphäre.

Umgebung Gennargentu-Berge; Monte Ortobene (21 km).

Oliena 08025, Nuoro
Tel. (0784) 287512 **Fax** 287668
Lage 8 km nordöstlich von Oliena in entlegener Bergregion; Privatparkplatz
Mahlzeiten Frühstück, Mittag- und Abendessen
Preise Zimmer L79.000-L110.000, HP L90.000-L105.000, VP L104.000-L131.000
Zimmer 63 Doppel-, 4 Familienzimmer, alle mit Bad, Zentralheizung, Telefon, Klimaanlage, Farb-TV; 15 mit Minibar

Anlage 5 Speiseräume, 2 Bars, Konferenzraum, Disco, Swimmingpool, Tennis, Bowling, Reiten, Minigolf
Kreditkarten AE, MC, V
Kinder werden aufgenommen
Behinderte keine speziellen Einrichtungen
Tiere erlaubt
Geschlossen Nov. bis Feb. außer Weihnachten
Besitzer Giuseppe Palimodde

Die Inseln

Feriendorf, Porto Cervo, Sardinien

Pitrizza

An der mondänen Costa Smeralda gibt es zahlreiche Luxushotels. Das Pitrizza hebt sich jedoch von den anderen nicht nur durch seine geringe Größe, sondern auch durch die exklusive, intime Club-Atmosphäre ab. Hier gibt es keine Läden, keine Disco oder sonstige Extravaganzen. Die kleinen, wie Privathäuser wirkenden Villen verstecken sich oberhalb des hoteleigenen Strandes diskret zwischen Felsen und blühenden Gärten. Alle Zimmer sind äußerst geschmackvoll, manche davon erstaunlich schlicht eingerichtet. Die weiß verputzten Wände, das Gebälk und die in der Umgebung hergestellten Möbel und Stoffe schaffen ein rustikales Flair. Jede Villa enthält vier bis sechs Zimmer; die meisten verfügen über Privatterrasse, -garten oder -veranda. Zentrum der Anlage ist das Clubhaus mit kleinem Salon, Bar, Restaurant und großer Terrasse, wo Sie die Gesellschaft anderer Gäste oder einfach nur den Sonnenuntergang genießen können. Ein Weg führt hinunter zum kleinen, goldglitzernden Sandstrand und einer hoteleigenen Anlegestelle, an der Sie Ihre Jacht festmachen können. Nicht minder einladend ist der in den Uferfelsen geschlagene Meerwasserpool.

Natürlich hat das Pitrizza einen winzigen Haken - es gehört zu den teuersten Hotels an der gesamten italienischen Küste.

Umgebung Strände der Costa Smeralda; Maddalena-Archipel.

Porto Cervo 07020, Sassari
Tel. (0789) 91500 **Fax** 92060
Lage 4 km von Porto Cervo entfernt in Liscia di Vacca; großer Parkplatz
Mahlzeiten Frühstück, Mittag- und Abendessen
Preise HP L420.000-L600.000; Ermäßigung für Kinder im elterlichen Zimmer
Zimmer 38 Doppelzimmer, 13 Suiten, alle mit Bad, Klimaanlage, Minibar, Telefon, TV, Radio; die meisten mit Terrasse oder Veranda
Anlage Bar, Speiseraum, Terrasse, Meerwasser-Swimmingpool, Strand, Wasserski, Bootsverleih, Windsurfen, private Bootsanlegestelle
Kreditkarten AE, DC, MC, V
Kinder werden aufgenommen
Behinderte keine speziellen Einrichtungen
Tiere nicht erlaubt
Geschlossen Okt. bis Mitte Mai
Manager Sg. P. Tondina

Die Inseln

Villa am Meer, Taormina, Sizilien

Villa Belvedere

Die schlichte, aber stilvolle Villa Belvedere ist seit 1902 im Besitz derselben Familie. Jede Generation hat ihre Veränderungen vorgenommen, aber der natürliche Charme des Gebäudes blieb erhalten. Gegenwärtig wird das Haus von dem Franzosen Claude Pécaut und seiner italienischen Frau, einem freundlichen und hilfsbereiten Paar, geführt. Eine Hauptattraktion des Hotels ist seine Lage in der Nähe des Zentrums von Taormina mit herrlichem Blick über die Bucht und die Hänge des Ätna im Süden. Fragen Sie nach einem Zimmer auf der Gebäudevorderseite, möglichst mit Terrasse. Die nach hinten heraus gelegenen Zimmer bieten nämlich nicht nur keine schöne Aussicht, sondern sind auch vergleichsweise laut und düster. Durch einen blühenden Garten gelangt man hinunter zu einem kleinen Pool, der zusammen mit der Bar, an der Snacks und leichte Mittagsmahlzeiten serviert werden, die Gäste dazu verleitet, den ganzen Tag hier zu verbringen und die notwendigen Besichtigungen immer wieder zu verschieben. Daß es kein Restaurant gibt, kann angesichts der Nähe des Stadtzentrums mit seinen zahlreichen Speiselokalen kaum als Nachteil gelten. Außerdem stehen noch zwei hübsch möblierte Salons, eine Bar im Haus und ein großer Frühstücksraum zur Verfügung. Alles in allem ist das Hotel ein Familienbetrieb mit reellen Preisen, der sich anbietet, wenn man sich nicht an bestimmte Essenszeiten gebunden fühlen will.

Umgebung Teatro Greco, Corso Umberto, öffentlicher Park.

Via Bagnoli Croce 79, Taormina 98039, Messina
Tel. (0942) 237 91 **Fax** 625830
Lage nahe öffentlichem Park und Altstadt; Garten, Parkplatz für 15 Autos
Mahlzeiten Frühstück
Preise Zimmer L55.000-L184.000 inkl. Frühstück
Zimmer 43 Doppel-, 5 Einzelzimmer, 15 mit Bad, 33 mit Dusche, alle mit Zentralheizung, Telefon, 14 mit Klimaanlage

Anlage 2 Salons, 2 Bars, Frühstücksraum, Fernsehzimmer, Swimminigpool
Kreditkarten MC, V
Kinder werden aufgenommen, wenn gut erzogen
Behinderte keine speziellen Einrichtungen
Tiere willkommen, wenn gut erzogen
Geschlossen Nov. bis Mitte März
Besitzer Claude und Silvia Pécaut

Die Inseln

Hotel am Meer, Taormina, Sizilien

Villa Paradiso

Die Villa Paradiso liegt in der Nähe des öffentlichen Parks und des historischen Stadtkerns und bietet eine herrliche Aussicht auf die Küste und den von Nebelschwaden verhüllten Gipfel des Ätna. Einziger Nachteil dieser Traumlage ist, daß am Hotel eine Hauptstraße vorbeiführt. So hört man in den nach hinten gelegenen Zimmern den Verkehrslärm, und in der Hochsaison gibt es Parkplatzprobleme.

Die Gemeinschaftsräume des gepflegten, weißen Gebäudes haben mit ihren weißen Bögen, den gemusterten Teppichen auf Fliesenböden, den eleganten Sofas und der phantasievollen Sammlung von Drucken, Gemälden und Aquarellen das Flair einer Privatvilla. Vom Restaurant hat man einen sehr schönen Blick, und das Essen ist ausgesprochen überdurchschnittlich. Jedes Zimmer verfügt über einen eigenen Balkon; am begehrtesten sind natürlich die auf der Gebäudevorderseite, von denen man das Meer sieht. Die meisten sind wesentlich größer, als man in einer *pensione* erwarten würde, einige zudem mit hübsch bemalten Möbeln ausgestattet. Zum Strand gelangt man mit der Drahtseilbahn oder - was noch bequemer ist - mit dem Kleinbus des Hotels, der, ab Anfang Juni kostenlos, zwischen dem Haus und dem Paradise Beach Club in Letojanni verkehrt.

Umgebung Teatro Greco, Corso Umberto und öffentlicher Park; Ausflüge zum Ätna.

Via Roma 2, Taormina 98039, Messina
Tel. (0942) 23922 **Fax** 625800
Lage am südöstlichen Stadtrand; kleiner öffentlicher Parkplatz nebenan, gebührenpflichtige Garage in der Nähe
Mahlzeiten Frühstück, Abendessen
Preise Zimmer L65.000-L220.000 inkl. Frühstück
Zimmer 35 Doppelzimmer, 21 mit Bad, 2 mit Dusche; 3 Einzelzimmer mit Dusche; 11 Suiten mit Bad; alle Zimmer mit Zentralheizung,

Klimaanlage, Telefon, Satelliten-TV, Radio, Fön
Anlage 2 Salons, Bar, Speiseraum, Terrasse
Kreditkarten AE, DC, MC, V
Kinder willkommen; spezielle Mahlzeiten und Babysitter auf Anfrage
Behinderte Zugang möglich
Tiere nur kleine Katzen und Hunde erlaubt
Geschlossen Anfang Nov. bis 20. Dez.
Besitzer Salvatore Martorana

Die Inseln

Villa am Meer, Taormina, Sizilien

Villa Sant'Andrea

Das Haus wurde von einer englischen Adelsfamilie erbaut und eingerichtet und 1950 in ein Hotel umgewandelt. Trotz der Modernisierung hat es auch jetzt noch das Gepräge einer eleganten englischen Privatvilla der Jahrhundertwende. Geblümte Stoffe (hauptsächlich von Sanderson), kühle Farben und einige sorgfältig ausgewählte Antiquitäten schaffen eine ungezwungene, freundliche Atmosphäre. Durch die großen Fenster kann man die ganze Bucht überblicken. Manche der Gästezimmer wirken im Vergleich mit den übrigen Räumen etwas altmodisch; die nach vorn heraus gelegenen mit Terrasse und schöner Aussicht sind jedoch kaum zu überbieten. Bar und Speiseräume sind im Gegensatz dazu streng "kontinental" eingerichtet.

Das Hotel erhebt sich zwischen üppig mit subtropischen Pflanzen bewachsenen Terrassen über dem Kieselstrand der Bucht von Mazzaro. Für die Gäste stehen Liegestühle und Sonnenschirme zur Verfügung. Eines der Restaurants liegt direkt am Strand. Hier können Sie im Schatten von Palmen speisen und den Blick auf die Bucht genießen, der tagsüber genauso herrlich ist wie nachts, wenn die Fischerboote still aufs Meer hinausgleiten. Durch die weißen Bögen des Hauptrestaurants weht eine kühle Meeresbrise, die für angenehme Frische sorgt.

Umgebung Teatro Greco, Corso Umberto und öffentlicher Park, alles mit der Drahtseilbahn zu erreichen; Ausflüge zum Ätna.

Via Nazionale 137, Mazzaro, Taormina-mare 98030, Messina
Tel. (0942) 23125 **Fax** 24838
Lage im Nordostteil der Stadt; Garten mit Blick auf den Privatstrand, Parkplatz für 30 Autos
Mahlzeiten Frühstück, Mittag- und Abendessen
Preise Zimmer L125.000-L400.000 inkl. Frühstück; Ermäßigung für Kinder unter 12
Zimmer 56 Doppelzimmer, 44 mit Bad, 12 mit Dusche; 3 Einzelzimmer, 1 mit Bad, 2 mit Dusche; alle Zimmer mit Zentralheizung, Klimaanlage, Telefon; TV und Minibar auf Anfrage
Anlage 2 Speiseräume, 2 Bars, Salon, Windsurfen, Ruderboote
Kreditkarten AE, DC, MC, V
Kinder werden aufgenommen
Behinderte keine speziellen Einrichtungen
Tiere nicht erlaubt
Geschlossen Mitte Jan. bis Ende März
Manager Francesco Moschella

Die Inseln

Villa am Meer, Alghero, Sardinien

Villa las Tronas

Die Villa, die ursprünglich der ehemaligen italienischen Königsfamilie als Feriendomizil diente, ist entsprechend fürstlich eingerichtet. Von den Felsen unterhalb des sie umgebenden Gartens kann man direkt ins Meer springen.

Via Lungomare Valencia 1, 07041 Alghero (Sassari) **Tel.** (079) 981818 **Fax** (079) 981044 **Mahlzeiten** Frühstück, Mittag- und Abendessen **Preise** HP L160.000-L250.000, VP L170.000-L260.000; 20% Ermäßigung für Kinder unter 7 im elterlichen Zimmer **Zimmer** 30, alle mit Bad oder Dusche, Zentralheizung, Minibar, Farb-TV, Telefon **Kreditkarten** AE, DC, MC, V **Geschlossen** Restaurant im Winter

---

Stadthotel, Erice, Sizilien

Elimo

Außergewöhnliches Hotel, das Ende der 80er Jahre eröffnet wurde: jedes Zimmer hat seinen individuellen Stil - traditionell, modern, ortstypisch, exotisch -, der bis zum letzten Detail durchgehalten ist. Auch die Gemeinschaftsräume sind sehr durchdacht gestaltet.

Via Vittorio Emanuele 75, 91016 Erice (Trapani) **Tel.** (0923) 869 377 **Fax** (0923) 869252 **Mahlzeiten** Frühstück, Mittag- und Abendessen **Preise** Zimmer L120.000-L190.000 inkl. Frühstück **Zimmer** 21, alle mit Bad oder Dusche, Zentralheizung, Telefon, TV, Minibar **Kreditkarten** AE, DC, V **Geschlossen** nie

---

Stadthotel, Erice, Sizilien

Moderno

Wie der Name vermuten läßt, sind Teile dieses zentral gelegenen Hotels - vor allem der über mehrere Ebenen verlaufende Salon - schick und modern. Einige Zimmer jedoch wurden traditionell-elegant gestaltet, und überall findet man Bilder, Zierat und Pflanzen. Schöne Aussicht von der sonnigen Terrasse. Die Familie Catalano empfängt ihre Gäste herzlich.

Via Vittorio Emanuele 63, 91016 Erice (Trapani) **Tel.** (0923) 869 300 **Fax** (0923) 869139 **Mahlzeiten** Frühstück, Mittag- und Abendessen **Preise** Zimmer L80.000-L160.000 inkl. Frühstück, HP L110.000-L130.000, VP L120.000-L160.000; Einzelzimmerzuschlag L15.000 **Zimmer** 40, alle mit Bad oder Dusche, Zentralheizung, Telefon **Kreditkarten** AE, DC, MC, V **Geschlossen** nie

---

Hotel am Meer, Giardini-Naxos, Sizilien

Arathena Rocks

Reizvolle Alternative zum belebten Sandstrand von Giardini-Naxos (nicht gerade einer von Siziliens ruhigsten Badeorten). Hier kann man von Felsen direkt ins Meer springen; außerdem gibt es einen Pool. Helle, freundliche Räume, zum Teil mit Blick aufs Wasser und den Hotelgarten. Das Haus wird von netter, Englisch sprechender Familie geführt.

Via Calcide Eubea 55, 98035 Giardini-Naxos (Messina) **Tel.** (0942) 51349 **Fax** (0942) 51690 **Mahlzeiten** Frühstück, Mittag- und Abendessen **Preise** Zimmer L75.000-L140.000 **Zimmer** 45, alle mit Bad oder Dusche, Telefon **Kreditkarten** MC, V **Geschlossen** Nov. bis März

Die Inseln

Stadtpension, Lipari, Äolische Inseln

Villa Diana

Die geschickt restaurierte, liebevoll eingerichtete Villa mit den großen Terrassen und dem ruhigen Garten mit Blick auf Lipari und die umliegenden Buchten hat immer noch viel von einem gepflegten Privathaus. Einheimische Spezialitäten werden mit Wein aus örtlichem Anbau serviert.

Via Tufo, Isole Eolie, 98055 Lipari (Messina) **Tel.** (090) 9811403 **Mahlzeiten** Frühstück **Preise** Zimmer L70.000-L118.000 inkl. Frühstück, Mahlzeiten L35.000 **Zimmer** 12, alle mit Bad oder Dusche **Kreditkarten** V **Geschlossen** Nov. bis März

---

Hotel am Meer, Porto Cervo, Sardinien

Hotel Balocco

Eine bescheidene (wenn auch keineswegs billige) Alternative zum Fünf-Sterne-Luxus der Costa Smeralda: stilvoll rustikales, modernes Hotel in üppig wuchern-dem Garten, das nur einen kurzen Fußweg von den Läden und dem schicken Hafen von Porto Cervo entfernt ist. Schöne Aussicht, hübscher Pool.

Via Liscia di Vacca, 07020 Porto Cervo (Sassari) **Tel.** (0789) 915 55 **Fax** (0789) 91510 **Mahlzeiten** Frühstück **Preise** Zimmer L140.000-L400.000 inkl. Frühstück **Zimmer** 34, alle mit Bad oder Dusche, Telefon, TV, Klimaanlage, Balkon oder Terrasse **Kreditkarten** AE, DC, MC, V **Geschlossen** Mitte Okt. bis Apr.

Hotel am Meer, Porto Cervo, Sardinien

Hotel Capriccioli

Man muß auch an der zerklüfteten Costa Smeralda kein Vermögen für Übernach-tung ausgeben: das Capriccioli ist ein einfacher Familienbetrieb, von windge-peitschter *macchia* umgeben und in der Nähe eines hübschen Strandes gelegen. Die Azaras eröffneten hier vor 30 Jahren ihr Restaurant, und das Ristorante Il Pirate ist auch heute noch Mittelpunkt des im rustikalen Villenstil eingerichteten Hotels.

Capriccioli, 07020 Porto Cervo (Sassari) **Tel.** (0789) 96004 **Fax** (0789) 96422 **Mahlzeiten** Frühstück, Mittag- und Abendessen **Preise** Zimmer L107.000-L180.000, HP L120.000-L175.000 **Zimmer** 27, alle mit Bad oder Dusche, Zentralheizung **Kreditkarten** AE, MC, V **Geschlossen** Okt. bis Apr.

Hotel am Meer, Porto Rotondo, Sardinien

Sporting

Eine Oase des Luxus, bestehend aus neo-rustikalen Villen, die sich auf einem Felsvorsprung gruppieren und einen Rundblick aufs Meer bieten, vor allem von den Terrassen. Alles ist schlicht und geschmackvoll - das Gebälk, die Fliesenfuß-böden, die weißen Wände, die einfarbigen Stoffe. Es herrscht eher eine Clubat-mosphäre; viele Gäste segeln Jachten.

Olbia, 07026 Porto Rotondo (Sassari) **Tel.** (0789) 34005 **Fax** (0789) 34383 **Mahlzeiten** Frühstück, Mittag- und Abendessen **Preise** VP L280.000-L460.000 **Zimmer** 27, alle mit Bad, Minibar, Telefon, Balkon **Kreditkarten** AE, DC, MC, V **Geschlossen** Ende Sep. bis Mitte Apr.

Die Inseln

Hotel am Meer, Santa Teresa Gallura, Sardinien

Shardana

Eine weitere erschwingliche Alternative zu den Luxusherbergen der Costa Smeralda, einsam an einem Sandstrand an der Nordspitze Sardiniens gelegen. Untergebracht ist man überwiegend in einzelnen kleinen, eleganten Villen, zum Teil auch im Clubhaus, das daneben Restaurant und Bar enthält. Kleiner, hübscher Pool, Wassersport.

Capo Testa, 07028 Santa Teresa Gallura (Sassari) **Tel.** (0789) 754031 **Fax** (0789) 754129 **Mahlzeiten** Frühstück, Mittag- und Abendessen **Preise** Zimmer L115.000-L230.000, VP L95.000-L220.000 **Zimmer** 51, alle mit Bad oder Dusche, Telefon, TV, Klimaanlage, Minibar **Kreditkarten** AE, V **Geschlossen** Okt. bis Mai

---

Hotel am Meer, Taormina, Sizilien

Villa Fiorita

Kleines, sauberes Hotel, das hoch oben in die Felsen eines Gebirgsvorsprungs gebaut wurde und einen herrlichen Blick auf die Bucht unterhalb Taorminas bietet. Es gibt einen Swimmingpool, aber zur Drahtseilbahn, die zum Strand hinunterfährt, sind es nur wenige Gehminuten.

Via L Pirandello 39, 98039 Taormina (Messina) **Tel.** (0942) 24122 **Fax** (0942) 625967 **Mahlzeiten** Frühstück **Preise** Zimmer L140.000 inkl. Frühstück, Suiten L177.000 **Zimmer** 26, alle mit Bad oder Dusche, Klimaanlage, Telefon, Farb-TV, Radio, Minibar **Kreditkarten** AE, MC, V **Geschlossen** nie

---

Feriendorf, Vaccileddi, Sardinien

Don Diego

Obwohl ein Leser die Sauberkeit von Pool und Strand bemängelte, behält das Don Diego allein wegen seines Charmes seinen Platz auf diesen Seiten. Es besteht aus komfortablen, hübschen Hütten, die sich, jeweils mit eigener Terrasse, zwischen *macchia* und Blumengärten verteilen. Speiseraum und Salon wirken geschmackvoll rustikal.

Porto San Paolo, Costa Dorata, 07020 Vaccileddi (Sassari) **Tel.** (0789) 40007 **Fax** (0789) 40026 **Mahlzeiten** Frühstück, Mittag- und Abendessen **Preise** HP L140.000-L380.000 **Zimmer** 60, alle mit Bad oder Dusche, Telefon **Kreditkarten** AE **Geschlossen** nie

Register der Hotels

In diesem Register wurden die Hotels nach dem ersten wichtigen Bestandteil ihres Namens geordnet. Gängige Bestandteile wie "Hotel", "Albergo", "Il", "La", "Dei" und "Delle" wurden nicht berücksichtigt; weniger gängige wie "Casa", "Castello" oder "Villa" wurden berücksichtigt.

Register der Hotels

Register der Hotels

Register der Hotels

Register der Orte

In diesem Register wurden die Hotels nach den Orten geordnet, in denen oder in deren Nähe sie sich befinden. Hotels in sehr kleinen Orten können unter dem Namen des nächstgrößeren erscheinen.

Register der Orte

Register der Orte

Register der Orte